全国高等职业教育规划教材·财务会计专业

会计电算化岗位技能训练

（用友 ERP–U8.72 版）（第 2 版）

夏秀娟　主　编

高　燕　李伊泠　龙志伟　副主编

電子工業出版社

Publishing House of Electronics Industry

北京 · BEIJING

内容简介

本教材根据高等职业教育的要求和目标，面向企业工作岗位，基于会计工作过程，融入职业标准，以岗位职业能力为核心，以真实会计工作案例为任务载体，以用友 ERP-U8.72 管理型会计软件为蓝本，在原教材《会计电算化技能训练教程》的基础上进行了改编。

本教材简略介绍用友 ERP-U8.72 版本的功能结构、模块间数据关联；教材内容由“系统应用基础、总账系统管理、UFO 报表系统管理、工资系统管理、固定资产系统管理、采购与应付款系统管理、销售与应收款系统管理、库存管理与存货核算系统管理”8 个学习任务组成，每个学习任务分别设置任务知识和任务实例，并对任务实例进行任务处理和任务测评，以便于学生在学习任务知识的同时完成相应的系统管理、总账报表核算、薪资核算、资产核算、往来核算、供应链管理等会计岗位工作。

本教材既可作为职业技术院校会计专业的实践教学教材，也可作为在职人员岗位培训教材和成人自学、从业资格证书考试辅导用书。

图书在版编目（CIP）数据

会计电算化岗位技能训练：用友 ERP-U8.72 版/夏秀娟主编．—2 版．—北京：电子工业出版社，2016.5
ISBN 978-7-121-27691-0

Ⅰ. ①会… Ⅱ. ①夏… Ⅲ. ①会计电算化－高等职业教育－教学参考资料 Ⅳ. ①F232

中国版本图书馆 CIP 数据核字（2015）第 284215 号

策划编辑：贾瑞敏
责任编辑：贾瑞敏
印　　刷：三河市鑫金马印装有限公司
装　　订：三河市鑫金马印装有限公司
出版发行：电子工业出版社
　　　　　北京市海淀区万寿路 173 信箱　邮编 100036
开　　本：787×1 092　1/16　印张：17　字数：436 千字
版　　次：2012 年 7 月第 1 版
　　　　　2016 年 5 月第 2 版
印　　次：2016 年 5 月第 1 次印刷
印　　数：3 000 册　　定　　价：36.8 元

凡所购买电子工业出版社图书有缺损问题，请向购买书店调换。若书店售缺，请与本社发行部联系，联系及邮购电话：（010）88254888，88258884。

质量投诉请发邮件至 zlts@phei.com.cn，盗版侵权举报请发邮件至 dbqq@phei.com.cn。

本书咨询联系方式：（010）88254019，jrm@phei.com.cn。

前　言

目前，高等职业教育的宗旨是着重于学生职业素质和岗位能力的培养。本教材以会计职业所需知识来确定理论知识的范围与深度，以会计岗位所需技能作为本书的训练目标，依据任务资料，结合软件界面特色，对软件的操作方法和操作步骤作了系统的引导性描述。

学生通过实践操作能够更加全面、深刻地领会和理解财务软件各主要子系统的基本原理及各子系统之间的关系，掌握各子系统具体业务的操作方法，贴近实际，增强学生的实际操作能力，以尽快适应企业工作岗位的需要。

1．教材内容设计思想

根据教学课时和不同层次的学生学习要求，实践课时可以根据具体学习对象进行调整。教学组织可以根据本教材内容，选择不同的教学方案完成相应的岗位训练：

方案一，系统应用基础→总账系统管理→UFO 报表系统管理；

方案二，系统应用基础→总账系统管理→工资系统管理→固定资产系统管理→UFO 报表系统管理；

方案三，系统应用基础→总账系统管理→工资系统管理→固定资产系统管理→采购与应付款系统管理→销售与应收款系统管理→库存管理与存货核算系统管理→UFO 报表系统管理。

采用“理论与实践一体化”的教学模式，引领学生从基础岗位训练到岗位综合能力的突破，逐步提高学生的岗位职业能力。

2．教材特色

职业性和实践性。面向企业工作岗位，基于会计工作过程系统化的理念和思路，以岗位职业能力为核心，将真实会计工作任务转换成学习任务，体现会计职业特点；学习任务以两个核算主体的实际业务流程为主线，学习任务 1～5 进行角色模拟，一名学生分别扮演不同角色进行基本会计业务处理，培养学生的基本操作技能；学习任务 6～8 设另一个会计核算主体，分岗位处理购销存业务及相应的往来核算，培养学生的会计岗位职业能力。

适用性和阶段性。任务处理根据其具体要求详细说明其操作步骤，以此为对照，学生便可以按部就班地独立完成工作任务，体现了较强的可操作性；根据岗位需求，实践任务可以进行“动态组合”。学生可以根据专业要求和自己的能力水平分阶段完成相应的工作任务：第一阶段完成“系统应用基础、总账处理、工资处理、固定资产处理、报表处理”必备的技能训练，第二阶段完成“采购与应付款处理、销售与应收款处理、库存管理与存货核算”拓展技能训练。

独立性和数据关联性。考虑到高职院校的学生学习基础和教学目标，在“任务处理”模块，可以将总账、工资、报表和固定资产进行组合，每个模块都可以利用学习任务 2 中的基础设置进行单独处理；也可以按照业务发生的先后顺序（如总账—工资—固定资产—报表）进行连续处理；将采购与应付、销售与应收、库存与存货进行组合，并将其处理产生的原始凭证直接传送到应付、应收与存货系统进行实时会计核算，实现财务业务一体化处理，为财务管理、审计、企业管理信息化处理奠定基础。

数据关联性还体现在以下几个方面：

（1）在任务实例 8～10 中，将涉及相同材料（产品）、相同客户（供应商）的业务按照时间顺序连贯排列，学生可以掌握各种单据的来龙去脉及相应会计业务的产生和完成情况。

（2）每道题都有详细的操作步骤，方便学生输入相关信息。（以前教材中对同业务的操作步骤不重复叙述，学生须经常翻书查找，久而久之，学生对任务学习就会失去兴趣）

（3）任务实例 10 实际上是任务实例 8、9 的业务重复，但能起到巩固财务业务一体化技能的作用。

3. 教学建议

教师要根据任务驱动法的 4 个环节进行教学：第一步，引入任务实例；第二步，进行任务分析，分析所要完成的工作任务，同时融入相关知识；第三步，任务处理，教师演示任务处理操作步骤，学生在教师的指导下完成工作任务；第四步，任务测评，本教材提供任务处理结果，学生可以对比分析自己的任务完成情况。

课时安排：如果该课程一个学期设 64 课时（一个星期设 4 课时），则需完成系统应用基础、总账系统管理、工资系统管理、固定资产系统管理、UFO 报表系统管理这 5 个学习任务，使学生掌握基础模块的操作技能；如果该课程一个学期设 96 课时（一个星期设 6 课时）或有实训任务，则在完成上述任务的基础上，完成采购与应付款系统管理、销售与应收款系统管理、库存管理与存货核算系统管理 3 个学习任务，以熟练掌握财务业务一体化的操作技能。

为了使该教材适用于不同教学条件下的教学需要，根据教学内容为教师提供以下教学课时分配供参考。以每课时标准为 40 分钟计算，每个任务所需课时如下表所示。

实训教学课时分配一览表

学习任务	技能目标	学训课时
学习任务 1 系统应用基础	能够进行软件的选取、安装；学会系统环境参数与系统运行要素的设置；能够录入初始数据，掌握备份、恢复的原理与方法	20
学习任务 2 总账系统管理	会输入、修改、审核凭证，登记账簿，进行各种辅助核算；会设置并生成自动转账凭证；会进行期末业务处理	18
学习任务 3 UFO 报表系统管理	会报表格式设置；能定义报表的计算公式、审核公式和舍位平衡公式；能定义报表关键字并计算产生报表；能利用报表模板产生资产负债表、利润表	8
学习任务 4 工资系统管理	会建立工资账套及相应的基础信息设置；能定义工资项目和公式设置；能进行工资分摊设置和工资数据查询统计；能对工资系统进行期末处理	8
学习任务 5 固定资产系统管理	会建立固定资产子账套及相应的基础设置；能进行固定资产增加与减少、变动的处理，同时能输入或修改固定资产卡片；会计提折旧、制单、对账与结账处理	8
学习任务 6 采购与应付款系统管理	会建立供应链基础账套及相应的基础设置；会进行采购订单、采购入库单、采购发票与应付单据的处理、付款结算并制单处理；会进行采购与应付款的期末结账	14
学习任务 7 销售与应收款系统管理	能进行该模块的基础信息设置和期初数据录入；能进行销售订单、销售出库单、销售发票与应收单据的处理、收款结算并制单处理；能进行应收款的转账处理、坏账的计提与核销；会进行销售与应收款的期末结账	10
学习任务 8 库存管理与存货核算系统管理	能建立存货档案和期初数据录入与记账；掌握出入库单填制技巧；能进行单据记账和生成凭证；能进行存货盘点与调整、对账与结账	10
总　计		96

本教材根据高等职业教育“会计电算化”课程的教学特点与教学需要，组织多所高职院校教师、用友新道科技有限公司和金华正元计算机工程有限公司联合编写，教材提供课程标准、电子教案、任务处理准备账套、单元考核试卷及答案、用友ERP认证模拟试卷及答案，有此需要的教师可登录华信教育资源网（www.hxedu.com.cn）免费下载。

本教材由夏秀娟担任主编，高燕、李伊泠、龙志伟担任副主编。各学习任务编写分工如下：学习任务1～3由金华职业技术学院夏秀娟编写，学习任务4由青岛职业技术学院张静编写，学习任务5由金华职业技术学院单松编写，学习任务6由广东工贸职业技术学院高燕编写，学习任务7由广东交通职业技术学院李伊泠编写，学习任务8由广东工贸职业技术学院龙志伟编写；用友新道科技有限公司赵丽艳和金华正元计算机工程有限公司郭雄伟担任教材主审；金华正元计算机工程有限公司提供用友ERP-U8.72版管理软件和相关的技术支持；在提取和修改任务实例的过程中得到了浙江机电职业技术学院刘宗全的帮助，在此深表谢意。

由于企业对会计职业的要求不断提高及会计软件的更新换代，任务处理数据关联性强，操作准确性要求较高，任务实例中的业务范围和业务类型有待补充和完善，恳请使用本教材的教师和读者对本书提出建议。

编　者

目　　录

学习任务1

系统应用基础

【学习目标】

- 了解用友 ERP-U8 管理软件的功能特点和总体结构
- 理解各子系统间的数据关联
- 能够安装数据库和 ERP-U8 管理软件
- 理解系统管理的作用和主要功能
- 能够建立企业核算账套
- 掌握增加操作员和财务分工的方法

1.1　会计软件选择

1.1.1　会计软件的概念

会计软件是指专门用于完成会计工作的电子计算机应用软件，包括采用各种计算机语言编制的一系列指挥计算机完成会计工作的程序代码和有关的文档技术资料。

从软件的功能与任务的角度看，会计软件是以会计准则为依据，以计算机及其应用技术为技术基础，以会计理论和会计方法为核心，以会计数据为处理对象，以提供会计信息为目标，将计算机技术应用于会计工作的软件系统。

会计软件按照不同的分类标准可以划分为不同的类型，分别有通用会计软件和定点开发会计软件；商品化会计软件和非商品化会计软件；核算型会计软件和管理型会计软件；单机结构会计软件和网络会计软件；部门级会计软件、企业级会计软件和集团级会计软件等。

核算型会计软件的应用是会计软件系统运用的基础。核算型会计软件用于完成会计核算工作，主要包括账务处理、工资、固定资产、成本、采购与应付、销售与应收、存货、往来账款核算和报表处理等模块。账务处理子系统是电算化会计系统的核心，工资、固定资产、成本、采购与应付、销售与应收等子系统实现对相应会计业务的专项处理。

1.1.2 会计软件的主要功能

会计软件的功能是指一个会计软件必须具备的能力和运用这些能力的基本步骤，包括具备相对独立地完成会计数据输入、处理、输出和安全功能的各个方面。各会计软件必须符合财政部《财务软件基本功能规范》要求，具有会计数据输入、会计数据处理、会计数据输出、会计数据存储及会计数据安全维护等方面的功能。

1. 会计数据的输入功能

在电算化会计系统中，会计数据的输入方式有以下几种。

（1）直接输入方式

直接输入方式是指会计人员根据原始凭证（如销售发票、出差单据等）或记账凭证，通过键盘、屏幕将数据直接送入计算机存入凭证文件的一种方式。由于人工凭证输入时可通过屏幕监测，加上系统对输入和编辑数据的检测功能的配合，所以能有效控制数据输入错误，提高输入数据的质量。

（2）间接输入方式

间接输入方式是指先将会计数据录制在磁介质上，或由其他系统将数据导出到存储媒介，然后再将其转换成计算机所能接受的凭证，并保存在凭证文件中。例如，连锁店通过扫描装置将当日的销售数据录制到磁盘或当地的计算机中，通过远程网络将数据传送到总店，总店再根据这些数据生成规范的凭证。

（3）自动输入方式

自动输入方式是指计算机自动编制凭证，并保存在凭证文件中。这种方式生成的凭证称为机制凭证，包括两种基本方式：一种是由各子系统处理业务后自动编制的机制凭证，如固定资产子系统传递过来的计提折旧的凭证；另一种是通过用户设置而由系统自动生成的机制凭证，如月末辅助生产费用的分配结转、各种待摊费用的摊销等。所以，自动输入方式能使凭证处理变得及时、准确和高效。

2. 会计数据的处理功能

在会计软件系统中，会计数据处理工作都是由计算机自动完成的。目前最常见的会计数据处理方式有成批处理和实时处理两种。

（1）成批处理

成批处理是指定期收集会计数据，按组或按批进行处理的方式。例如，输入并审核了一天或一周的凭证后，要求计算机对一天或一周的凭证进行记账，计算机就会自动、准确、高速地将这些数据分别登记在总账、明细账、日记账等电子账簿中。成批处理是会计信息系统中使用最广泛的一种处理方式。在处理过程中，人和计算机不发生任何交互作用，会计人员一般不需要介入其中。

（2）实时处理

实时处理是指当某一数据或系统有一次处理要求时，计算机立即进行处理的方式。例如，材料核算采用先进先出法，当收到或发出一笔材料时，便要求计算机立即进行数据处理，更改材料结存数据。实时处理方式要求计算机必须随时接受处理要求，及时予以响应。因此，对系统的响应时间、可靠性、安全性等要求都比较高。

3. 会计数据的输出功能

会计数据的输出方式包括屏幕查询输出、打印输出、通过软盘输出和利用网络线路传输输出几种形式。其中，软盘输出多用于数据的备份或上报数据（尤其是会计报表）的输出；网络线路传输输出更多用于分支机构向总公司报账、报表的输出。查询和打印则是会计数据最基本的输出形式。

（1）屏幕查询输出

由于电算化条件下不可能每天将会计账务数据打印输出，平时一般采用屏幕输出方式。因此，会计软件提供最基本的对机内会计数据的查询功能。

对数据的查询功能没有统一的格式和内容要求，总的要求是满足用户对会计数据的日常需求，包括查询机内各级会计科目的编码、名称、年初余额、期初余额、本期发生额、累计发生额和余额等项目，查询本期已经输入的包括已登账和未登账的机内记账凭证、原始凭证；查询机内本期和以前各期的总分类账和明细分类账，查询往来账款等辅助账资料；等等。

（2）打印输出

软件提供打印输出机内各种凭证、账簿和会计报表的功能，约束有关凭证、账簿、报表的格式，使之符合会计制度的规定。

（3）媒体介质输出

媒体介质输出是指将信息资料传输至软盘、硬盘或光盘等介质，作为信息储存或数据转移的一种方式。随着会计信息系统的普及，介质输出逐渐成为对外报送会计信息的一种重要手段。

4. 会计数据的存储功能

会计软件系统中存在着多种文件，如凭证文件、汇总文件、科目文件等。若干个相互关联的数据库文件组成会计信息系统数据库。在不同的电算化会计系统中，数据文件的组织管理方式各不相同，通常，系统对文件采取按信息类型归类管理的办法，即按数据或信息的内容属性设置文件名，对不同类别文件进行分类分组管理。

5. 会计数据的安全维护功能

会计软件具有防止非指定人员擅自使用系统，以及对指定操作人员实行使用权限控制的功能。遇到以下情况时，软件将给予提示，并保持正常运行。

① 会计软件在执行备份时，存储介质无存储空间、软磁盘未插入、磁盘写保护。

② 会计软件执行打印时，打印机未连接或未打开电源开关。

③ 在会计软件操作过程中，输入了与软件当前要求输入项目不相关的数字或字符。

对存储在磁性介质或其他介质上的程序文件和相应的数据文件，软件有必要进行加密或者采取其他保护措施，以防止被非法篡改。一旦发现程序文件和相应的数据文件被非法篡改，能够利用标准程序和备份数据，恢复软件的最近运行状态。

1.1.3 功能模块间的数据关联

会计软件的功能结构，是指系统按其功能分层分块的结构形式。用友 ERP-U8 管理软件由财务会计、管理会计、供应链管理、人力资源管理、集团应用等多个部分组成。财务会计中有总账管理、UFO 报表、工资管理、固定资产管理、应收和应付管理等主要模块；供应链管理中有采购管理、销售管理、库存管理、存货核算等主要模块。为实现企业财务、业务的一体化管理，本教程把它们重新组合成以下模块进行讲述：总账管理、UFO 报表、工资管理、固定资产管理、采购与应付管理、销售与应收管理以及库存管理与存货核算。

根据以上重新组合的内容，可以将系统中各子系统之间的关系分成两个层次。

1. 财务系统内各功能子系统的数据联系

（1）总体关系

从数据流程来看，财务系统内各子系统的功能相互独立，各自有自己的业务核算范围，同时，各个子系统又通过总账系统紧密联系在一起，集中进行账务处理工作，因此，总账系统是整个系统的核心。总账系统的主要作用是凭证管理和账簿管理，其他子系统则在完成各自对业务的管理功能的基础之上，辅助总账系统对账务数据进行专项处理，如图 1.1 所示。

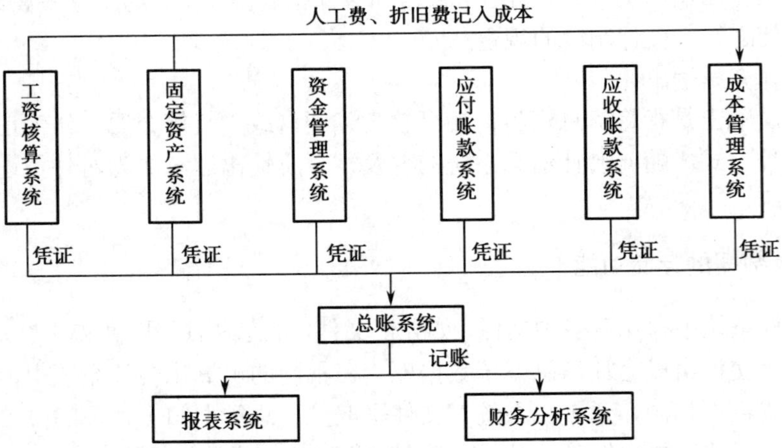

图 1.1 财务系统内部关系

（2）总账系统与工资核算系统间的数据联系

工资核算系统的主要任务是计算职工的应发工资、实发工资，计提有关费用，代扣款项，并分配工资费用。工资核算涉及银行存款、应付职工薪酬、生产成本、制造费用、管理费用、销售费用、在建工程等会计科目。核算结果通常以凭证的形式传递给总账系统。

（3）总账系统与固定资产系统间的数据联系

固定资产系统的主要任务是管理固定资产卡片，反映固定资产增减变动，计提折旧，分配折旧费用等。固定资产核算涉及固定资产、累计折旧、在建工程、固定资产清理、制造费用、管理费用等科目。核算结果自动生成记账凭证传递给总账系统。

（4）总账系统与资金管理系统间的数据联系

资金管理系统主要负责处理存款、贷款、内部拆借、资金结算、日记账及利息计算等业务，并生成相应的记账凭证，传递给总账系统进行审核、记账处理。

（5）总账系统与应收、应付账款系统间的数据联系

应收、应付账款系统主要核算企业购销业务的货款结算情况。当购销业务发生时，这两个系统要么确定相应的债权债务关系，要么记录购销业务的资金结算情况，并据此生成相应的转账或收、付款凭证，交由总账系统进行审核、记账处理。

（6）总账系统与成本管理系统间的数据联系

成本管理系统主要根据会计核算和生产管理的要求，归集全部生产费用的支出，计算各种产品的总成本与单位成本，并生成相应的记账凭证，交由总账系统进行审核、记账处理。

（7）总账系统与报表系统的数据联系

报表系统所编报的各类会计报表，其指标数据大多从总账系统取得；对外会计报表（如资产负债表、利润表等）中的主要指标数据基本来自于总账系统中各类账簿的余额、本期发生额、累计发生额等栏目。

总账系统接收各子系统传递过来的记账凭证后对其进行审核，并登记账簿，最后将相关的账簿资料传递至报表系统生成各种会计报表。同时，总账系统也为财务分析系统提供各种财务分析的原始数据。

2. 总账系统与购销存系统的数据联系

购销存系统主要核算企业的采购、销售、库存等经济业务，总账系统与购销存系统的数据关系如图 1.2 所示。

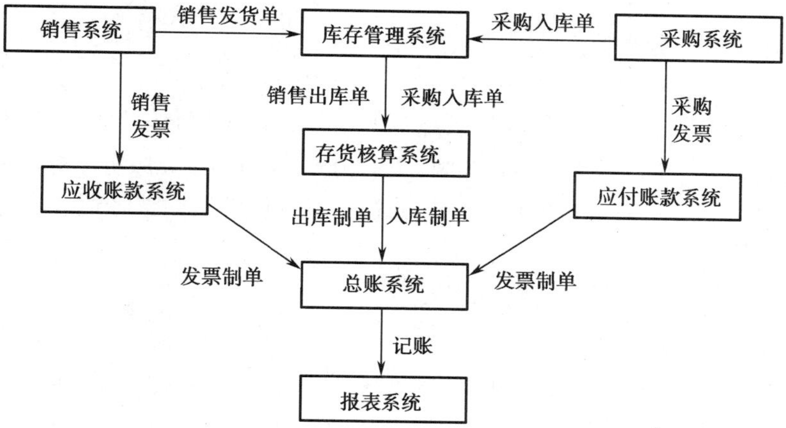

图 1.2 总账系统与购销存系统的数据关系

销售系统通过对销售订单、销售发货单、销售发票的处理，将已审核的销售发票传递至应收账款系统进行收款结算，并由应收账款系统生成相应的记账凭证，总账系统接收应收账款系统的记账凭证，对其进行审核、记账处理。另外，销售系统将销售发货单传递至库存管理系统，由库存管理系统生成销售出库单，并审核。存货核算系统根据库存管理系统传递过

来的销售出库单自动生成记账凭证，交由总账系统进行审核、记账处理。

采购系统通过对采购入库单与采购发票的处理，将采购发票传递至应付账款系统，由应付账款系统进行付款结算，并生成相应的记账凭证，交由总账系统进行审核、记账处理。另外，采购系统又将采购入库单传入库存管理系统进行审核。最后，存货核算系统接收库存管理系统传递过来的采购入库单，据此生成记账凭证，交由总账系统进行审核、记账处理。

库存管理系统的主要任务是生成并审核各种出、入库单，并交由存货核算系统生成记账凭证。存货核算系统接收库存管理系统传递过来的出、入库单，确定出、入库存货的成本并生成记账凭证，交由总账系统进行审核、记账处理。

1.1.4 会计软件的选择

商品化会计软件由于经过财政部门的严格评审，并在市场销售过程中经历了多方面的考验，其系统功能已经比较成熟，并且，商品化会计软件具有通用性、合法性和安全性相统一的特点。所以，选择商品化会计软件是各个单位在电算化实施初期快速完成电算化过程的一条捷径，也是实际应用中普遍采用的一种方式。

合法性是指会计软件提供的功能必须符合会计核算的规定。经过评审的商品化会计软件都满足财政部颁发的《会计核算软件基本功能规范》的要求，符合财务制度、会计制度及税收制度的各种要求。但是不同的会计软件在满足基本功能的基础上，还有其特有的功能和特点。因此，购买会计软件的单位应从本单位的实际需要出发，进行认真考察。

商品化会计软件版本众多，而且各个软件在性能、价格、适应性上也各具特点，尤其是不同软件的功能差异非常大，所以单位在购买时应从以下五个方面进行比较。

1. 会计软件的合法性和功能

（1）会计软件的分类特点

我国的会计制度体系由会计准则与国家统一的会计制度组成，企事业单位所在行业不同、单位性质不同，会计核算的要求也有所不同。因此财会软件公司推出的会计软件也有不同的版本，如企业版、行政事业版、金融企业版和小企业版等。所以企事业单位在选择会计软件时，首先应根据本单位所处的行业和行业性质，选择适合本行业或本单位特点的会计软件。

（2）会计核算与会计管理的特别需要

商品化通用软件的不断开发、推广与使用，一方面极大地丰富了会计软件市场；另一方面又使企事业单位在选择软件时既要符合国家法律政策与有关规定，又要符合单位实际需要与未来发展的要求。

（3）会计电算化工作发展的需要

随着社会主义市场经济的发展，企事业单位的会计工作将发生重大变化，如经济业务不断增加、会计组织机构不断增减变更等。因此，要会分析会计软件是否满足企事业单位发展的需要，是否能够进行相应的设置，满足经济业务增长的需要，满足会计组织的合并、分离等变更处理的需要。

2. 会计软件的操作方便性

会计软件操作起来是否方便，直接影响其使用效率，因此在选择会计软件时应该认真考察和评价。对会计软件的操作方便性进行考察和评价应该从以下两个方面进行。

（1）会计软件的操作是否便于学习

对备选会计软件进行考察，评价会计软件的各种屏幕输入格式是否简洁明了，是否有各种操作提示，各种提示用语是否表达准确并符合会计人员的习惯，各种自定义功能是否便于学习等。

（2）会计软件的操作是否简单方便

对备选会计软件进行实际操作，评价会计软件的操作过程是否简单方便，是否符合会计人员的习惯或易于被会计人员接受，各种自定义功能是否便于操作和使用等。

3. 会计软件的安全可靠性

安全可靠的会计软件对保证会计核算工作的正常运行尤为重要，在选择会计软件时要对会计软件的安全可靠性进行认真的考察。会计软件的安全可靠性是指会计软件防止会计信息泄露和被破坏的能力，以及会计软件防错、查错和纠错的能力。会计软件为了保证其安全可靠性，通常在软件中设计各种安全可靠性措施。因此，考察会计软件的安全可靠性主要从以下三个方面进行。

（1）会计软件安全可靠性措施的完备性

会计软件由若干个功能模块组成，每个功能模块都应有相应的安全可靠性措施，确保会计信息的合法性、正确性和完整性。因此，可以通过阅读会计软件使用手册和实际操作软件，仔细考察会计软件是否具备各种安全可靠性措施，如操作人员使用权限的控制，凭证输入过程中的错误检查，未审核的凭证不允许记账，会计年度终了进行结账时的强制备份，以及计算机发生故障或由于强行关机及其他原因引起内存和外存会计数据被破坏的情况下，利用现有数据恢复到最近状态等措施。

（2）会计软件安全可靠性措施的有效性

一些会计软件虽然有各种安全性措施，但是其实际并没有达到预期的目的。因此，必须对会计软件的安全可靠性措施是否有效进行考察。

① 考察初始设置的安全可靠性措施是否有效。例如，仔细考察会计软件是否能够防止非指定人员擅自使用功能，是否对指定操作人员实行使用权限控制，是否对所装入的初始余额的正确性进行试算平衡和正确性检查等。

② 考察会计数据输入和输出的安全可靠性措施是否有效。例如，仔细考察是否能够防止非法会计科目的输入，是否能够对一张凭证的借贷平衡进行控制，是否能够正确地输出用户所需的各种信息等。

③ 考察会计数据处理和存储的安全可靠性措施是否有效。例如，仔细考察当记账不成功时，是否能由计算机自动恢复到记账前的状态，是否能防止非法篡改数据；一旦发现程序文件和相应的数据被篡改，是否能够利用标准程序和备份数据恢复会计软件的运行等。

（3）会计软件安全可靠性措施的合理性和实用性

不同的会计软件其安全可靠性措施的合理性和有效性是不同的。例如，有的会计软件虽然具有设置口令并拒绝非法口令的功能，但当设置口令或输入口令时却将口令显示在屏幕上，显然这样的安全可靠性措施不能达到预期的控制目的，是不合理、不实用的。合理和有效的安全性措施将会给会计软件的安全有效使用带来便利。因此，在对会计软件的安全可靠措施的完备性和有效性考察之后，还必须对会计软件的安全可靠性措施是否合理和实用进行考察。

4. 会计软件使用手册的通俗易懂性

在购买会计软件前，还需对会计软件使用手册的通俗易懂性进行评价。评价时主要从以下几个方面进行：内容是否完整，手册是否实用，各种命令、功能的用法解释是否清楚，手册中的范例是否实用。会计软件厂家是否能够提供通俗易懂的会计软件使用手册，也是选择会计软件所要考虑的重要因素之一。

5. 会计软件售后服务的可靠性

售后服务包括会计软件的日常维护、用户培训、二次开发、相关技术支持和软件版本的升级换代。目前，会计人员的计算机使用水平还不高，靠自身的能力无法排除会计软件运行中出现的全部故障，所以，还需要销售单位派出人员加以解决。如果拖延，会计核算工作就会被迫停止。要了解培训的内容、方式是否可行，维修服务人员是否充足，二次开发的方式是否具体，版本升级是否及时等。会计软件售后服务的可靠性对用户来说是至关重要的，会计信息系统是一个连续运行的系统，任何时候均不能间断。因此，仔细考察会计软件的售后服务情况，对企事业单位选择会计软件是十分重要的。

用友 ERP-U8 应用系统提供了多个子系统，各个子系统服务于企业的不同层面，为不同的管理需要服务。子系统本身具有相对独立的功能，彼此之间又具有紧密的联系，能够支持企业实现财务、业务的一体化管理，在企事业单位及各院校中得到了广泛应用。故本教材选择用友软件股份有限公司的用友 ERP-U8（v8.72）（以下简写为用友 ERP-U8）管理软件为蓝本，系统地介绍会计信息系统各功能模块的基本知识和操作方法。

1.2 会计软件安装

1.2.1 系统运行环境

用友 ERP-U8 管理软件属于应用软件范畴，需要按以下要求配置硬件环境，准备系统软件，如表 1.1 所示。

表 1.1　用友 ERP-U8 管理软件的运行环境

分类		最低配置	推荐配置
硬件环境	单机版	CPU 1.0 GB 或以上，内存 256 MB 或以上，硬盘 4 GB 以上	内存 256 MB 或以上，硬盘 10 GB 以上
	网络版	网络服务器：CPU PIII 800 或以上，内存 256 MB 或以上，硬盘 10 GB 以上	
软件环境	操作系统	Windows 2000 Professional + SP4、Windows XP + SP2 或 SP3、Windows 2003 Server、Windows 2000 Server + SP4	Windows XP + SP2 或 SP3
	数据库	SQL Server 2000 + SP4、SQL Server 2005 + SP2、SQL Server 2008	SQL Server 2000 + SP4
	浏览器	Internet Explorer 6.0 + SP1 及更高版本	
	信息服务器	IIS 5.0 及更高版本	IIS 5.1
	.NET 运行环境	.NET Framework 2.0 Service Pack 1	

提醒

- 以上环境需要在安装用友 ERP-U8 软件之前按顺序完成。
- 用友 ERP-U8 软件要求在干净的操作系统下安装，因此建议重新安装操作系统。
- 浏览器一般由操作系统自带，无须另外安装。
- .NET 运行环境可在安装用友 ERP-U8 的过程中手动安装。安装文件可在华信教育资源网上免费下载。
- 需要安装的缺省（默认）组件可在安装用友 ERP-U8 的过程中单击界面上的【安装缺省组件】进行安装。

提醒

为确保系统安装成功，还需要注意以下问题。

- 安装时操作系统所在的磁盘分区剩余磁盘空间应大于 2GB。
- 安装产品的计算机名称中不能带有“-”，不能以数字开头。
- 安装的完整路径名中不应带有中文。
- 用友 ERP-U8.72 版本不能和用友其他版本的软件安装在同一个操作系统中。
- 安装产品前关闭防火墙和实时监控系统。
- 安装完成后，如果不能运行，需要重新安装的话，应先卸载原来安装的内容，再重新安装。卸载时，可能会卸载不干净，还需查找相关文件及文件夹，并将其删除，才能重新安装。

1.2.2 系统安装指南

用友 ERP-U8 管理软件分为单机版和网络版两种，如果是单机应用，只要在该机上运行 Setup.exe 安装程序安装产品即可；如果采用 C/S 网络应用模式，则需要在服务器和客户端分别进行安装。服务器安装基本运行环境，客户端进行配置。下面以单机安装为例介绍用友 ERP-U8.72 管理软件的安装步骤。

1. SQL Server 2000+SP4 数据库安装

安装用友 ERP-U8.72 管理软件前，需要先安装 SQL Server 2000。下面以 SQL Server 2000 简体中文个人版为例介绍安装步骤（标准版、企业版的安装与此完全一样）。

例 1.1 安装 SQL Server 2000 简体中文个人版。

操作步骤：

1）执行 SQL Server 2000 安装文件 Setup.exe，打开 SQL Server 2000 自动菜单，选择其中的“安装 SQL Server 2000 组件”选项，打开“安装组件”对话框，选择其中的“安装数据库服务器”选项，如图 1.3 和图 1.4 所示。

图 1.3 SQL Server 2000 自动菜单

图 1.4　“安装组件”对话框

2）稍候，打开安装向导的“欢迎”对话框，如图 1.5 所示。

3）单击“下一步”按钮，打开“计算机名”对话框，选择“本地计算机”单选按钮。“本地计算机”是默认选项，其名称就显示在上面，如图 1.6 所示。

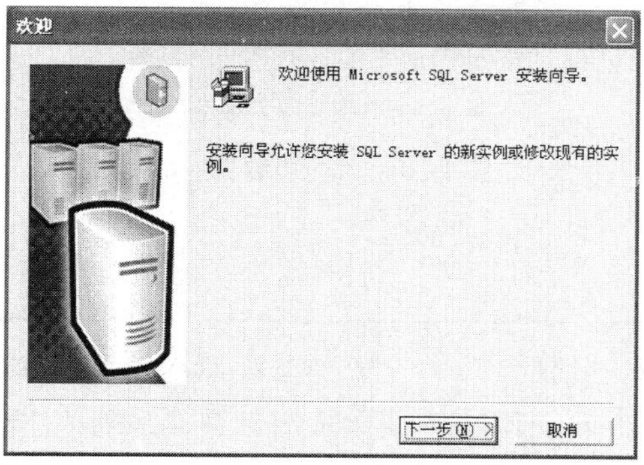

图 1.5　“欢迎”对话框

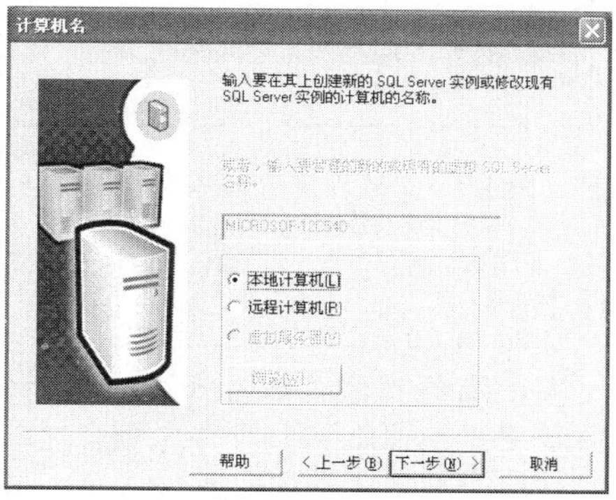

图 1.6　“计算机名”对话框

4）单击“下一步”按钮，打开“安装选择”对话框，选择“创建新的 SQL Server 实例，或安装‘客户端工具’”单选按钮，如图 1.7 所示。

提醒

对于初次安装的用户，应选用这一安装模式，不需要使用“高级选项”进行安装。“高级选项”中的内容均可在安装完成后进行调整。

5）单击“下一步”按钮，打开“用户信息”对话框，输入姓名、公司名称，如图 1.8 所示。

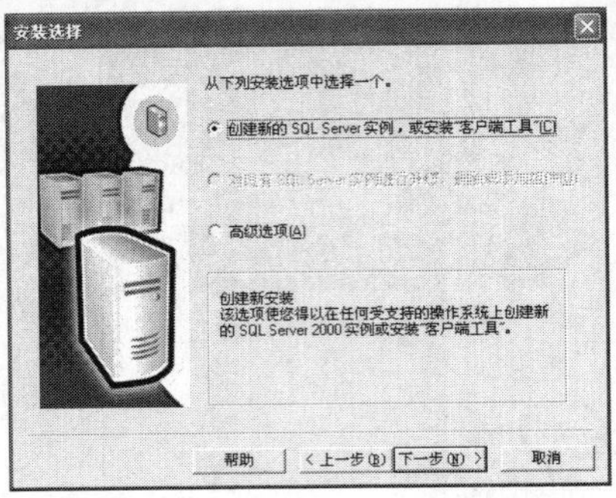

图 1.7　“安装选择”对话框

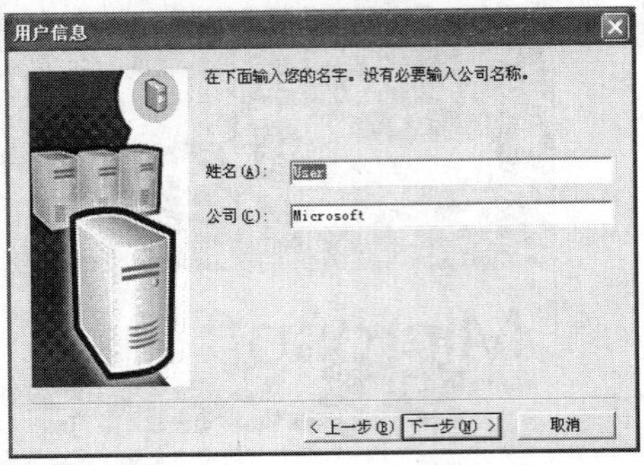

图 1.8　“用户信息”对话框

6）单击“下一步”按钮，打开“软件许可证协议”对话框。阅读后，单击“是”按钮，表示接受软件许可证协议，如图 1.9 所示。

7）打开“安装定义”对话框，选择“服务器和客户端工具”单选按钮进行安装，如图 1.10 所示。

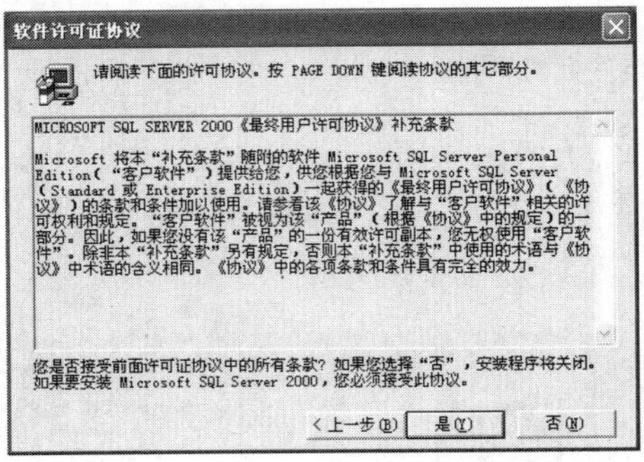

图 1.9　“软件许可证协议”对话框

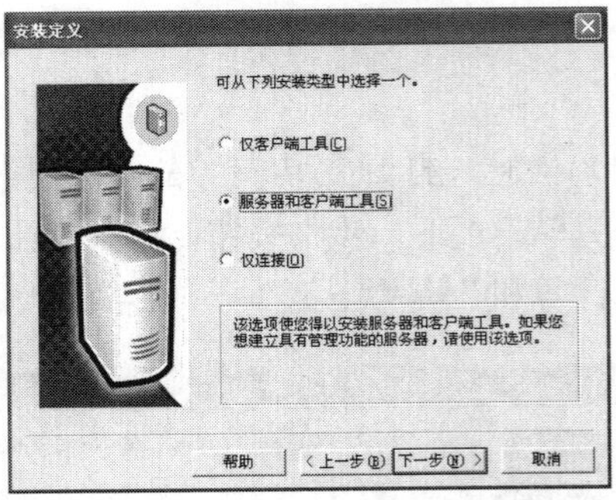

图 1.10　“安装定义”对话框

提醒

我们需要将服务器和客户端同时安装，这样在同一台机器上，可以完成相关的所有操作，对于我们学习 SQL Server 很有用处。如果已经在其他机器上安装了 SQL Server，则可以只安装客户端工具，用于对其他机器上 SQL Server 的存取。

8）单击“下一步”按钮，打开“实例名”对话框，选择“默认”的实例名称，如图 1.11 所示。

提醒

这时本机 SQL Server 的名称将和 Windows 服务器的名称相同。SQL Server 2000 可以在同一台服务器上安装多个实例，也就是可以重复安装多次。如果用户的计算机上已经安装了数据库实例，“默认”实例可能不可选择，这时就需要选择不同的实例名称了。实例名会出现在各种 SQL Server 和系统工具的用户界面中，名称越短越容易读取。实例名称不能是 Default 等 SQL Server 的保留关键字。

9）单击“下一步”按钮，打开“安装类型”对话框，选择“典型”单选按钮。并可通过单击“浏览”按钮选择文件安装路径，如图 1.12 所示。

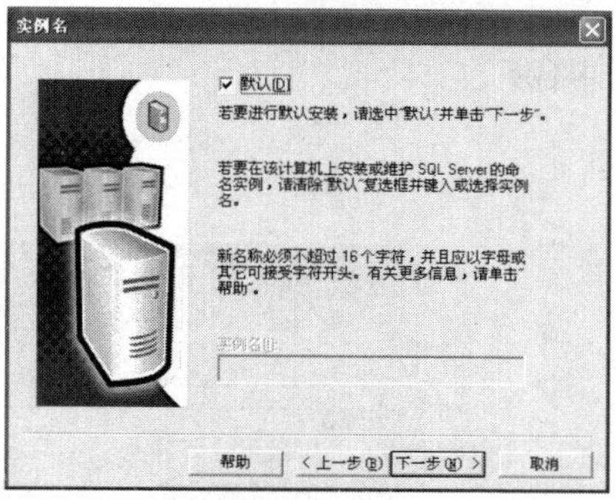

图 1.11　“实例名”对话框

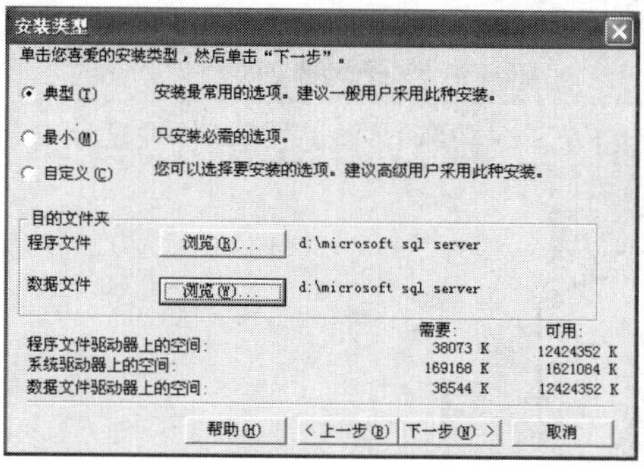

图 1.12　“安装类型”对话框

提醒

如果用户的数据库数据有 10 万条以上，请预留至少 1 GB 的存储空间，以应付需求庞大的日志空间和索引空间。

10）单击“下一步”按钮，打开“服务账户”对话框。选择“对每个服务使用同一账户。自动启动 SQL Server 服务”单选按钮。并将服务设置为“使用本地系统账户”，如图 1.13 所示。

提醒

不建议选择“使用域用户账户”，以避免以后修改 Windows 的登录用户名和密码，SQL Server 2000 不能正常启动，另外域用户账户管理相对复杂些。

11）单击“下一步”按钮，打开“身份验证模式”对话框。为了加强系统安全性，这里选择“混合模式”单选按钮，并设定 sa 登录密码，如图 1.14 所示。

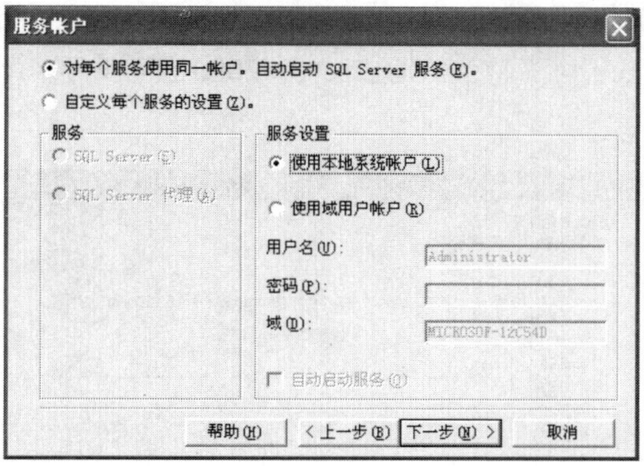

图 1.13　“服务账户”对话框

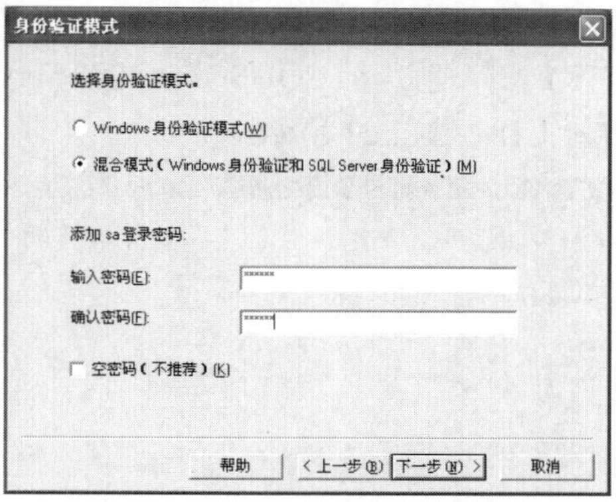

图 1.14　“身份验证模式”对话框

12）设置完成后，单击“下一步”按钮，打开“开始复制文件”对话框，如图 1.15 所示。

13）单击“下一步”按钮，安装程序开始向硬盘复制必要的文件，开始正式安装，如图 1.16 所示。

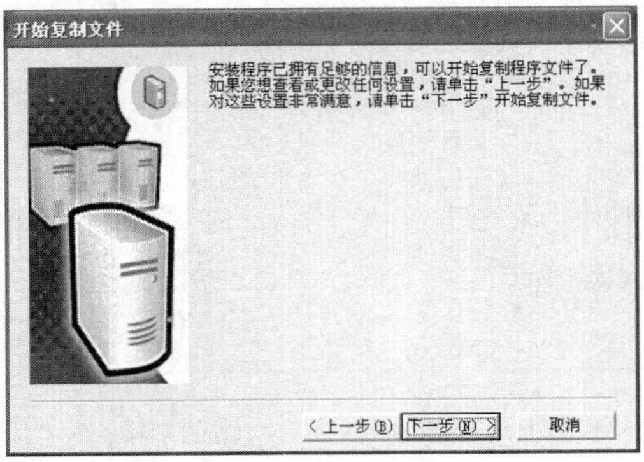

图 1.15　“开始复制文件”对话框

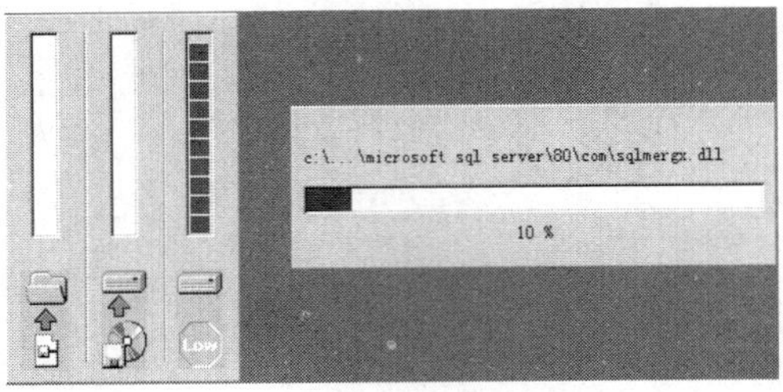

图 1.16　安装进程界面

14）大约 10 分钟后，系统安装结束，显示“安装完毕”对话框，如图 1.17 所示。单击“完成”按钮，结束 SQL Server 2000 的安装。

图 1.17　“安装完毕”对话框

15）安装 SQL Server 2000 Service Pack 4 补丁。双击“SQL2000-KB884525-SP4-x86-CHS.EXE”，解压缩 SQL Server 2000 Service Pack 4（简称为“SQL Server 2000 SP4 补丁”），如图 1.18～图 1.21 所示。

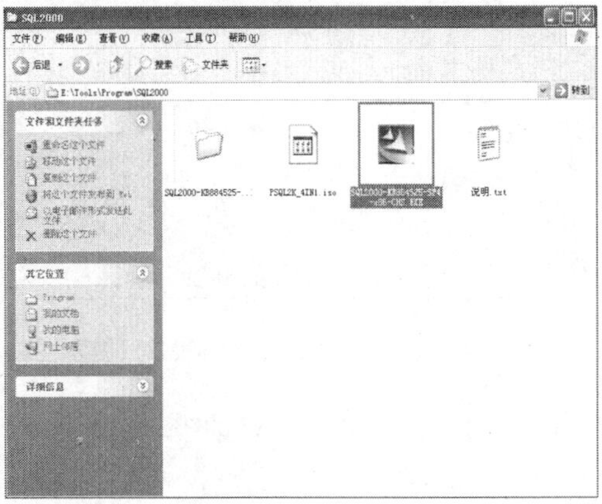

图 1.18　SQL Server 2000 SP4 补丁文件

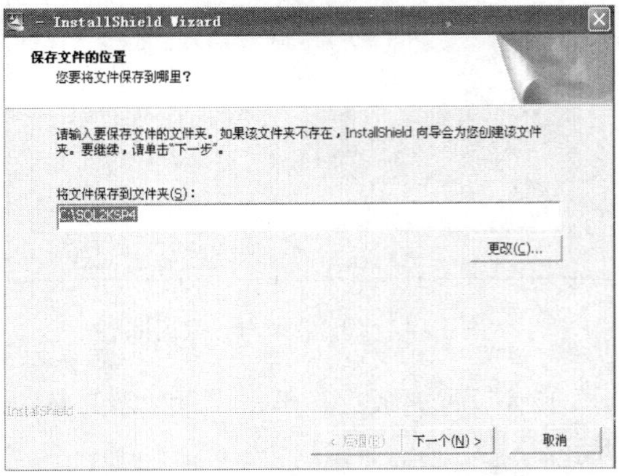

图 1.19　SQL Server 2000 SP4 补丁解压缩存放路径

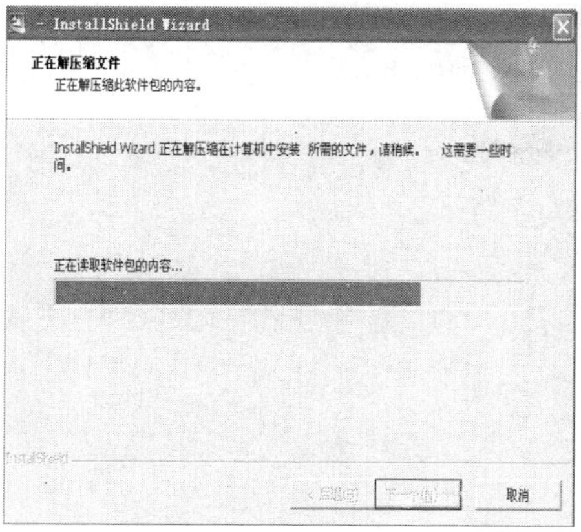

图 1.20　解压缩进程对话框

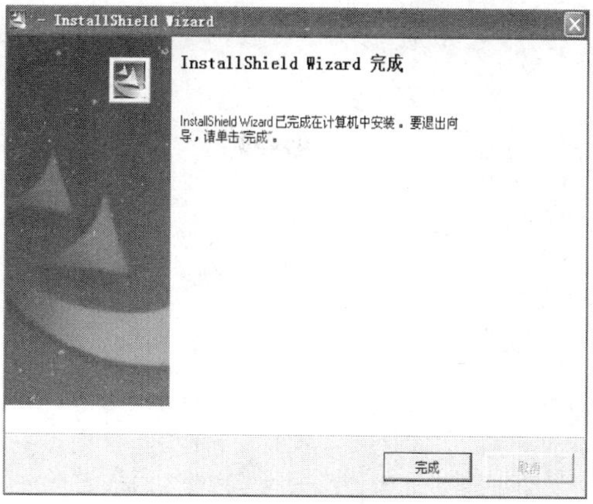

图 1.21　解压缩完成对话框

16）打开文件夹“C:\SQL2KSP4”，如图 1.22 所示，双击“setup.bat”开始安装补丁，按步骤进行操作，如图 1.23～图 1.25 所示。

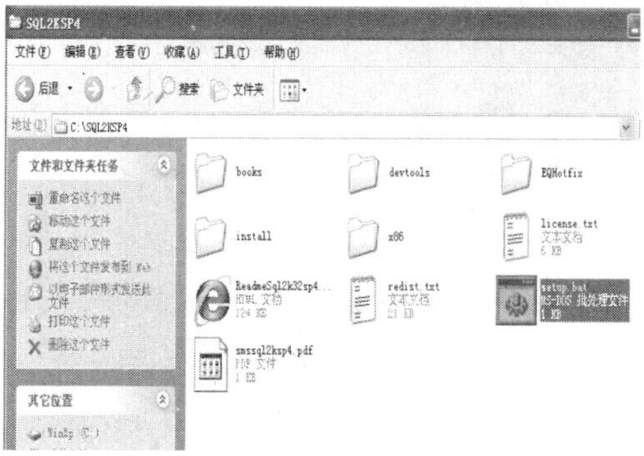

图 1.22　“SQL2KSP4”文件夹

图 1.23　“欢迎”对话框

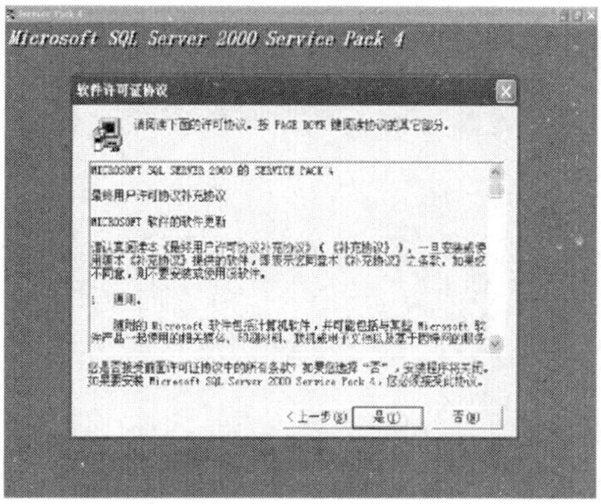

图 1.24　“软件许可证协议”对话框

图 1.25　“实例名”对话框

17）在弹出的“连接到服务器”对话框中选择第一项，在“请输入 sa 密码”处输入安装 SQL Server 2000 时的“sa 密码”，如图 1.26 所示。接下来继续按步骤操作即可，如图 1.27～图 1.29 所示。

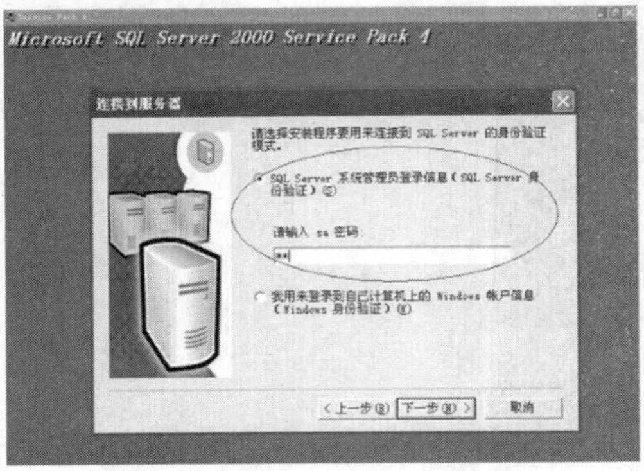

图 1.26 “连接到服务器”对话框

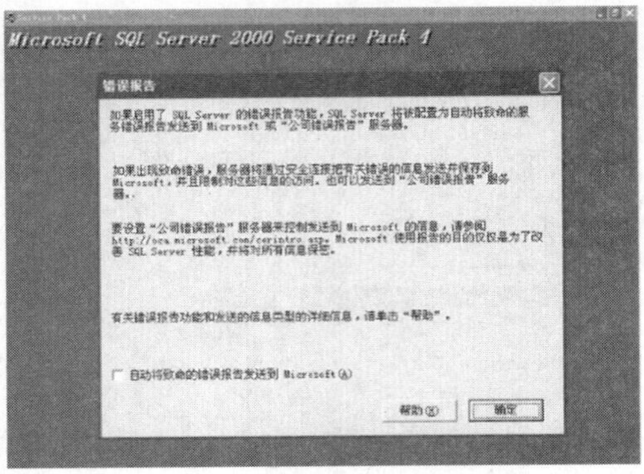

图 1.27 “错误报告”对话框

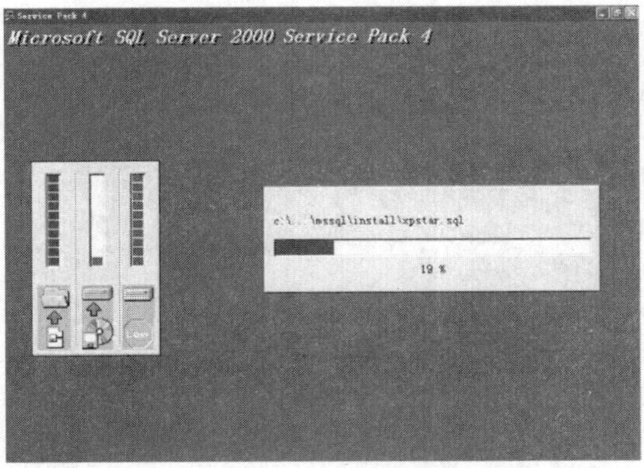

图 1.28 安装进程界面

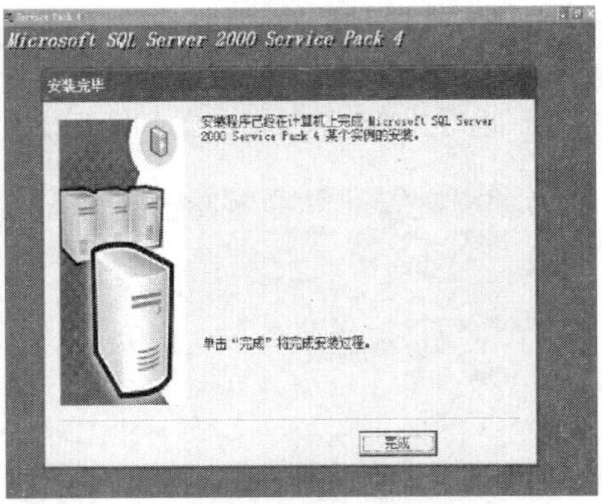

图 1.29 “安装完毕”对话框

注意

安装完成后请重新启动计算机。

18）查看 SQL Server 2000 的启动情况。成功安装了 SQL Server 2000，在 SQL Server 重新启动后，任务栏右下角出现的 SQL Server 服务监视图标显示为一个带绿色三角的服务启动标记，如图 1.30 所示。

图 1.30 SQL Server 服务监视图标

若该绿色图标变成了红色的方块，则表明 SQL Server 已停止了服务，可通过“SQL Server 服务管理器”程序来启动 SQL Server。方法为：双击该图标，将出现“SQL Server 服务管理器”程序，可通过该程序停止、启动 SQL Server 的后台服务，如图 1.31 所示。

如果计算机桌面右下角没有出现 SQL Server 服务监视图标，则单击“开始”｜“程序”命令，即可看到 Microsoft SQL Server 的程序组件，如图 1.32 所示。

图 1.31　SQL Server 服务管理器

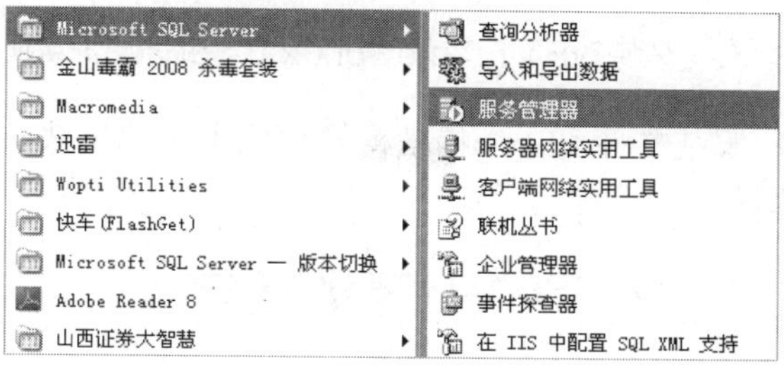

图 1.32　通过“开始”菜单启动 SQL Server 服务

单击其中的“服务管理器”命令，则可以启动 SQL Server 服务。

2. IIS 安装

打开“控制面板”，双击“添加或删除程序”进入“添加或删除程序”窗口后，单击“添加/删除 Windows 组件”，在弹出的“Windows 组件向导”对话框中勾选“Internet 信息服务（IIS）”后单击“详细信息”按钮。在弹出的“Internet 信息服务（IIS）”对话框中勾选所有选项，单击“确定”按钮，出现组件安装进度界面，如弹出需要安装盘的提示，放入 Windows 安装盘，或者选择组件文件所在路径，按提示操作即可，直至最后安装完毕，如图 1.33～图 1.36 所示。

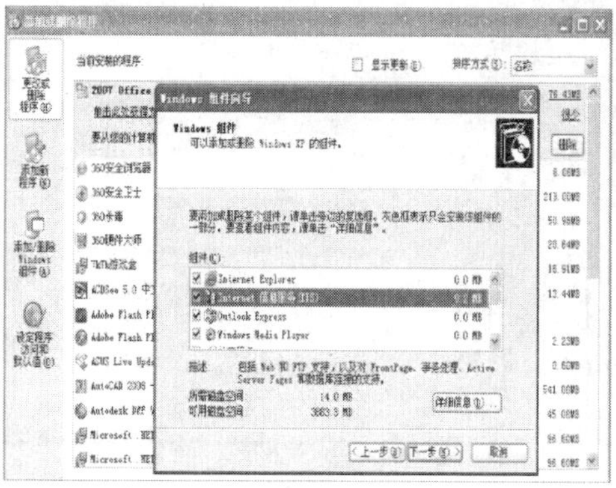

图 1.33　“Windows 组件向导”对话框

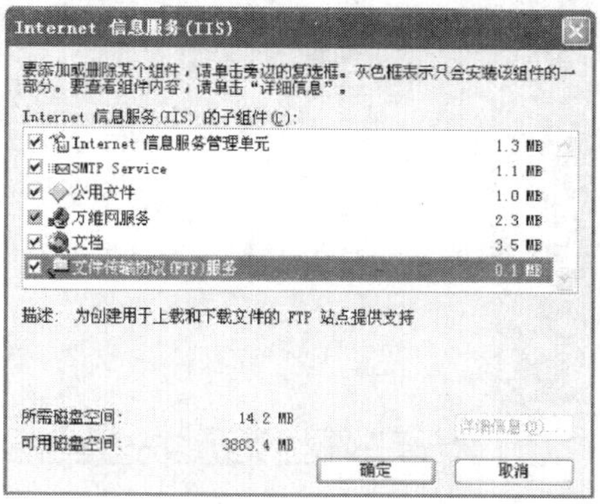

图 1.34　“Internet 信息服务（IIS）”对话框

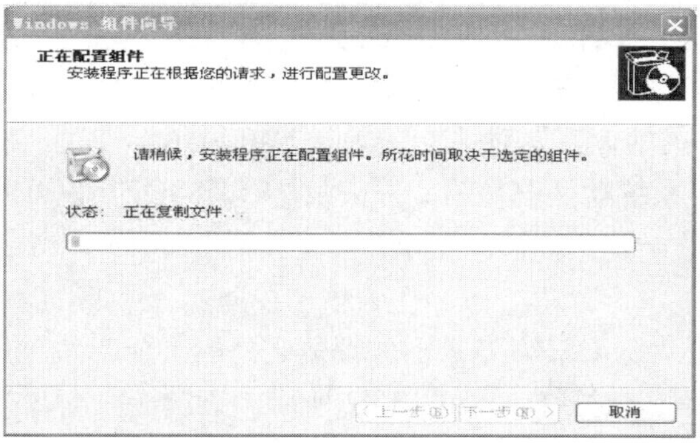

图 1.35　组件安装进度

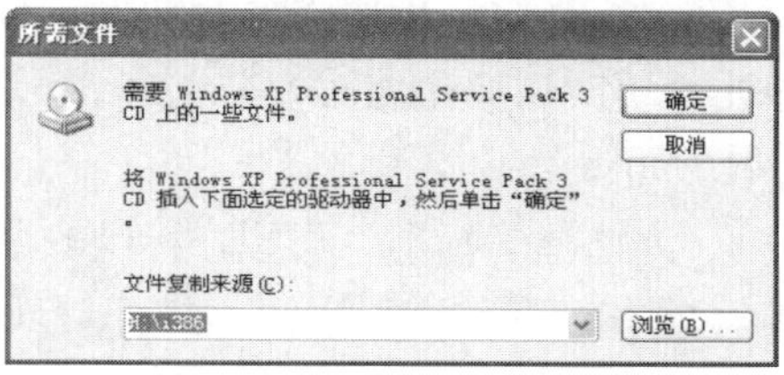

图 1.36　“所需文件”对话框

3. 安装.NET Framework 2.0 Service Pack 1100

安装文件可在华信教育资源网上免费下载。下载完成后双击安装文件，并按提示安装即可。

4. 用友 ERP-U8 管理软件安装

例 1.2 安装用友 ERP-U8.72 管理软件。

操作步骤：

1）以系统管理员 Administrator 的身份注册进入系统，将用友 ERP-U8.72 管理软件光盘放入服务器的光盘驱动器中，打开光盘目录，双击 Setup 应用程序文件，进入 ERP-U8.72 管理软件安装欢迎界面，开始 U8.72 软件的安装，如图 1.37 所示。若未进入安装界面，可直接双击光盘根目录下的 Setup 命令。

2）单击“下一步”按钮，打开安装授权“许可证协议”对话框，如图 1.38 所示。

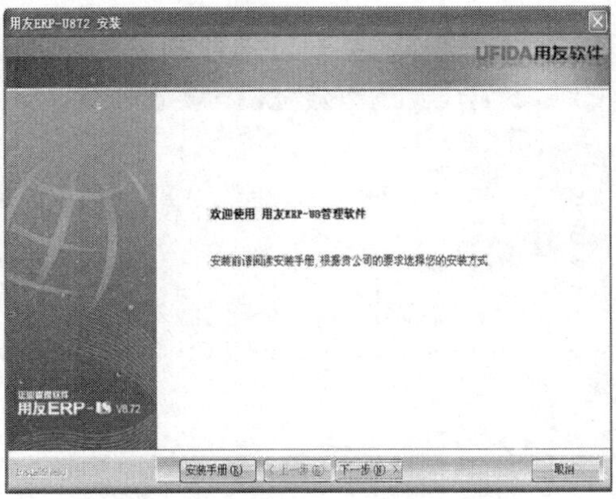

图 1.37 ERP-U8.72 管理软件安装欢迎界面

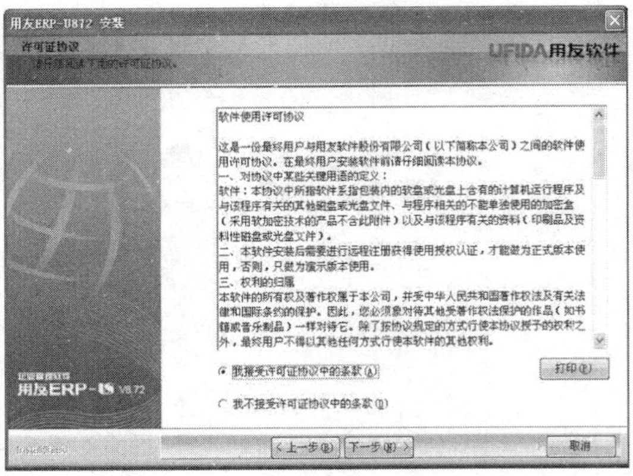

图 1.38 安装授权“许可证协议”对话框

3）接受协议内容，单击“我接受许可证协议中的条款”单选按钮，单击“下一步”按钮，打开“客户信息”对话框，如图 1.39 所示。

4）输入用户名和公司名称，用户名默认为本机的计算机名，公司名称由用户自行确定。单击“下一步”按钮，打开“选择目的地位置”对话框，如图 1.40 所示。

5）选择安装程序将要存放的文件夹。系统默认的目的文件夹是“C:\U8SOFT”。可以单击“更改”按钮修改安装路径。单击“下一步”按钮，打开“安装类型”对话框，如图 1.41 所示。

6）选择“标准”类型，标准安装模式为除 GSP、专家财务评估之外的“全产品”安装。单击“下一步”按钮，打开“环境检测”对话框，如图 1.42 所示。

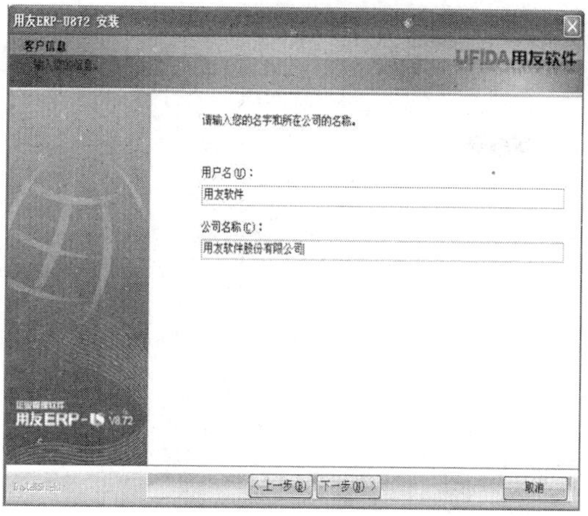

图 1.39　“客户信息”对话框

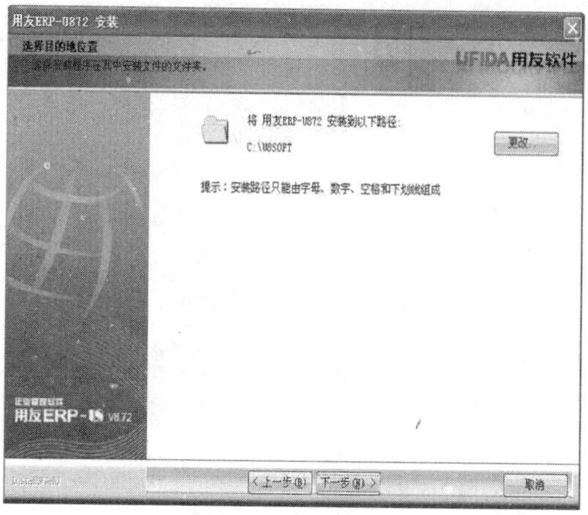

图 1.40　“选择目的地位置”对话框

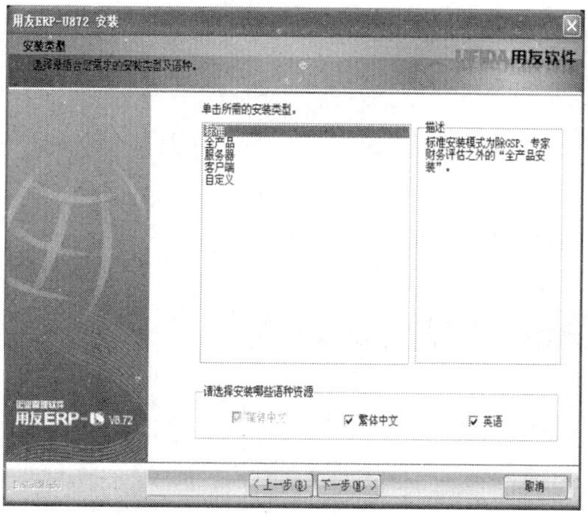

图 1.41　“安装类型”对话框

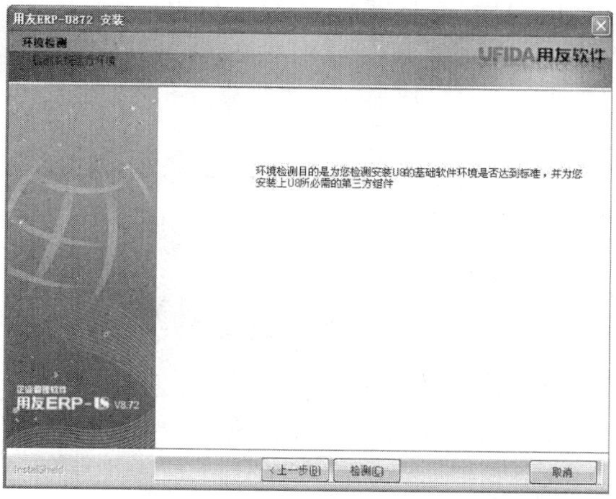

图 1.42　“环境检测”对话框

提醒

如果将用友 ERP-U8.72 软件作为单机版使用，此处必须选择“标准”或“全产品”安装，表示既安装服务器，又安装客户端。

7）单击“检测”按钮，进行系统环境检测，检查系统配置是否已经满足所需条件。若出现如图 1.43 所示的界面，表示所需环境已经满足；若有未满足的条件，如图 1.44 所示，则安装不能向下进行，并给出未满足的项目，此时单击未满足的项目链接，系统会自动定位到组件所在位置，让用户手动安装。

8）若满足条件，单击“确定”按钮，返回安装界面。单击“下一步”按钮，出现“可以安装该程序了”对话框，接下来单击“安装”按钮，如图 1.45 所示，即可进行安装了。此安装过程较长，需要 1～2 个小时，如图 1.46 所示。

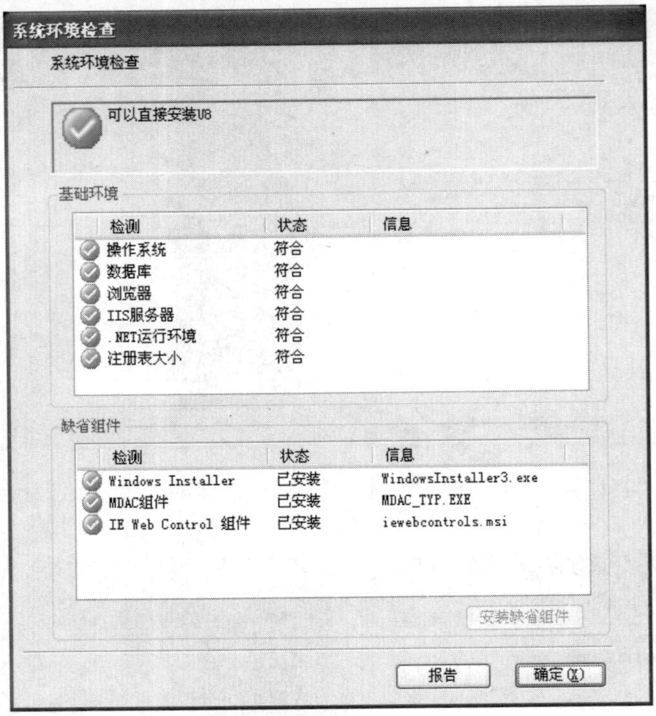

图 1.43　“环境检测”满足所需条件

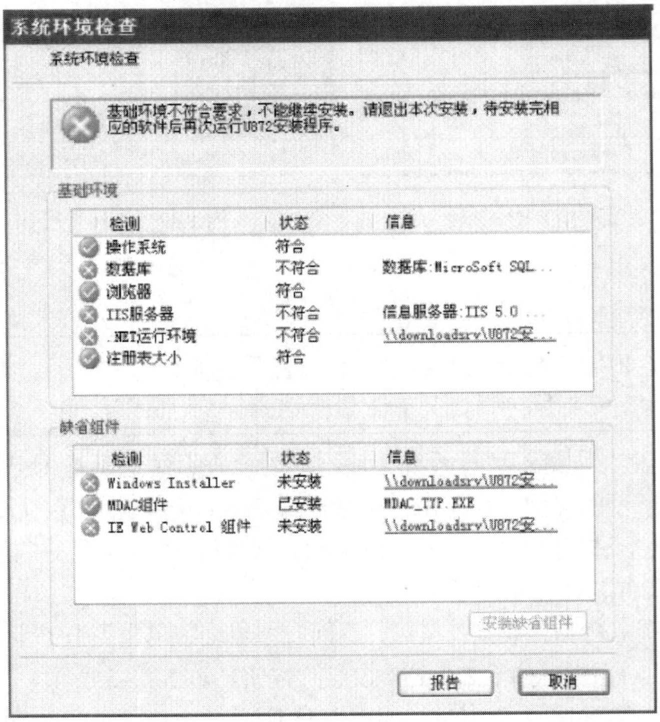

图 1.44　“环境检测”有未满足的条件

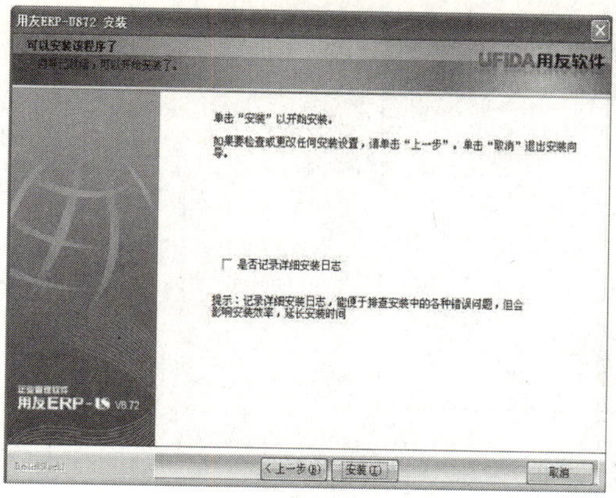

图 1.45　“可以安装该程序了”对话框

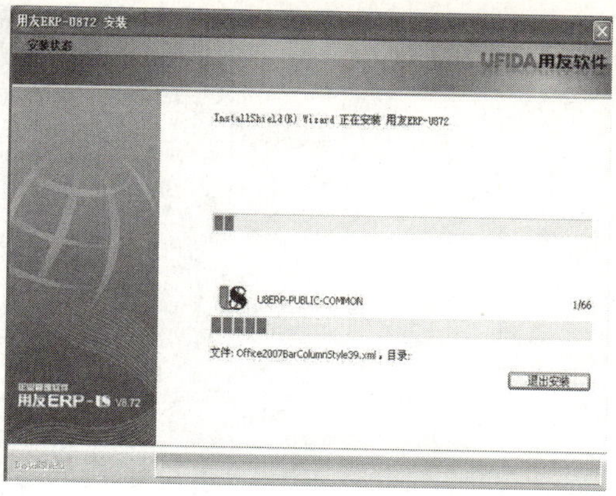

图 1.46　“安装状态”对话框

9）文件复制完成后，显示系统安装完成界面，提示是否需要立即启动计算机，在此建议选择“是，立即重新启动计算机”单选按钮，单击“完成”按钮，完成用友 ERP-U8.72 软件的安装，重新启动计算机，如图 1.47 所示。

提醒

此处重新启动时间较长，请耐心等待。

10）计算机重新启动后，U8 服务管理器会自动运行，出现“正在完成最后的配置”提示信息，如图 1.48 所示，在其中设置数据库服务器、数据库管理员 SA 口令，单击“测试连接”按钮，测试数据库连接。若一切正常，则会出现连接成功的提示信息。

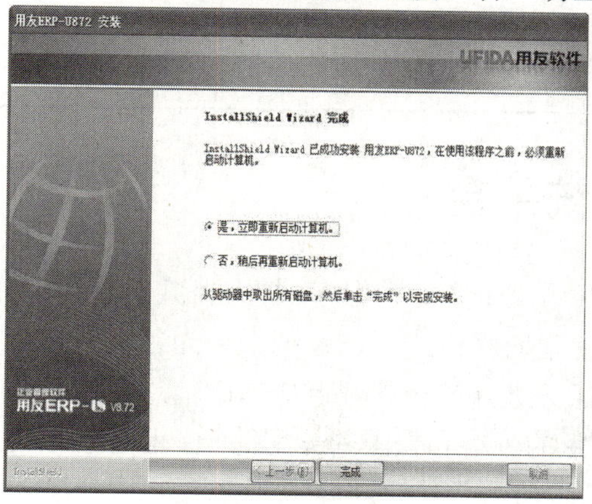

图 1.47　安装完成界面

图 1.48　“正在完成最后的配置”提示信息

11）单击“完成”按钮，系统提示是否初始化数据库，选择“是”，系统开始初始化数据库。数据库初始化后将会出现“登录”对话框，如图 1.49 所示，若不登录，则可以直接关闭，安装完成。

12）在“登录”对话框中，“登录到”选择本地计算机，“操作员”输入“admin”，密码为空，账套选择“(default)”（U8.72 系统默认），单击“确定”按钮，即可进入用友新建账套界面。

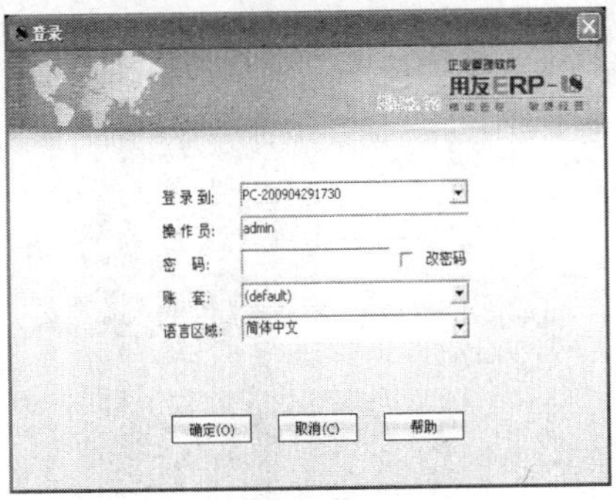

图 1.49　“登录”对话框

提醒

如果计算机中已装有 SQL Server 2000 + SP4 数据库和用友 ERP-U8.72 应用程序，会在任务栏中显示 SQL Server 服务管理器图标和 U8.72 服务管理器图标。

若两个图标均未出现绿色的箭头，则分别双击两个图标，启动数据库服务和 U8.72 服务。

安装完成后，单击“开始”|“程序”|“用友 ERP-U8.72”|“系统服务”|“系统管理”命令，启动系统管理，创建系统数据库。

提醒

与以前的版本不同，U8.72 安装完成后系统内没有安装演示账套，如果需要演示数据，需要以管理员身份进入系统管理，引入 U8.72SOFT\DEMO999\UfErpAct. Lst 账套备份文件。

1.3　系统平台

用友 ERP-U8 管理软件中的各个子系统共用一个企业数据库，拥有公共的基础信息、相同的账套和年度账，在财务、业务一体化管理应用模式下，系统平台为各个子系统提供了一个公共平台，用于对整个系统的公共任务进行统一管理，如基础信息及基本档案的设置、企业账套的管理、操作员的建立、角色的分类和权限的分配等，企业管理系统中任何产品的独立运行都必须以此为基础。

系统平台主要由两部分组成：系统管理和企业应用平台（即基础设置）。

1.3.1　系统管理

1. 系统管理功能概述

系统管理是用友 ERP-U8 管理软件中一个非常特殊的组成部分。它的主要功能是对用友 ERP-U8 管理软件的各个产品进行统一的操作管理和数据维护，具体包括账套管理、年度账管理、操作员及其权限的集中管理、系统数据及运行安全的管理等方面。

（1）账套管理

账套指的是一组相互关联的数据。一般来说，可以为企业中每个独立核算的单位建立一个账套。换句话说，在系统中，可以为多个企业（或企业内多个独立核算的部门）分别建账。

账套管理功能一般包括账套的建立、修改、删除、引入和输出等。

（2）年度账管理

年度账与账套是两个不同的概念，一个账套中包含了企业所有的数据。把企业数据按年度分类，称为年度账。用户不仅可以建成多个账套，而且每个账套中还可以存放不同年度的年度账。这样就可以方便地对不同核算单位、不同时期的数据进行操作。

新年度开始时，应设置新年度核算体系，即设置新年度账簿并将上年余额结转到新年度，以便开始新一年的核算。年度账的管理工作由账套主管全权负责，因此需要以账套主管的身份注册进入系统管理。

年度账管理包括年度账的建立、清空、引入、输出和结转上年数据等。

提醒

- 如果年度账错误太多，或者不希望将上年数据全部转入下年，就需执行“年度账”|“清空年度数据”命令。清空后还应保留一些必要信息，如基础信息、科目等。
- 结转上年数据时，必须遵循以下顺序：首先结转供应链管理系统各个模块的上年余额，再结转应收、应付款管理系统的上年余额，最后结转总账管理系统的上年余额。

（3）操作员及其权限的集中管理

为了保证系统及数据的安全与保密，系统管理提供了操作员及其操作权限的集中管理功能。通过对系统操作分工和权限的管理，一方面可以避免与业务无关的人员进入系统，另一方面可以对系统所含的各个模块的操作进行协调，以保证各负其责，流程顺畅。

操作员管理包括操作员的增加、修改、删除等操作。

操作员权限的管理包括操作员权限的增加、修改、删除等操作。

（4）设立统一的安全机制

对企业来说，系统运行安全、数据存储安全是必需的。设立统一的安全机制包括设置系统运行过程中的监控机制，设置数据自动备份，清除系统运行过程中的异常任务等。

2. 启动系统管理并注册

系统允许以两种身份进入系统管理：一是以系统管理员的身份，二是以账套主管的身份。启动系统管理并注册，如图 1.50 所示。

系统管理员负责整个系统的总体控制和维护工作，可以管理该系统中所有的账套。以系统管理员的身份注册进入系统，可以建立、引入和输出账套，设置操作员和账套主管，设置和修改操作员权限。

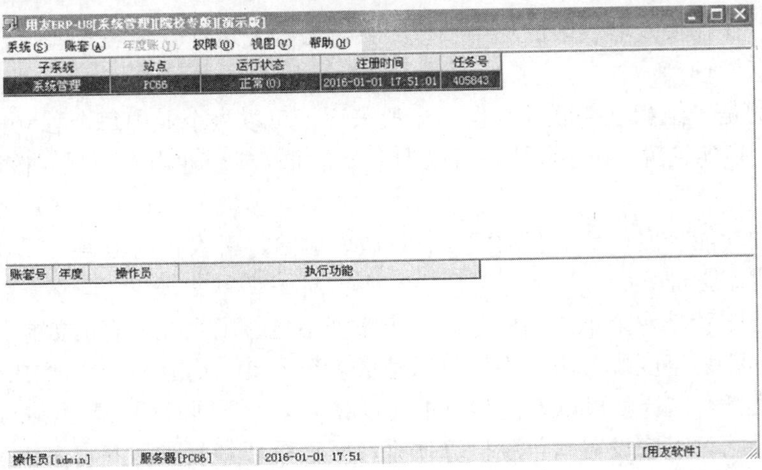

图 1.50　“系统管理”窗口

账套主管负责所选账套的维护工作，主要包括对所选账套的修改，对年度账的管理（包括创建、清空、引入、输出，以及各子系统的年末结转，所选账套的数据备份等），以及该账套操作员权限的设置。

启动系统管理的操作包括登录系统管理模块并进行注册。系统允许用户以系统管理员 admin 的身份，或以账套主管的身份注册进入系统管理。由于在第一次运行该软件时还没有建立核算单位的账套，因此，在建立账套前应以系统管理员 admin 的身份进行登录。此时并没有为管理员 admin 设置口令，即其密码为空。为了保证系统的安全性，可以更改系统管理员的密码。

3. 设置角色与用户

为了保证系统及数据的安全与保密，系统提供了角色管理和用户管理功能，以便在计算机系统上进行操作分工及权限控制。

（1）角色管理

角色是指在企业管理中拥有某一类职能的组织，这个角色组织可以是实际的部门，也可以是由拥有同一类职能的人构成的虚拟组织。例如，会计和出纳是在实际工作中最常见的两个角色。设置角色的方便之处在于可以根据职能统一进行权限划分，方便授权。角色管理包括角色的增加、删除、修改等维护工作。

用户和角色的设置可以不分先后顺序，但对于自动传递权限来说，应该首先设定角色，然后分配权限，最后进行用户的设置。这样在设置用户的时候，选择其归属哪个角色，则其自动具有该角色的权限，具体包括功能权限和数据权限。

一个角色可以拥有多个用户，一个用户也可以属于多个不同的角色。“增加角色”对话框如图 1.51 所示。

（2）用户管理

用户是指有权登录系统、对应用系统进行操作的人员，即通常意义上的“操作员”。每次登录系统，都要进行用户身份的合法性检查。只有设置了具体的用户后，才能进行相关的操作。

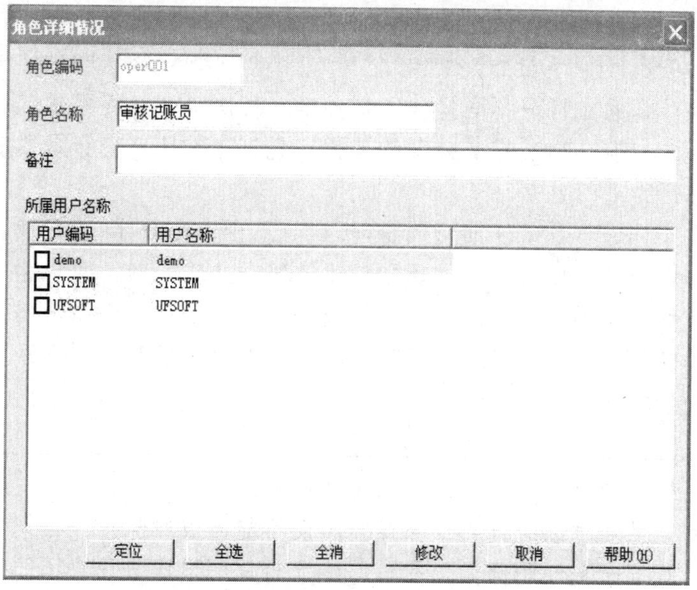

图 1.51　“增加角色”对话框

只有系统管理员才有权设置角色和用户。因此，定义系统用户时，必须以系统管理员的身份注册进入“系统管理”窗口，然后单击“权限”|“用户”命令，打开“用户管理”窗口后，完成增加、修改和删除用户的操作。“增加用户”对话框如图 1.52 所示。

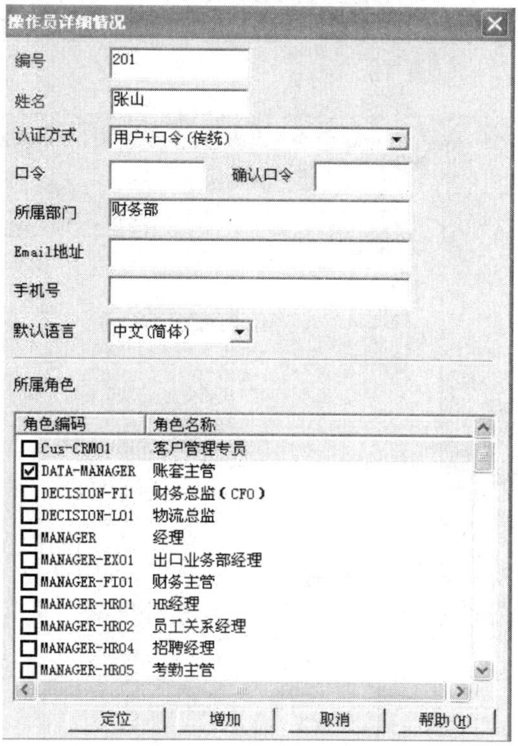

图 1.52　“增加用户”对话框

栏目说明

- 操作员编号是系统区分不同操作人员的唯一标志，因此必须输入。
- 操作员姓名一般会出现在其处理的票据、凭证上，因此应记录其真实姓名，以便对其操作行为进行监督。
- 口令是操作员进行系统注册时的密码。口令可由多个数字、字母及特殊符号构成。可以说，口令是操作员身份的识别标记。第一次输入时，可以由系统管理员为每个操作员赋予密码。当操作员登录系统时，建议通过“修改密码”立即设置新密码，并严格保密。此后每隔一定时间，需要更换新密码，以确保密码的安全。

提醒

- 只有系统管理员才有权限设置角色和用户。
- 操作员一旦登录系统进行业务操作，便不能再被删除。
- 为保证系统安全，明确划分职责，建议为每个操作员设置不同的密码。

4. 账套管理

（1）建立账套

建立账套，即采用用友 ERP-U8 应用系统前为本企业建立一套账簿文件。根据企业的具体情况进行账套参数设置。账套参数设置决定了系统的数据输入、处理、输出的内容和形式，其设置的主要内容在以下的“栏目说明”中。建立账套的第一步如图 1.53 所示。

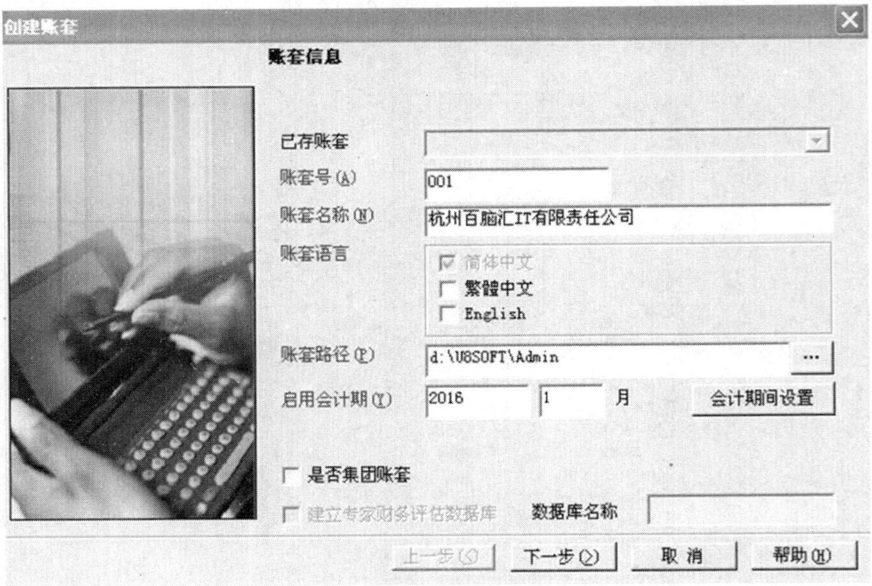

图 1.53　“创建账套”对话框

栏目说明

- 设置账套信息：设置账套号、账套名称与启用会计期间等。
- 输入单位信息：输入单位名称、单位简称、单位地址、法人代表和税号等。
- 确定核算类型：确定本币代码 RMB、本币名称、企业类型（工业），行业性质（2007 年新会计制度科目），账套主管。
- 确定分类信息：如果用户的存货、客户、供应商相对较多，可以对它们进行分类核算。如果目前无法确定，则可以在启动购销存系统时再进行设置。若选择各项分类核算，则必须先设置好各项分类方案，然后才能设置相应的基础档案。
- 确定编码方案：为了便于对经济业务数据进行分级核算、统计和管理，软件将对会计科目、企业的部门等进行编码。编码方案是指设置编码的级次方案；编码规则是指分类编码共有几段，每段有几位。一级至底层的段数称为级次，每级（或每段）的编码位数称为级长。编码总级长为每级编码级长之和。
- 确定数据精度：数据精度是指定义数据的小数位数。由于各个单位对数量、单价的核算精度要求不一致，为了适应不同的需求，系统提供了自定义数据精度的功能。

提醒

- 建账时要设定账套主管，创建账套的时间较长，要耐心等待。
- 创建账套成功后，弹出“系统启用”对话框，选择要启用的系统模块，如图 1.54 所示。

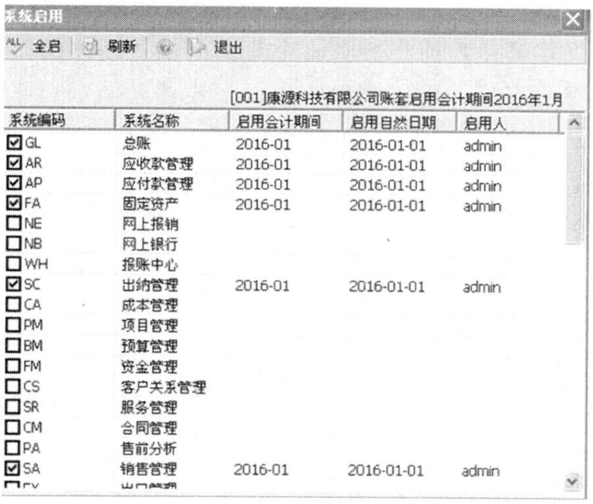

图 1.54　“系统启用”对话框

（2）修改账套

运行一段时间后，如果发现账套的某些信息需要修改或补充，可以通过修改账套功能来完成。此功能还可以帮助用户查看某个账套的信息。

系统要求只有账套主管才有权使用账套修改功能。如果要修改某一账套的信息，首先应在启动系统管理后，以账套主管的身份登录，并选择要修改的账套。

（3）输出账套

由于计算机在运行时经常会受到来自多方面因素的干扰，如人、硬件、软件或计算机病毒等因素，可能会造成会计数据被破坏，因此系统管理提供了账套输出功能。

账套输出（即会计数据备份）就是将用友 ERP-U8 应用系统所产生的数据备份到硬盘、软盘或光盘中保存起来。其目的是长期保存，防备意外事故造成硬盘数据丢失、非法篡改和破坏，能够利用备份数据尽快恢复数据以保证业务正常进行。

账套输出功能除了可以完成账套的备份操作外，还可以完成删除账套的操作。如果系统内的账套已经不需要再继续保存，则可以使用账套的输出功能进行账套删除。

（4）引入账套

账套引入（即会计数据恢复）是指把软盘上的备份数据恢复到硬盘上的指定目录下，即利用现有数据恢复。进行账套引入（或数据恢复）的目的是：当硬盘数据被破坏时，将软盘或光盘上的最新备份数据恢复到硬盘中。系统还允许将系统外的某个账套数据引入本系统中，从而有利于集团公司的操作。例如，子公司的账套数据可以定期被引入母公司系统中，以便进行有关账套数据的分析和合并工作。

5. 设置用户权限

为了保证权责清晰和企业经营数据的安全与保密，企业需要对系统中的所有操作人员进行分工，设置各自相应的操作权限。只有系统管理员和该账套的主管有权进行权限设置，但两者的权限又有所区别。系统管理员可以指定某账套的账套主管，还可以对各个账套的操作员进行权限设置；而账套主管只可以对所管辖账套的操作员进行权限指定。

（1）增加操作员权限

由于操作员权限是指某个操作员拥有某个账套的某些功能的操作权限，因此，在设置操作员和建立该核算账套后，可以在操作员权限设置功能中对非账套主管的操作员进行操作员权限的设置。“操作员权限”设置窗口如图 1.55 所示。

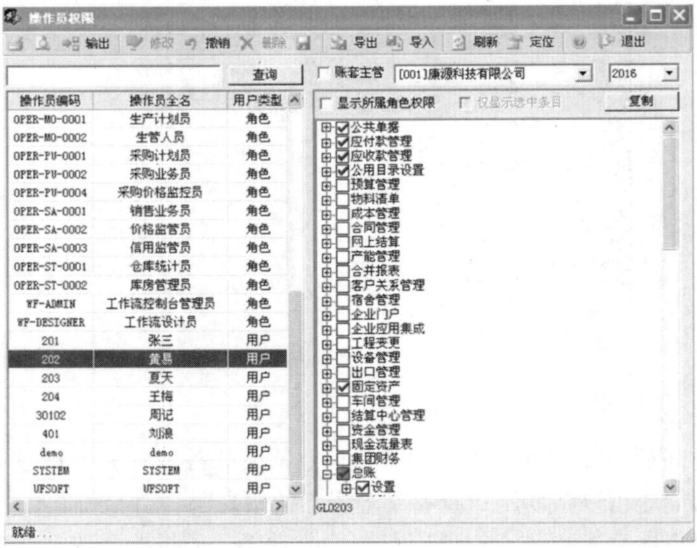

图 1.55 “操作员权限”设置窗口

提醒

- 一个账套可以设定多个账套主管。
- 账套主管自动拥有该账套的所有权限。

（2）修改操作员权限

账套主管的设立首先在建立账套时指定，修改时由系统管理员进行账套主管的设置与放弃的操作。首先在“操作员权限”设置窗口左侧的列表框中选择要设置或放弃账套主管资格的操作员，然后在对话框中右上角的下拉列表框中选择账套，最后选中左边的“账套主管”复选框。

在实际工作中，一个账套可以定义多个账套主管，一个操作员也可以担任多个账套的账套主管。在设置操作员权限时，只需对非账套主管的操作员设置相应的操作权限，系统默认的账套主管自动拥有该账套的全部权限。

（3）删除操作员权限

系统管理员或账套主管可以对非账套主管的操作员已拥有的权限进行删除。

（4）清除系统运行异常

系统运行过程中的死机、网络中断等有可能造成系统异常。针对系统异常，系统管理中提供了“清除异常任务”功能。

在使用过程中，如遇有关操作不能正常进行，则单击“视图”|“清除异常任务”命令，即可恢复正常功能的使用。

（5）上机日志

为了保证系统的安全运行，系统随时对各个产品或模块中每个操作员的上机和下机时间、操作的具体功能等情况进行登记，形成上机日志，以使所有的操作都有所记录，有迹可寻。

1.3.2　基础设置

1. 基础设置概述

一个账套总由若干个子系统构成，这些子系统共享公用的基础信息。基础信息是系统运行的基石。在启用新账套前，应根据企业的实际情况，结合系统基础信息设置的要求，事先做好基础数据的准备工作，这样可为系统的日常运行打好基础。

基础信息设置内容共有近 30 项，主要包括基本信息设置、基础档案设置、数据权限设置和单据设置。其设置既可以在“企业门户”|“基础信息”|“基础档案”中完成，也可以在各个子系统模块中进行，其结果可由各个模块共享。

2. 基本信息设置

在基本信息设置中，可以对建账过程确定的编码方案和数据精度进行修改，并进行系统启用设置。

用友 ERP-U8 管理系统分为财务会计、管理会计、供应链、生产管理/采购计划、工资管理、集团财务等产品组，每个产品组中又包括若干个模块，它们中的大多数既可以独立运行，又可以集成使用，但两种用法的流程是有差异的：一方面企业可以根据本身的管理特点选购不同的子系统；另一方面可以采取循序渐进的策略有计划地先启用一些模块，一段时间后再启用另外一些模块。系统启用为企业提供了选择的便利，它可以表明企业在何时启用了哪些子系统。只有设置了系统启用的模块后才可以登录。

有两种方法可以设置系统启用：一种是在企业建账完成后立即进行系统启用设置；另一种是在建账结束后由账套主管在系统管理中进行系统启用设置。

提醒

- 系统启用界面所列出的子系统全部是已安装的子系统，未安装的不列出。
- 各个系统的启用会计期间必须大于或等于账套的启用期间。

3. 基础档案设置

基础档案是系统日常业务处理必需的基础资料，是系统运行的基石。一个账套总由若干个子系统构成，这些子系统共享公用的基础档案信息。在启用新账套前，应根据企业的实际情况，结合系统基础档案设置的要求，事先做好部门档案、职员档案、客户分类和客户档案、供应商分类和供应商档案、存货分类和存货档案的设置工作。设置部门、人员、客户、供应商档案的窗口如图 1.56～图 1.59 所示。

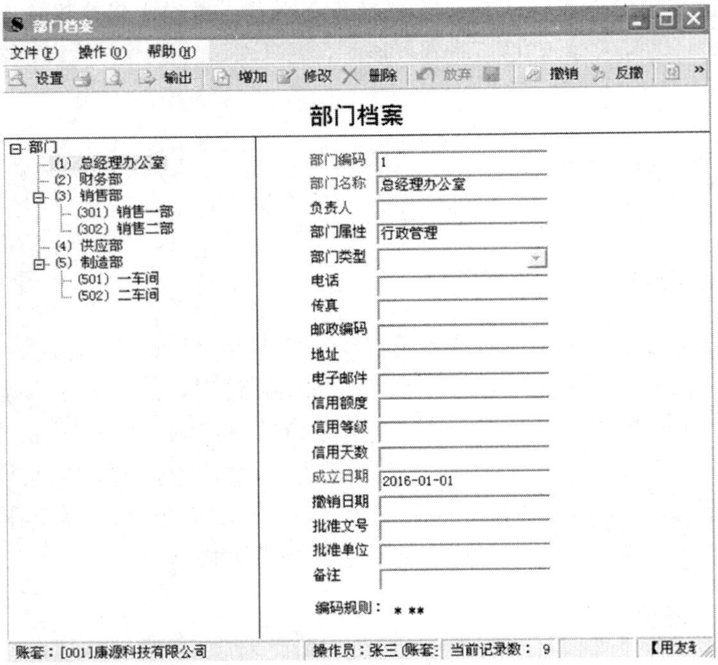

图 1.56 “部门档案”设置窗口

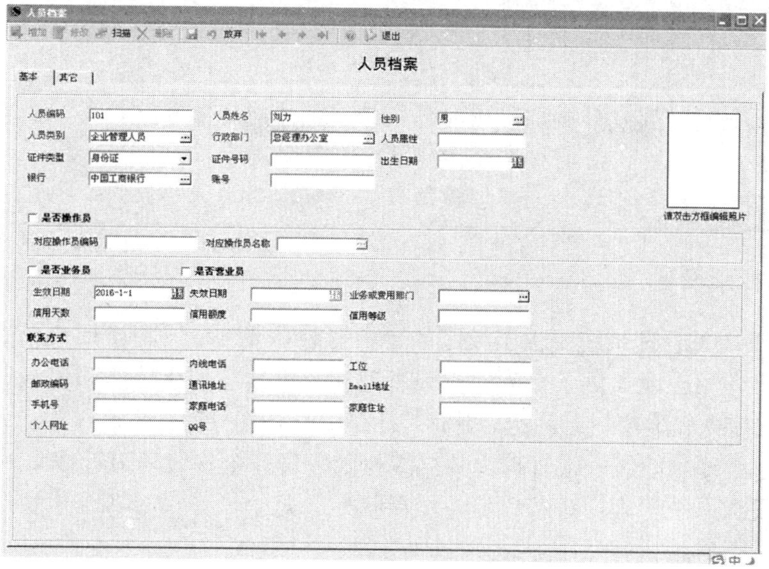

图 1.57　“人员档案”设置窗口

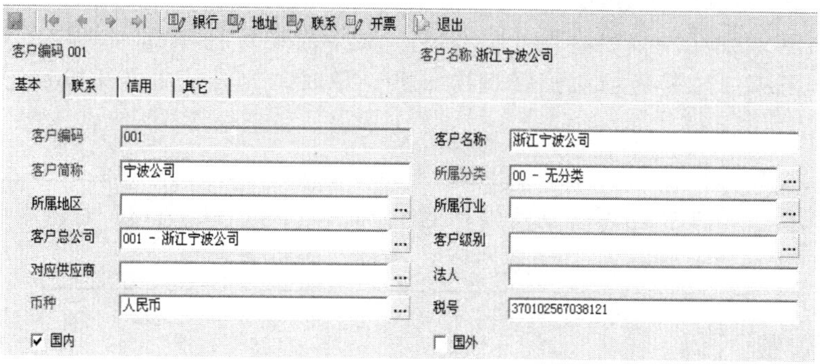

图 1.58　“客户档案”设置窗口

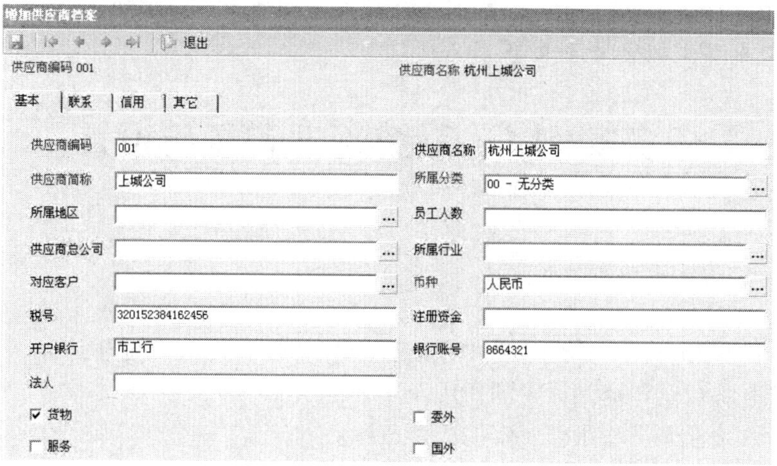

图 1.59　“供应商档案”设置窗口

提醒

- 必须先建立客户分类、供应商分类档案，才能建立客户档案、供应商档案，且客户档案、供应商档案必须建立在末级分类上。
- 建立任意一个档案时，都应遵循事先设定的分类编码原则。

4. 数据权限设置

用友 ERP-U8 管理系统提供了权限的集中管理功能。除了提供用户功能模块操作权限的管理外，还相应地提供了金额的权限管理和对于数字的字段级和记录级的控制，不同的组合方式使得权限控制更灵活、更有效。在用友 ERP-U8 管理系统中可以实现 3 个层次的权限管理（即功能级权限管理、数据级权限管理和金额级权限管理）。

功能权限在系统管理中进行设置，主要规定了每个操作员对各个模块及细分功能的操作权限。

数据权限是针对业务对象进行的控制，可以选择对特定业务对象的某些项目和某些记录进行查询和输入的权限控制。

金额权限的主要作用体现在两个方面：一是设置用户在填制凭证时，对特定科目允许输入的金额范围；二是设置用户在填制采购订单时，允许输入的采购金额范围。

提醒

若希望每个操作员都可查询所有科目的明细账，则在“选项”对话框的“权限”选项卡中，取消“明细账查询权限控制到科目”的设置即可。

5. 单据设置

不同企业各项业务处理中使用的单据可能存在细微的差别，用友 ERP-U8 管理系统中预置了常用单据模板，而且允许用户对各单据类型的多个显示模板和打印模板进行设置，以定义本企业需要的单据格式。

任务实例 1　系统管理和基础设置

任务目标

① 掌握用友 ERP-U8 管理软件中系统管理和基础设置的相关内容。
② 理解系统管理和基础设置的作用及重要性。
③ 明确系统管理员和账套主管的权限范围。
④ 掌握不同层次权限的赋权方法。
⑤ 理解设置编码档案的意义和作用。
⑥ 掌握数据输出的方法。

任务内容

① 系统管理员注册。
② 设置操作员。
③ 建立账套。
④ 进行财务分工。
⑤ 备份账套数据。
⑥ 引入账套数据。
⑦ 修改账套参数。

任务准备

安装用友 ERP-U8.72 版，将系统日期修改为“2016 年 1 月 1 日”。

任务资料

1. 账套信息

账套号：由任课教师指定；账套名称：康源科技有限公司；账套路径：由任课教师指定；启用会计期：2016 年 1 月；会计期间设置：1 月 1 日至 12 月 31 日。

2. 单位信息（见表 1.2）

表 1.2　单位信息

单位名称（M）	康源科技有限公司
单位简称（A）	康源公司
单位地址（R）	金华市工业园区
法人代表（L）	刘力
联系方式（W）	电话（P）：8558666　传真（F）：8558666　邮政编码（Z）：130024
电子邮件（E）	
税号（X）	370102434567868

3. 核算类型

该企业的记账本位币为人民币（RMB）；企业类型为工业；行业性质为 2007 年新会计制度科目；账套主管为张山；按行业性质预置科目。

4. 基础信息（见表 1.3）

表 1.3　基础信息

存货是否分类	（是）
客户是否分类	（否）
供应商是否分类	（否）
有无外币核算	（否）

5. 分类编码方案

科目编码级次：42222。
其他：默认。

6. 数据精度

采用系统默认设置。

7. 系统启用

企业暂时启用总账系统，启用日期为 2016.01.01。

8. 财务分工（见表 1.4）

表 1.4　财务分工

职员编号	操作员姓名	角　色	功能权限
201	张山	账套主管	负责基础设置工作，负责所有业务的处理工作；负责账套管理和协调维护等工作
202	黄易	会计主管、总账会计 应收会计、应付会计 成本会计、存货会计 资产管理、工资管理	设置公共单据、公共目录，负责总账、应收/应付、固定资产、工资、存货系统凭证处理、账簿处理、月末处理、报表编制工作
203	夏天	出纳	负责工资管理和出纳管理工作，具有出纳签字权，具有现金、银行存款日记账和资金日报表的查询、支票登记权及银行对账操作权限
204	王梅	审核员	负责凭证、账簿、报表的审核工作
30102	周记	销售人员	公共单据、公用目录设置、销售管理、库存管理
401	刘浪	采购主管	公共单据、公用目录设置、采购管理、库存管理

9. 设置基础档案

（1）部门档案（见表 1.5）

表 1.5　部门档案

部门编码	部门名称	部门属性
1	总经理办公室	行政管理
2	财务部	财务管理
3	销售部	销售管理
301	销售一部	市场营销
302	销售二部	市场营销
4	供应部	采购供应
5	制造部	生产管理
501	一车间	生产制造
502	二车间	生产制造

（2）人员类别

在职人员类别下分：101 企业管理人员、102 销售人员、103 采购人员、104 车间管理人员、105 生产人员。

（3）开户银行

银行编号 01；金华开发区支行；账户名称：康源科技有限公司；账号长度：12；单位账号：111111111111；所属银行：中国工商银行。

（4）人员档案（见表 1.6）

表 1.6　人员档案

部门名称	职员编号	职员名称	人员类别	账　号	是否是操作员	是否是业务员	性别	技术职称	年龄	职　务
总经理办公室	101	刘力	企业管理人员	111111111110	否	否	男	经济师	36	总经理
财务部	201	张山	企业管理人员	222222222220	是	否	女	会计师	34	会计主管
财务部	202	黄易	企业管理人员	333333333330	是	否	男	会计师	43	会计
财务部	203	夏天	企业管理人员	444444444440	是	否	女	会计师	24	出纳
财务部	204	王梅	企业管理人员	555555555550	是	否	女	助师	25	会计
销售一部	30101	王宏	销售人员	666666666660	否	是	男	经济师	35	销售主管
销售一部	30102	周记	销售人员	777777777770	是	是	女	助师	25	销售人员

续表

部门名称	职员编号	职员名称	人员类别	账号	是否是操作员	是否是业务员	性别	技术职称	年龄	职务
销售二部	30201	王刚	销售人员	888888888880	否	是	男	经济师	35	销售主管
销售二部	30202	李洋	销售人员	999999999990	是	是	男	助师	38	销售人员
供应部	401	刘浪	采购人员	101010101010	是	是	男	经济师	26	采购主管
一车间	50101	宋江	车间管理人员	101010101020	否	否	男	工程师	38	生产主管
一车间	50102	白云	生产人员	101010101030	否	否	女	技术员	27	生产人员
二车间	50201	李翔	车间管理人员	101010101040	否	否	女	工程师	40	生产主管
二车间	50202	王建	生产人员	101010101050	否	否	男	技术员	35	生产人员

（5）客户档案（见表 1.7）

表 1.7　客户档案

客户编码	客户名称	简　称	邮　编	税　号	开户银行	银行账号	电　话	信用额度
001	浙江宁波公司	宁波公司	315000	370102567038121	市工商银行	8908189	82968345	100 000
002	浙江绍兴公司	绍兴公司	312000	110186456888785	市工商银行	4302656	65349244	150 000
003	浙江金华公司	金华公司	321000	120289121618062	市工商银行	8428825	69478656	200 000
004	浙江温州公司	温州公司	325000	310763241567289	市工商银行	6032682	22804369	200 000

（6）供应商档案（见表 1.8）

表 1.8　供应商档案

供应商编码	供应商名称	简　称	邮　编	税　号	开户银行	银行账号	电　话
001	杭州上城公司	上城公司	310000	320152384162456	市工商银行	8664321	88923456
002	杭州下城公司	下城公司	310000	370245687921442	市工商银行	3568725	84528987
003	杭州西湖公司	西湖公司	310000	370156700345218	市工商银行	4267972	86854365
004	杭州滨江公司	滨江公司	310000	120191256786543	市工商银行	4867642	85498022

注意

表 1.2～表 1.8 中的未列资料视为无，可跳过；市工商银行从属于中国工商银行。

10. **建立文件夹**

在硬盘中自建文件夹，命名为“任务实例 1”，将账套中的数据输出到该文件夹。

11. **注册系统管理**

以账套主管的身份注册进入系统管理，可对账套中的部分内容进行修改。

任务处理

注意

注册前:

- 学生建账日期应为某月 1 日，初始化设置应将时间调为某月 1 日（这里为 2016.01.01）。
- 配置应用服务器。单击“开始”|“程序”|“用友 ERP-U8.72”|“系统服务”|“应用服务器配置”命令，单击“数据库服务器”按钮，进入“修改数据源”对话框，将“数据库服务器”修改成本机服务器名。
- 本教程对应的“用友 ERP-U8.72”会计软件在单机环境下运行，所以每个学生连接的数据库服务器名为本机号。

1. **启动系统管理**

单击“开始”|“程序”|“用友 ERP-U8.72”|“系统服务”|“系统管理”命令，启动系统管理。

2. **以系统管理员的身份登录系统管理**

1）单击“系统”|“注册”命令，打开“注册〖系统管理〗”对话框。

2）系统中预先设定了一个系统管理员 admin。第一次运行时，系统管理员密码为空。单击“确定”按钮，以系统管理员身份进入系统管理。

3. **增加角色**

1）单击“权限”|“角色”命令，进入“角色管理”窗口。

2）单击工具栏上的“增加”按钮，打开“增加角色”对话框，在“角色编号”中输入“oper001”，在“角色名称”中输入“审核员”。

3）单击“增加角色”对话框中的“退出”按钮，再单击“角色管理”窗口工具栏上的“退出”按钮，返回“系统管理”窗口。

4. **增加用户（操作员）**

1）单击“权限”|“用户”命令，进入“用户管理”窗口。

2）单击工具栏上的“增加”按钮，打开“增加用户”对话框，按“任务资料”输入操作员资料。

3）最后单击“退出”按钮，返回“用户管理”窗口，所有操作员以列表方式显示。再单击工具栏上的“退出”按钮，返回“系统管理”窗口。

5. 建立账套

（1）创建账套

单击“账套”|“建立”命令，打开“创建账套”对话框。

（2）输入账套信息

已存账套：系统将已存在的账套以下拉列表框的形式显示，用户只能查看，不能输入或修改。

账套号：必须输入。本例输入“001”。

账套名称：必须输入。本例输入“康源科技有限公司”。

账套路径：用来确定新建账套将要被放置的位置，系统默认的路径为 C:\U8SOFT\Admin，用户可以人工更改，也可以利用“…”（参照）按钮进行参照输入。本例采用系统默认路径。

启用会计期：必须输入。系统默认为计算机的日期，本例采用时间为“2016 年 1 月”。

输入完成后，单击“下一步”按钮，进行单位信息设置。

（3）输入单位信息

单位名称：用户单位的全称，必须输入。企业全称只在打印发票时使用，其余情况全部使用企业的简称。本例输入“康源科技有限公司”。

单位简称：用户单位的简称，最好输入。本例输入“康源公司”。

其他栏目都属于任选项，参照实验资料输入即可。

输入完成后，单击“下一步”按钮，进行核算类型设置。

（4）输入核算类型

本币代码：必须输入。本例采用系统默认值“RMB”。

本币名称：必须输入。本例采用系统默认值“人民币”。

企业类型：用户必须从下拉列表框中选择输入。系统提供了工业、商业两种类型。如果选择工业模式，则系统不能处理受托代销业务；如果选择商业模式，委托代销和受托代销都能处理。本例选择“工业”模式。

行业性质：用户必须从下拉列表框中选择输入，系统按照所选择的行业性质预置科目。本例选择行业性质为“2007 年新会计制度科目”。

账套主管：必须从下拉列表框中选择输入。本例选择“201　张山”。

按行业性质预置科目：如果用户希望预置所属行业的标准一级科目，则选中该复选框。本例选中“按行业性质预置科目”复选框。

输入完成后，单击“下一步”按钮，进行基础信息设置。

（5）确定基础信息

如果单位的存货、客户、供应商相对较多，可以对它们进行分类核算。如果此时不能确定是否进行分类核算，也可以在建账完成后，由账套主管在“修改账套”功能中设置分类核算。

按照本例要求，选中“存货是否分类”复选框，单击“完成”按钮，系统提示“可以创建账套了吗？”，单击“是”按钮，稍候，打开“分类编码方案”对话框。

（6）确定分类编码方案

为了便于对经济业务数据进行分级核算、统计和管理，系统要求预先设置某些基础档案的编码规则，即规定各种编码的级次及各级的长度。输入科目编码级次，第 2、3、4、5 级都为 2，其他默认。

按“任务资料”所给内容修改系统默认值，单击“确定”按钮，打开“数据精度定义”对话框。

（7）数据精度定义

数据精度定义是指定义数据的小数位数，如果需要进行数量核算，需要认真填写该项。本例采用系统默认值。单击“确定”按钮，系统弹出“创建账套”提示对话框，单击“是”按钮，进入“系统启用”窗口。

（8）启用系统

在“系统启用”窗口中，单击“总账系统”按钮，弹出“日历”对话框。选择系统启用日期为“2016-01-01”，单击“确定”按钮，系统提示“确定要启用当前系统吗？”，单击“是”按钮返回，以此类推，分别启用“工资、固定资产、应收、应付、存货、采购、销售与库存系统”。

（9）退出系统

单击工具栏中的“退出”按钮，返回“系统管理”窗口。

注意

启用模块时不能启用出纳管理模块，否则出纳不能对收/付款凭证签章。

6. 财务分工

1）单击“权限”｜“权限”命令，进入“操作员权限”窗口。

2）选择 001 账套，2016 年度。

3）从窗口左侧操作员列表中选择“201　张山”，选中“账套主管”复选框（本例系统已默认选中），确定张山具有账套主管权限。

4）选择“黄易”，单击工具栏上的“修改”按钮，打开“增加和调整权限”对话框，选中“公共单据”、“公用目录设置”、“总账”、“工资管理”、“UFO 报表”、“固定资产”、“应收”、“应付”、“存货”项目，去掉“总账”中的“出纳签字”和“出纳”权限，并根据实验资料确定明细选项，单击“确定”按钮。

5）选择“夏天”，单击工具栏上的“修改”按钮，打开“增加和调整权限”对话框，选中“总账”前的“+”图标，展开“总账”项目，选中“出纳”项目；展开“总账”｜“凭证”项目，选中“出纳签字”权限，单击“确定”按钮。

6）选择“王梅”，单击工具栏上的“修改”按钮，打开“增加和调整权限”对话框，选中“总账”凭证中的“审核凭证”和“查询凭证”项目，单击“确定”按钮。

7）单击工具栏上的“退出”按钮，返回“系统管理”窗口。

7. 基础设置

（1）登录企业应用平台

单击“开始”|“程序”|“用友 ERP-U8.72”|“企业应用平台”命令，登录到本机号，输入操作员“201”，在“账套”下拉列表框中选择“001‘康源科技有限公司’”，更改“操作日期”为“2016-01-01”，单击“确定”按钮，进入“用友 ERP-U8.72 企业应用平台”。

（2）设置基础数据

在企业应用平台中，单击窗口左下角的“基础设置”，再单击窗口左侧列表框中的“基础档案”，然后在右侧的列表中双击要设置的项目，即进入相应项目的设置窗口。

① 部门档案设置。

1）双击“基础档案”命令，打开“基础档案”对话框。在“基础档案”对话框中双击“部门档案”选项，打开“部门档案”窗口。

2）单击“增加”按钮，在“部门编码”中输入“1”，在“部门名称”中输入“总经理办公室”，在“部门属性”中输入“行政管理”。

3）单击“保存”按钮，依次输入其他部门档案。

4）设置完成后，单击“退出”按钮，返回“基础档案”对话框。

提醒

- 部门编码必须符合编码原则。
- 由于在设置部门档案时还未设置职员档案，因此如果要设置部门档案中的负责人，应在设置职员档案后，再回到设置部门档案中，使用修改功能补充设置。
- 部门档案资料一旦被使用将不能修改或删除。

② 人员类别设置。

单击左下角的“基础设置”|“基础档案”|“人员类别”|“人员类别设置”命令，打开“类别设置”对话框，单击“人员类别”下的“在职”选项，单击“增加”按钮，输入档案编码“101”、档案名称“企业管理人员”，单击“确定”按钮。以此类推，输入其他人员类别，全部增加完毕后，单击“返回”按钮。

提醒

- 人员类别姓名可以随时修改，已经使用的人员类别不允许删除。
- 人员类别只剩下一个时不允许删除。
- 设置人员类别的目的是为“工资分摊”设置入账科目时使用。

③ 开户银行。

1）单击左下角的“基础设置”|“基础档案”|“收付结算”|“本单位开户银行”命令，单击“增加”按钮，输入银行编号“01”。输入银行账号长度“111111111111”，输入账户名称“康源科技有限公司”，输入开户日期“2016 年 1 月 1 日”。

2）输入开户银行“工商银行西湖区支行”，输入所属银行名称“中国工商银行”，选择币种“人民币”，单击“保存”按钮。

提醒

- 银行账号长度不得为空，且不能超过 30 位。
- 输入时需要自动带出的账号长度是指在输入“人员档案”的银行账号时，从第二个人开始，系统根据用户在此定义的长度自动带出银行账号的相应长度，可以有效提高录入速度。
- 如果删除银行名称，则同银行名称有关的所有设置将一同删除，包括银行的代发文件格式设置和磁盘输出格式的设置等。

④ 人员档案设置。

1）在“基础档案”对话框中，双击“人员档案”选项，打开“人员档案”窗口。

2）单击“增加”按钮，在“职员编码”中输入“101”，在“职员名称”中输入“刘力”，在“所属部门”中输入“总经理办公室”，在“职员属性”中输入“总经理”。输入“人员属性”为“企业管理人员”，输入是否是操作员。

3）单击“保存”按钮，根据“任务资料”选项依次输入其他职员档案。

4）设置完成后，单击“退出”按钮，返回“职员档案”窗口。单击“退出”按钮，返回“基础档案”对话框。

5）在“基础档案”对话框中，双击“部门档案”选项，打开“部门档案”窗口。选择“(1) 总经理办公室”选项，单击“修改”按钮，在“部门档案”中选择负责人“刘力”，单击“返回”按钮，再单击“保存”按钮，依次为其他部门选择负责人。完成后，单击“退出”按钮。

提醒

- 在输入职员档案时，系统默认为光标所指部门。如果所属部门不符合要求，应在删除已选择的部门后，再单击“...”（参照）按钮重新选择相应的部门。
- 职员档案资料一旦被使用将不能修改或删除。

⑤ 客户档案设置。

1）在“基础档案”对话框中，双击“客户档案”选项，打开“客户档案”窗口。

2）单击“增加”按钮，在“客户编码”中输入“001”，在“客户名称”中输入“浙江宁波公司”，在“客户简称”中输入“宁波公司”，在“税号”中输入“370102567038121”，单击工具栏中的“银行”选项，进入客户银行档案，单击“增加”按钮，双击“所属银行”，输入“中国工商银行”，在“开户银行”中输入“市工商银行”，在“银行账号”中输入“8908189”；单击“联系”选项，在“电话”中输入“82968345”，在“邮政编码”中输入“315000”；单击“信用”选项，在“信用额度”中输入“100 000”。

3）单击“保存”按钮，根据“任务资料”依次输入其他客户档案。

4）设置完成后，单击“退出”按钮，返回“基础档案”对话框。

提醒

- 客户编码简称和所属分类必须输入，其余可以忽略。
- 如果所选客户分类不正确，可以在删除错误的所属分类后单击所属分类框右侧的“...”（参照）按钮，重新选择正确的分类。
- 客户档案和供应商档案记录可以设置对应关系，这样可以处理既是客户又是供应商的往来单位。这种对应关系只能一对一。

⑥ 供应商档案设置。

1）在“基础档案”对话框中，双击“供应商档案”选项，打开“供应商档案”窗口。

2）单击“增加”按钮，在“供应商编码”中输入“001”，在“供应商名称”中输入“杭州上城公司”，在“供应商简称”中输入“上城公司”，在“税号”中输入“320152384162456”，单击工具栏中的“银行”选项，进入客户银行档案，单击“增加”按钮，双击“所属银行”，输入“中国工商银行”，在“开户银行”中输入“市工商银行”，在“银行账号”中输入“8664321”；单击“联系”选项，在“电话”中输入“88923456”，在“邮政编码”中输入“310000”。

3）单击“保存”按钮，根据任务资料依次输入其他供应商档案。

4）设置完成后，单击“退出”按钮，退出企业应用平台。

8. 备份账套数据

1）以系统管理员的身份注册进入系统管理。

2）单击“账套”|“输出”命令，打开“账套输出”对话框，选择需要输出的账套 001，单击“确定”按钮，稍候，系统提示“压缩进程，请稍等……”信息。

3）系统压缩完成所选账套数据后，弹出“选择备份目标”对话框。

4）在该对话框的下拉列表框中，选择需要将账套数据输出的驱动器及所在目录，单击“确定”按钮。

5）系统开始进行备份，备份完成后，系统提示“硬盘备份完毕！”，单击“确定”按钮返回。

9. 修改账套数据

账套启用后，如果需要修改账套参数，需要以账套主管的身份注册进入系统管理。

1）在“系统管理”窗口，单击“系统”|“注册”命令，打开“注册〖系统管理〗”对话框。

2）在“操作员”中输入“201”或“张山”，选择“001 康源科技有限公司”，会计年度为 2016。

3）单击“确定”按钮，进入“系统管理”窗口。菜单中显示为黑色字体的部分为账套主管可以操作的内容。

4）单击“账套”|“修改”命令，打开“修改账套”对话框，可修改的账套信息以白色显示，不可修改的账套信息以灰色显示。

5）修改完成后，单击“完成”按钮，系统提示“确认修改账套了吗？”，单击“是”按钮，确定分类编码方案和数据精度定义，单击“确定”按钮，系统提示“修改账套成功！”信息。

6）单击“确定”按钮，返回“系统管理”窗口。

学习任务2

总账系统管理

【学习目标】

- 系统学习总账系统初始设置、日常业务处理、期末业务处理的工作原理和操作方法
- 掌握初始设置中会计科目的设置、期初余额的录入及各种分类、档案资料建立的方法
- 掌握凭证处理和记账的方法
- 熟悉出纳管理的内容和处理的方法
- 了解期末业务处理的内容和方法

2.1 系统概述

总账系统是财务业务一体化管理软件的核心系统，适用于各行各业进行账务核算及管理工作。总账管理系统既可独立运行，也可同其他系统协同运行。

2.1.1 总账系统功能

总账系统的主要功能包括初始设置、凭证管理、出纳管理、账簿管理、辅助核算管理和期末处理等。

1. 初始设置

总账系统是指由用户根据本企业的需要建立账务应用环境，将用友通用账务处理系统变成适合本单位实际需要的专用系统，主要工作包括选项设置、会计科目设置、外币及汇率设置、期初余额录入、凭证类别及结算方式定义，以及各类辅助核算项目定义等。

2. 凭证管理

总账系统通过严密的制单控制保证填制凭证的正确性，提供资金赤字控制、支票控制、预算控制、外币折算误差控制及查看最新余额等功能，加强对所发生业务的及时管理和控制，完成凭证的录入、审核、记账、查询、打印及出纳签字、常用凭证定义等。

3. 出纳管理

总账系统为出纳人员提供一个集成办公环境，加强对现金及银行存款的管理。出纳管理功能可辅助出纳人员出银行日记账、现金日记账，随时出最新资金日报表、余额调节表及进行银行对账。

4. 账簿管理

总账系统强大的查询功能使整个系统实现总账、明细账、凭证联查，并可查询包含未记账凭证的最新数据，可随时提供总账、余额表、明细账、日记账等标准账表查询。

5. 辅助核算管理

（1）个人往来核算

个人往来核算主要进行个人借款、还款管理工作，及时地控制个人借款，完成清欠工作，提供个人借款明细账、催款单、余额表、账龄分析报告及自动清理核销已清账等功能。

（2）部门核算

部门核算主要为了考核部门费用收支的发生情况，及时地反映控制部门费用的支出，对各部门的收支情况加以比较，便于进行部门考核；提供各级部门总账、明细账的查询，并对部门收入与费用进行部门收支分析等功能。

（3）项目管理

项目管理用于生产成本、在建工程等业务的核算，以项目为中心为使用者提供项目的成本、费用、收入、往来等汇总与明细情况及项目计划执行报告等，也可用于核算科研课题、专项工程、产成品成本、旅游团队、合同、订单等；提供项目总账、明细账及项目统计表的查询。

（4）往来管理

往来管理主要进行客户和供应商往来款项的发生、清欠管理工作，及时掌握往来款项的最新情况，提供往来款的总账、明细账、催款单、往来账清理、账龄分析报告等功能。

6. 期末处理

灵活的自定义转账功能、各种取数公式可满足各类业务的转账工作。自动完成期末分摊、计提、对应转账、销售成本、汇兑损益、期间损益结转等业务，可进行试算平衡、对账、结账，生成期末工作报告。

2.1.2　总账系统与其他子系统的关系

总账系统是会计信息系统的核心系统，它概括反映企业供产销等全部经济业务的综合信息。它在整个会计信息系统中处于中枢地位，其他各个子系统的数据都必须传输到总账系统中。总账系统与其他子系统之间的数据传递关系如图 2.1 所示。

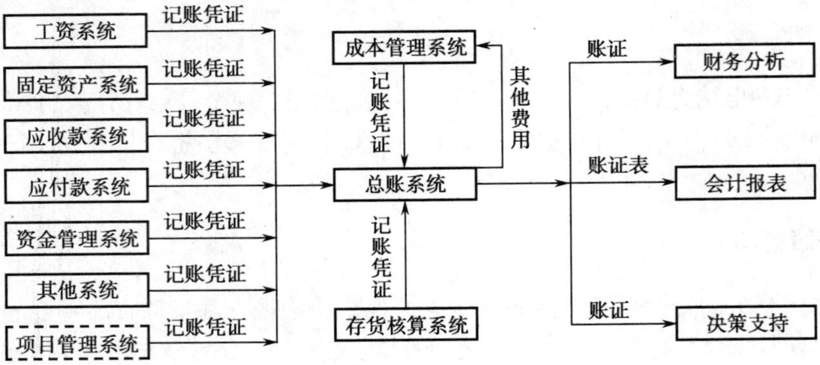

图 2.1 总账系统与其他子系统的数据传递关系图

2.1.3 总账系统的业务处理流程

总账系统的业务处理流程如图 2.2 所示。

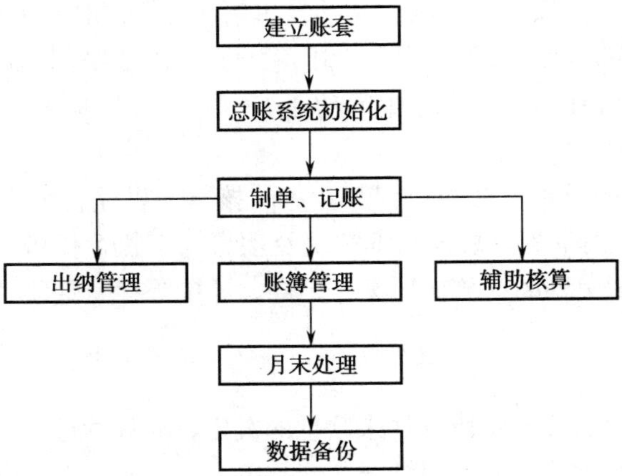

图 2.2 总账系统的业务处理流程图

对于实际业务较简单，核算要求比较低的企业，可以只使用总账系统，按照“制单→审核→记账→结账”的核算流程进行操作。

对于实际业务较复杂，核算要求较高的企业，可以使用总账系统的辅助核算功能进行核算管理，如客户往来核算、个人往来核算等。

如果企业业务核算很复杂、管理要求很高，则可同时使用除总账外的其他系统，共同进行账务处理，如使用应收款管理系统来进行客户往来核算，用工资系统来进行工资核算等。企业还可以使用购销存系统来进行购销业务的核算管理。

2.2 总账系统初始设置

总账系统初始设置一般包括设置基础参数、会计科目、凭证类别、外币及汇率、项目目录、结算方式、编码档案，录入期初余额及设置操作员明细账权限等。

2.2.1　设置基础参数

在初次启用总账系统时，需要确定反映总账核算要求的各种参数，使得通用总账系统适用于本单位的具体核算要求。总账系统的业务参数将决定总账系统的输入控制、处理方法、数据流向、输出格式等，设定后一般不能随意更改。

系统启用后，如果系统预置的“总账系统启用”参数与实际需要不符，应根据实际情况，在总账系统使用前通过总账系统的“选项”对话框来设置适合本单位的各种参数，以达到会计核算和财务管理的目的。总账系统“选项”对话框包括“凭证”、“账簿”、“会计日历”和“其他”等选项卡，有关内容如图 2.3 所示。

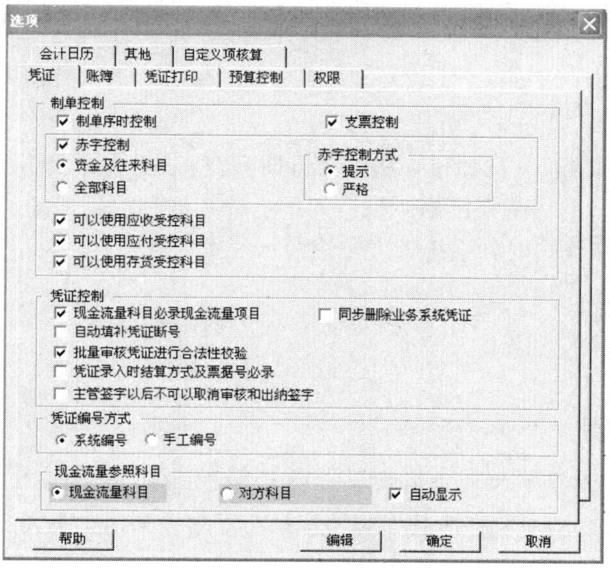

图 2.3　“选项”对话框

1.“凭证”选项卡

栏目说明

- “制单控制”选项区域：设置制单序时控制、支票控制、赤字控制，资金及往来科目设置等。
- “凭证控制”选项区域：设置现金流量科目必录现金流量、批量审核凭证进行合法性校验等项目。
- “凭证编号方式”选项区域：设置系统编号或手工编号，一般选择“系统编号”，以免出错。
- “现金流量参照科目”选项区域：设置现金流量科目或对方科目。

2. “账簿”选项卡

栏目说明

- “打印位数宽度”选项区域：定义明细账簿打印时各栏目的宽度，包括摘要、金额、外币、汇率、数量和单价。
- “凭证、账簿套打”选项区域：选中“凭证、账簿套打”复选框，则打印凭证、账簿时使用套打纸进行打印。套打纸是软件公司专门印制的用于打印各种凭证和账簿的打印纸。选择套打打印时，系统只将凭证、账簿的数据内容打印到相应的套打纸上，而不打印各种表格线。用套打纸打印凭证速度快、美观。
- “明细账（日记账、多栏账）打印方式”选项区域：设置按月排序或按年排序。

3. “会计日历”选项卡

系统自动将会计期间、开始日期和结束日期列表。在“会计日历”选项卡中可以查看各会计期间的起始日期与结束日期，以及启用会计年度和启用日期。此处仅能查看会计日历的信息，如需修改则要到系统管理中进行。

4. “其他”选项卡

栏目说明

- “外汇核算”选项区域：可以设置固定汇率或浮动汇率和币种。
- “部门、个人、项目排序方式”选项区域：在查询部门、个人、项目账或参照其目录时，可以按编码排序，也可以按名称排序。

2.2.2 设置会计科目

由于在现行的会计制度中规定了会计核算和会计管理中应使用的一级会计科目，为了方便用户设置会计科目，用友 ERP 管理软件在建立账套功能时提供了预置会计科目的功能。用户可以根据本单位的实际情况决定是否预置会计科目。如果选择了预置会计科目，则只需要在已预置的基础上进行补充或修改。

财务软件中所采用的一级会计科目必须符合国家会计制度的规定，而对于明细科目，各使用单位可根据实际情况，在满足核算和管理要求及报表数据来源的基础上，自行设定。

栏目说明

- 会计科目的设置必须满足会计报表编制的要求，凡是报表所用数据，需从系统取数的，必须设立相应科目。
- 会计科目的设置必须保持科目与科目间的协调性和体系完整性。不能只有下级而无上级；既要设置总账科目，又要设置明细科目，以提供总括和详细的会计核算资料。
- 会计科目要保持相对稳定，会计年中不能删除。一级科目名称要符合国家标准，明细科目名称要通俗易懂。
- 设置会计科目要考虑与子系统的衔接。在总账系统中，只有末级科目才允许有发生额，才能接收各个子系统转入的数据。

1. 增加会计科目

有了预置会计科目，在会计科目初始设置时只需对不同的会计科目进行修改，对缺少的会计科目进行增加处理即可。

如果所使用的会计科目与会计制度规定的会计科目相差较多，则可以在建立账套时选择不预置会计科目，这样可以根据自身的需要自行设置全部会计科目。“新增会计科目”对话框如图 2.4 所示。

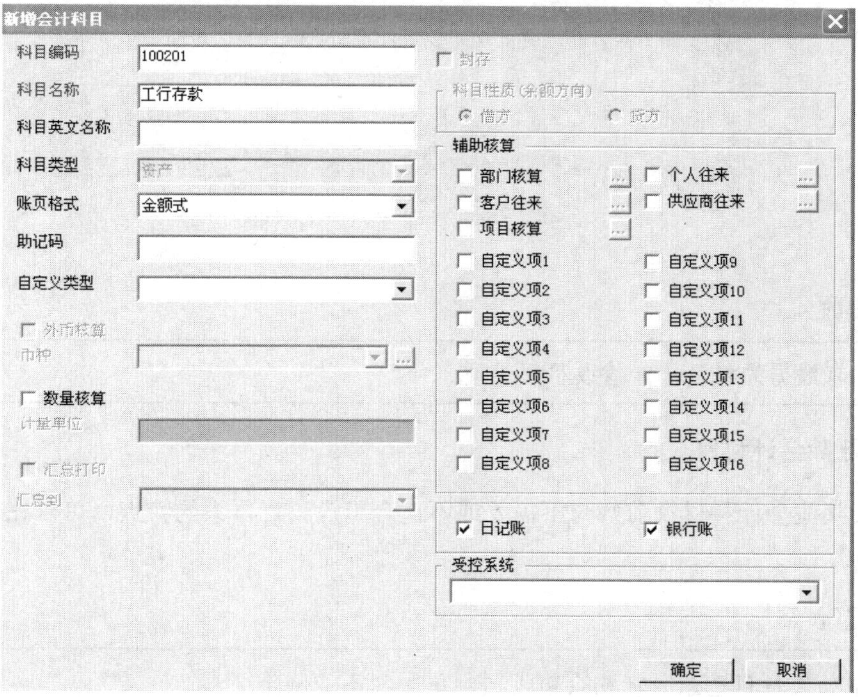

图 2.4 “新增会计科目”对话框

提醒

增加的会计科目编码长度及每段位数要符合编码规则。

2. 修改会计科目

如果要对已经设置完成的会计科目的名称、编码及辅助项目等内容进行修改，应在会计科目未使用前，在会计科目的修改功能中完成。“会计科目_修改”对话框如图 2.5 所示。

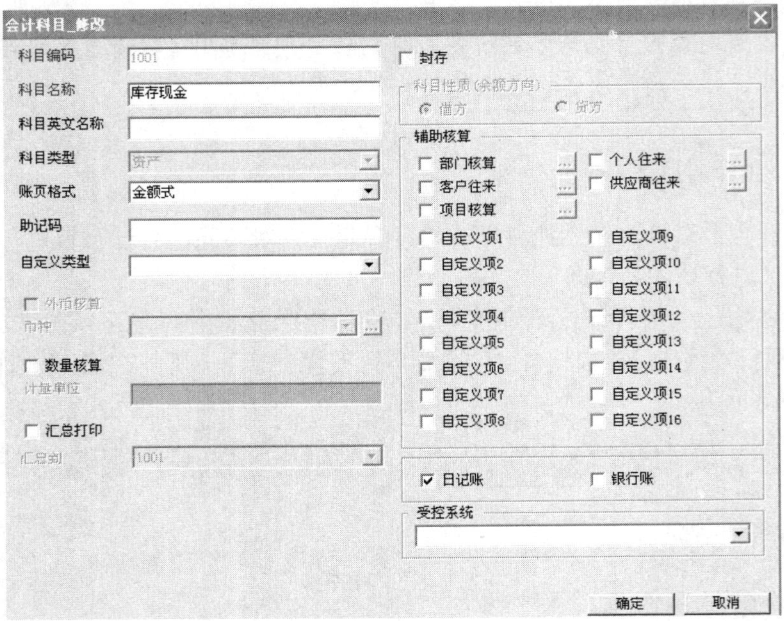

图 2.5 “会计科目_修改”对话框

提醒

已有数据的科目不能修改科目性质。

3. 删除会计科目

如果某些会计科目目前暂时不需要或不适合用户科目体系的特点，可以在未使用之前将其删除。

提醒

- 如果科目已录入期初余额或已制单，则不能删除。
- 非末级会计科目不能删除。
- 被指定为“现金科目”、“银行科目”的会计科目不能删除；若想删除，必须先取消指定。

4. 指定会计科目

指定会计科目是指定出纳的专管科目。系统中只有指定科目后，才能执行出纳签字，从而实现现金、银行存款管理的保密性，才能查看现金、银行存款日记账。“指定科目”对话框如图 2.6 所示。

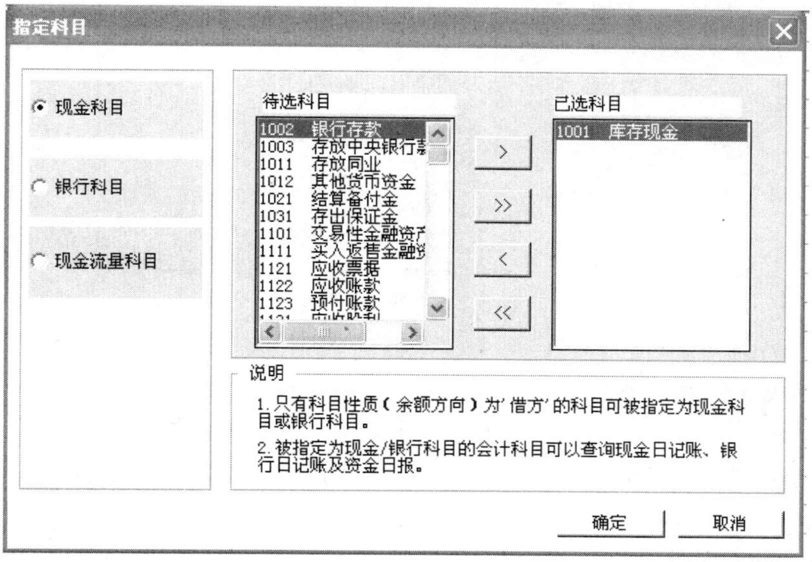

图 2.6　“指定科目”对话框

栏目说明

- 在指定“现金科目”、“银行科目”前，应在建立“现金”、“银行存款”会计科目时选中“日记账”复选框。
- 现金流量表的编制有两种方法：一种是利用总账中的现金流量辅助核算；另一种是利用专门的现金流量表软件。本例拟采用第一种方法，因此在此处应明确与现金流量有关联的科目。

5. 设置会计科目辅助项目

如果用户原来有许多往来单位，并且个人、部门、项目是通过明细科目来进行核算管理的，那么，在使用总账系统后，最好改用辅助核算进行管理，即将这些明细科目的上级科目设置为末级科目并设置为辅助核算科目，并将这些明细科目设置为相应的辅助核算目录。一个科目设置了辅助核算后，它所发生的每笔业务也将被同时登记在总账和辅助明细账上。可以进行辅助核算的内容主要有部门核算、个人往来、客户往来、供应商往来及项目核算等。设置会计科目辅助项目（应收账款/客户往来）的界面如图 2.7 所示。

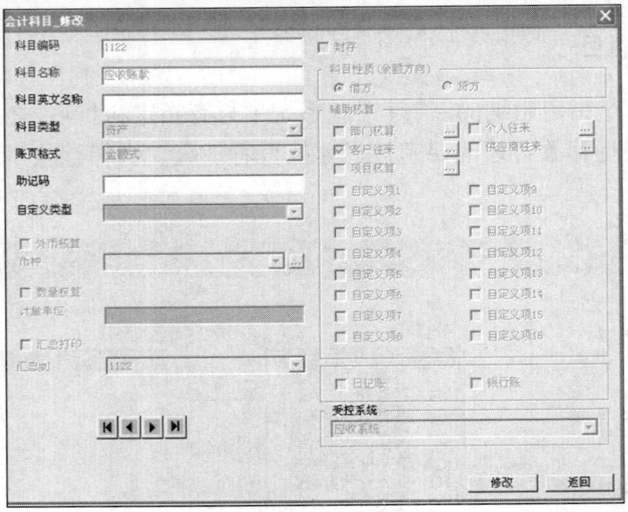

图 2.7　设置客户往来

2.2.3　设置凭证类别

系统提供了 5 种常用分类方式供企业选择。这些凭证分类可以在制单时设置对科目的限制条件。

- 借方必有：制单时，此类凭证借方至少有一个限制科目有发生。
- 贷方必有：制单时，此类凭证贷方至少有一个限制科目有发生。
- 凭证必有：制单时，此类凭证无论是借方还是贷方至少有一个限制科目有发生。
- 凭证必无：制单时，此类凭证无论是借方还是贷方不可有一个限制科目有发生。
- 无限制：制单时，此类凭证可使用所有合法的科目。
- 限制科目由用户输入：可以是任意级次的科目，科目之间用逗号分隔，数量不限，也可参照输入，但不能重复录入。若限制科目为非末级科目，则在制单时，其所有下级科目都将受到同样的限制。设置凭证类别的“凭证类别”对话框如图 2.8 所示。

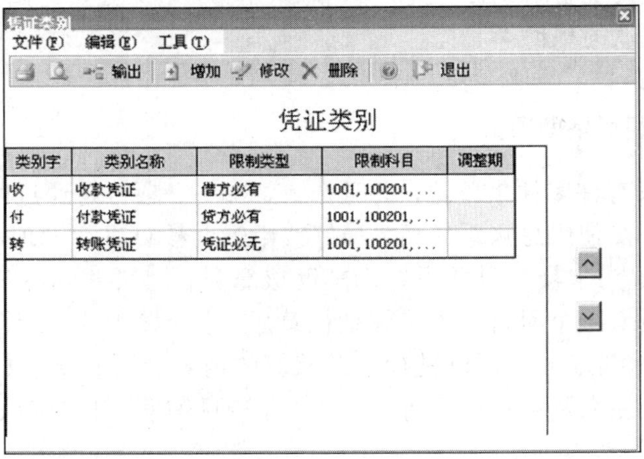

图 2.8　“凭证类别”对话框

2.2.4　设置外币及汇率

汇率管理是专为外币核算服务的。企业有外币业务的话，要进行外币及汇率的设置，以便在制单和进行其他有关操作时调用。汇率有固定汇率和浮动汇率，如果采用固定汇率，日常外币折算采用期初记账汇率；如果采用浮动汇率，日常外币折算采用当日汇率。定义外币及汇率的“外币设置”对话框如图 2.9 所示。

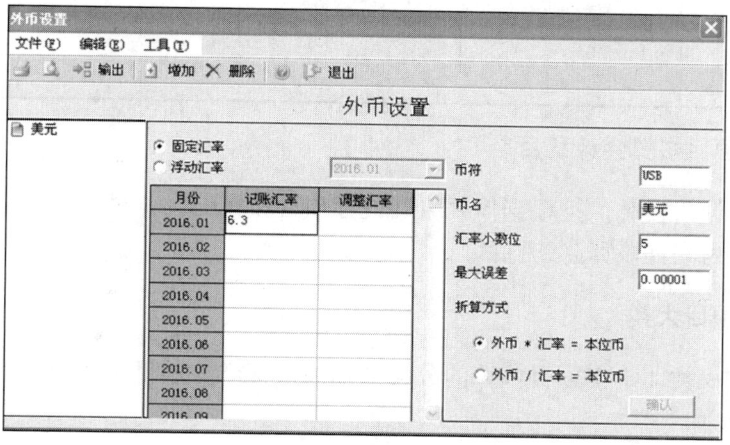

图 2.9　“外币设置”对话框

提醒

- 录入固定汇率与浮动汇率值，并不决定在制单时是使用固定汇率还是浮动汇率。在总账“选项”对话框的“其他”选项卡的“外币核算”中，设置制单是使用固定汇率还是浮动汇率。
- 如果使用固定汇率，则应在每月月初录入记账汇率（期初汇率），月末计算汇兑损益时录入调整汇率（期末汇率）；如果使用浮动汇率，则应每天在此录入当日汇率。

2.2.5　设置项目目录

项目核算是账务系统辅助核算管理的一项重要功能。项目可以是一个专门的经营或管理的内容。为了满足一个单位项目核算种类繁多的需要，在计算机账务系统中，借助于计算机处理数据的特点，设计了项目核算与管理功能，用户可以将具有相同特性的一类项目定义成一个项目大类，在总账业务处理的同时进行项目核算与管理。一个项目大类可以核算多个项目，为了便于管理，用户还可以对这些项目进行分级管理，如表 2.1 所示。

表 2.1　项目分级管理

项目核算会计科目	项目大类名称	指定核算科目	项目分类名称	项 目 名 称
库存商品	产品核算	库存商品	产成品	A、B 产品
生产成本				
直接材料		直接材料		A、B 成品
直接人工		直接人工		A、B 成品
制造费用		制造费用		A、B 成品
主营业务收入				A、B 成品
主营业务成本				A、B 成品

1. 定义项目核算会计科目

在设置会计科目时，把根据需要将要进行项目核算的会计科目（如在建工程、生产成本等）设置为项目核算会计科目。

2. 定义项目大类

定义项目大类即定义项目核算的分类类别。定义产品项目大类的“项目档案”对话框如图 2.10 所示。

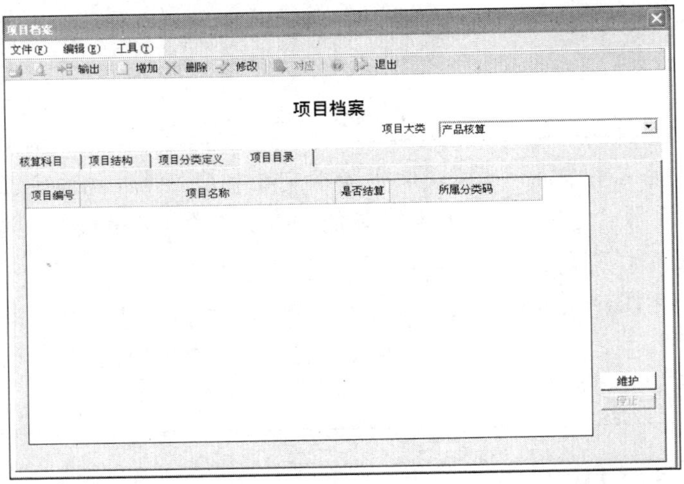

图 2.10　定义项目大类

提醒

项目大类的名称是该类项目的总称，而不是会计科目名称。例如，在建工程按具体工程项目核算，其项目大类名称应为“工程项目”而不是“在建工程”。

3. 指定核算科目

指定核算科目即具体指定需按此类项目核算的科目。一个项目大类可以指定多个科目，一个科目只能指定一个项目大类。例如，将直接材料、直接人工和制造费用指定为按产品核算项目大类核算的科目。指定核算科目的“项目档案”对话框如图 2.11 所示。

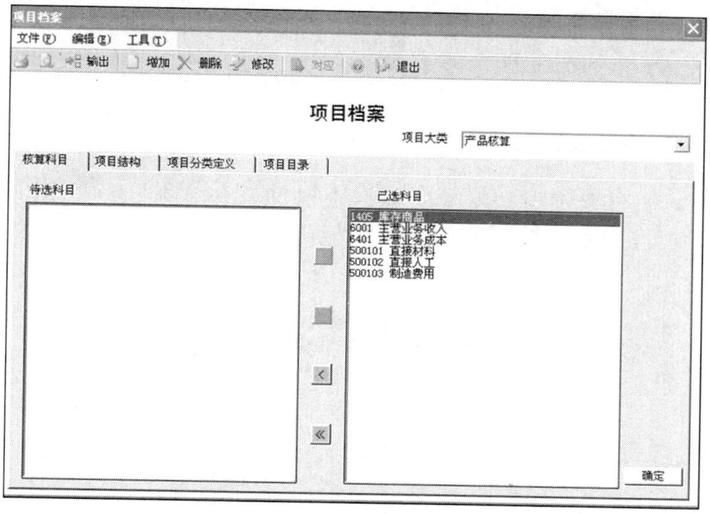

图 2.11　指定核算科目

提醒

一个项目大类可指定多个科目，但一个科目只能指定一个项目大类。

4. 定义项目分类

为了便于统计，可将同一项目大类下的项目进一步划分。例如，将生产成本项目大类进一步划分为自行开发项目和委托开发项目。定义项目分类的“项目档案”对话框如图 2.12 所示。

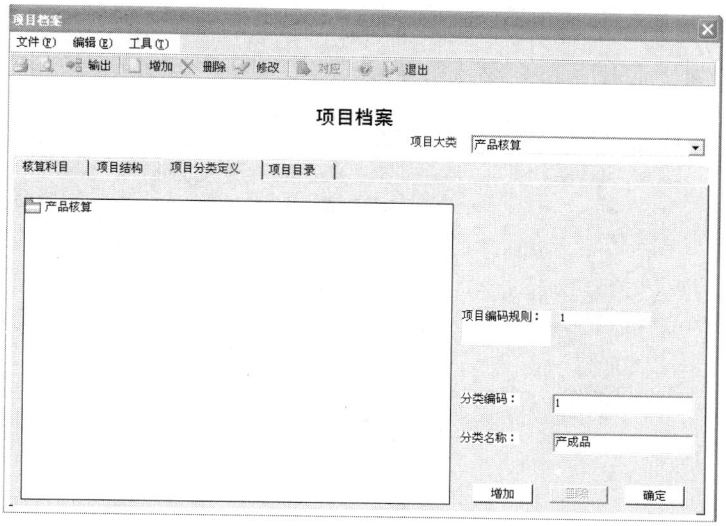

图 2.12　定义项目分类

提醒

为了便于统计，可将同一项目大类下的项目进一步划分，即定义项目分类。若无分类，也必须定义项目分类为“无分类”。

5. 定义项目目录

定义项目目录是将各个项目分类中的具体项目输入系统，如输入自行开发项目中的 A 产品和 B 产品，标志着结算后的项目将不能再使用。定义项目目录的“项目档案”对话框如图 2.13 所示。

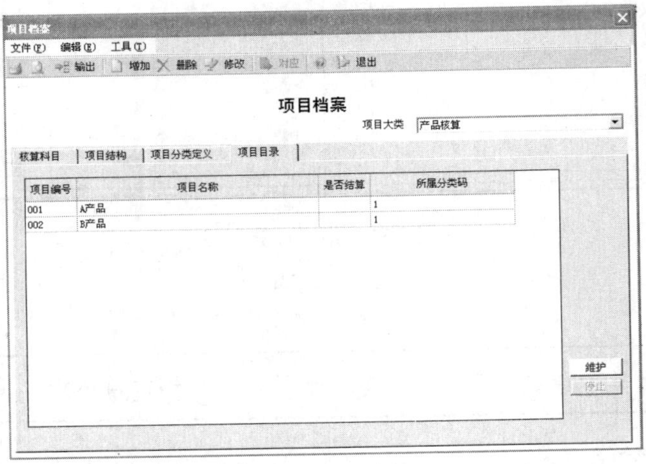

图 2.13　定义项目目录

2.2.6　设置结算方式

该功能用来建立和管理企业在经营活动中所涉及的结算方式。它与财务结算方式一致，如现金结算、支票结算等。设置结算方式的“结算方式”窗口如图 2.14 所示。

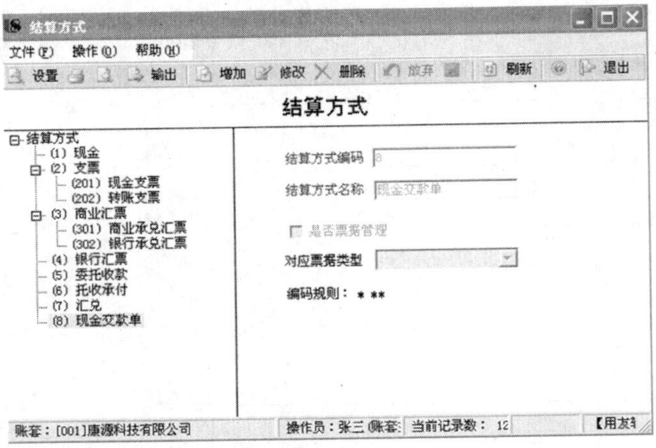

图 2.14　设置结算方式

2.2.7　录入期初余额

在开始使用总账系统时，应将经过整理的手工账目的期初余额录入计算机。如果企业在年初建账，则期初余额就是年初数；如果在年中启用总账系统，则应先将各账户此时的余额和年初到此时的借、贷方累计发生额计算清楚。

期初余额的录入分为两部分：基本科目期初余额录入和辅助核算科目期初余额录入。

1. 录入基本科目期初余额

在开始使用总账系统时，应先将各账户启用月份的月初余额和年初到该月的借、贷方累计发生额计算清楚，并录入总账系统中。

如果在年初建账，可以直接录入年初余额；如果在年中建账，则可录入启用当月（如 4 月）的期初余额及年初未用的月份（1 月、2 月、3 月）的借、贷方累计发生额，系统自动计算年初余额。录入基本科目期初余额的“期初余额录入”窗口如图 2.15 所示。

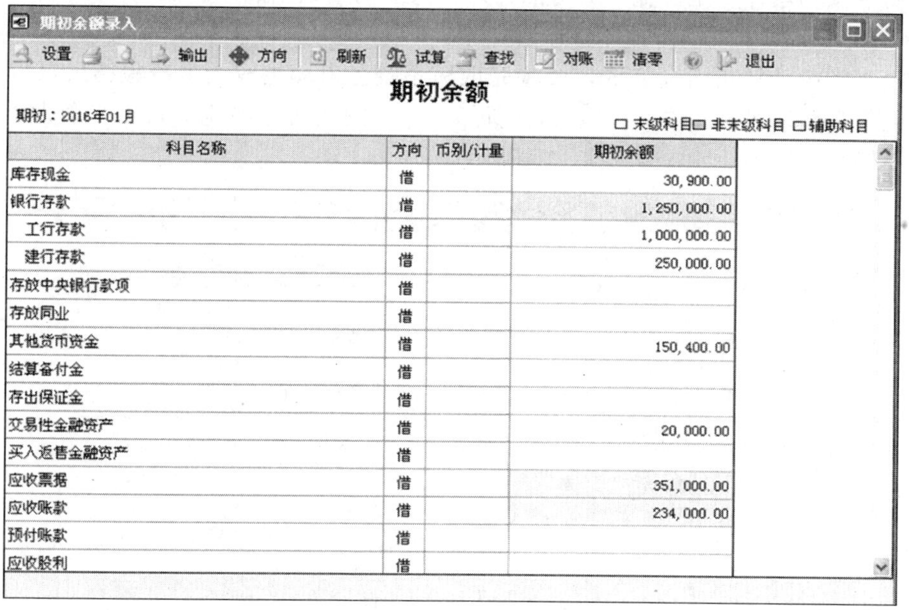

科目名称	方向	币别/计量	期初余额
库存现金	借		30, 900. 00
银行存款	借		1, 250, 000. 00
工行存款	借		1, 000, 000. 00
建行存款	借		250, 000. 00
存放中央银行款项	借		
存放同业	借		
其他货币资金	借		150, 400. 00
结算备付金	借		
存出保证金	借		
交易性金融资产	借		20, 000. 00
买入返售金融资产	借		
应收票据	借		351, 000. 00
应收账款	借		234, 000. 00
预付账款	借		
应收股利	借		

图 2.15　录入基本科目期初余额

2. 录入辅助核算科目期初余额

如果某科目涉及客户及供应商辅助核算，则需在系统打开的“客户往来期初”或“供应商往来期初”窗口中输入相关的信息。录入辅助核算科目期初余额的“辅助期初余额”窗口如图 2.16 所示。

如果某科目涉及个人往来辅助核算，则需在系统打开的“个人往来期初”窗口中输入相关信息；如果某科目涉及项目核算，则需在系统打开的“项目参照”对话框中输入相关的信息。

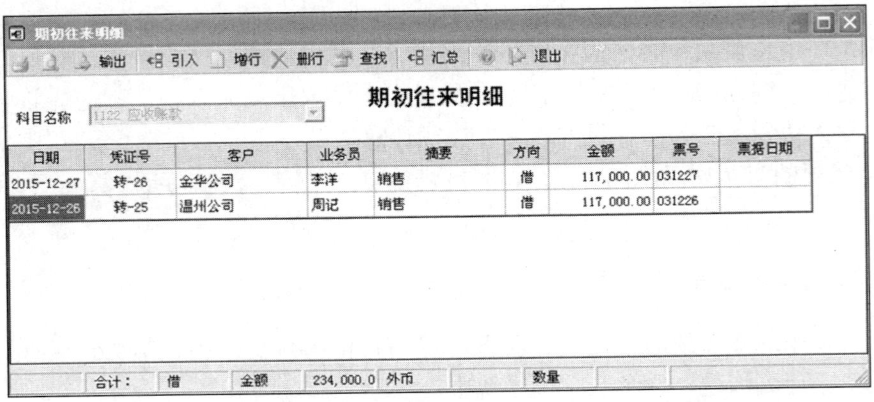

图 2.16　录入辅助核算科目期初余额

3. 试算平衡

期初余额和累计发生额输入完成后，为了保证初始数据的正确性，必须依据“资产=负债+所有者权益”的原则进行试算平衡校验。

检验工作由计算机自动完成，校验完成后系统会自动生成一个校验结果报告。如果试算结果不平衡，则应逐项进行检查，更正后，再次进行平衡检验，直至平衡为止。试算平衡结果如图 2.17 所示。

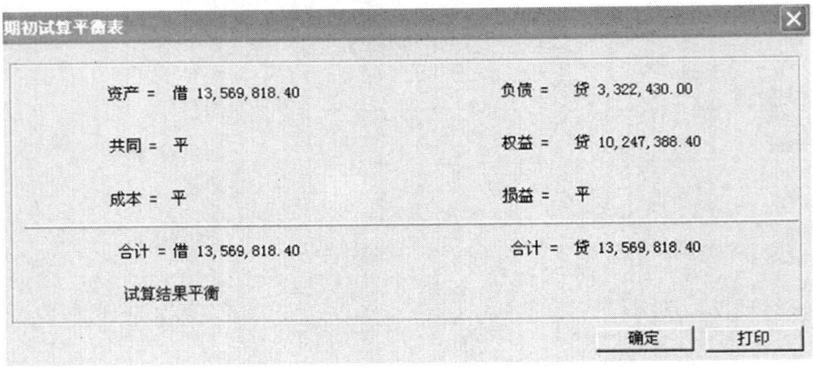

图 2.17　试算平衡

提醒

- 若期初余额试算不平衡，将不能记账，但可以填制凭证。
- 若已经记过账，则不能再输入、修改期初余额，也不能执行“结算上年余额”功能。

2.3　凭证管理

初始化设置完成后，就可以进行日常账务处理了。日常业务包括凭证管理、出纳管理、账簿管理和期末处理等。

2.3.1　填制记账凭证

记账凭证是登记账簿的依据，是总账系统的唯一数据源。填制凭证也是最基础和最频繁的工作。在使用计算机处理账务后，电子账簿的准确与完整完全依赖于记账凭证，因而在实际工作中，必须确保准确完整地输入记账凭证。

1. 增加凭证

记账凭证一般包括两部分：一是凭证头部分，包括凭证类别、凭证编号、凭证日期和附件张数等；二是凭证正文部分，包括摘要、科目、借贷方向和金额等。如果会计科目有辅助核算要求，则应输入辅助核算内容；如果一个科目同时兼有多种辅助核算，则同时要求输入各种辅助核算的有关内容。增加凭证的“填制凭证”对话框如图 2.18 所示。

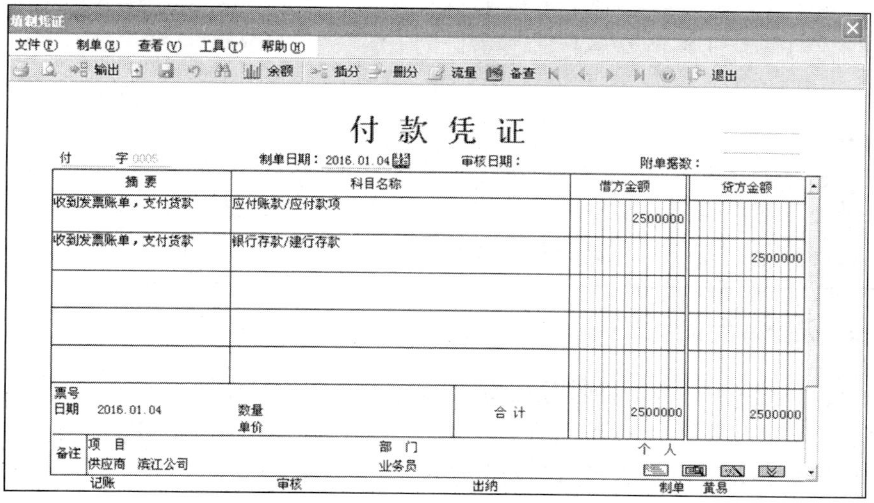

图 2.18　“填制凭证”对话框

2. 修改凭证

输入凭证时，尽管系统提供了多种控制错误的手段，但误操作是在所难免的。记账凭证错误，必然影响系统的核算结果。为了更正错误，可以通过系统提供的修改功能对错误凭证进行修改。对错误凭证进行修改，可分为“无痕迹”修改和“有痕迹”修改两种。

“无痕迹”修改，即不留下任何曾经修改的线索和痕迹。下列两种状态下的错误凭证可实现无痕迹修改。

- 对已经输入但未审核的机内记账凭证进行直接修改。
- 已通过审核但还未记账的凭证不能进行直接修改，可以先取消审核再修改。

“有痕迹”修改即通过保留错误凭证和更正凭证的方式留下修改线索和痕迹。如果发现已经记账的凭证有错，可以采用红字冲销法或补充登记法进行更正。

提醒

- 未经审核的错误凭证可通过“填制凭证”功能直接修改；已审核的凭证应先取消审核，再进行修改。
- 若已采用制单序时控制，则在修改制单日期时，不能把日期改为上一张凭证的制单日期之前。若选择“不允许修改或作废他人填制的凭证”权限控制，则不能修改或作废他人填制的凭证。
- 如果涉及银行科目的分录已录入支票信息，并对该支票做过报销处理，修改操作将不影响“支票登记簿”中的内容。
- 外部系统传过来的凭证不能在总账系统中进行修改，只能在生成该凭证的系统中进行修改。

3. 冲销凭证

如果需要冲销已记账的凭证，可以采用“制单”|“冲销凭证”命令制作红字冲销凭证。

提醒

- 通过红字冲销法增加的凭证，应视同正常凭证进行保存和管理。
- 红字冲销只能针对已记账凭证进行。

4. 作废及删除凭证

在日常操作过程中，若遇到某张凭证需要作废时，可以使用“作废/恢复”功能，将这些凭证作废。作废的凭证并不是真正意义上的物理删除，只有利用整理凭证功能才能在物理上删除凭证，同时计算机重新对凭证进行连续编号。

注意

- 作废凭证仍保留凭证内容及编号，只显示“作废”字样。
- 作废凭证不能修改，不能审核。
- 在记账时，已作废的凭证应参与记账，否则月末无法结账，但不对作废凭证做数据处理，相当于一张空凭证。
- 账簿查询时，查不到作废凭证的数据。
- 若当前凭证已作废，可单击“编辑”|“作废/恢复”命令，取消作废标记，并将当前凭证恢复为有效凭证。

提醒

- 不想保留作废凭证时，可以通过“整理凭证”功能，将其彻底删除，并对未记账凭证重新编号。
- 只能对未记账凭证做凭证整理。
- 要对已记账凭证做凭证整理，应先恢复本月月初的记账前状态，再做凭证整理。

5. 查询凭证

在制单过程中，可以通过“查询”功能输入查询条件对凭证进行查看，以便随时了解经济业务发生的情况，保证填制凭证的正确性。

2.3.2　审核记账凭证

审核凭证是指由具有审核权限的操作员按照会计制度规定，对制单人填制的凭证进行合法性检查，其目的是防止错误及舞弊。

在屏幕审核时，可直接由具有审核权限的操作员根据原始凭证，对屏幕上显示的记账凭证进行审核，对正确的记账凭证发出签字指令，计算机在凭证上填入审核人名字。按照有关规定，制单人和审核人不能是同一个人，如果当前操作员与制单人相同，则应通过重新注册功能更换操作员后再进行操作。

2.3.3　凭证记账

记账凭证经审核签字后，即可用来登记总账、明细账、日记账、部门账、往来账、项目账及备查账等。记账一般采用向导方式，使记账过程更加明确。记账工作由计算机自动进行数据处理，不用人工干预。

2.3.4　凭证汇总

凭证汇总是按条件对记账凭证进行汇总并生成一张凭证汇总表。进行汇总的凭证可以是已记账凭证，也可以是未记账凭证，因此账务人员可在凭证未全部记账前，随时查看企业目前的经营状况及其他财务信息。

2.4　出纳管理

出纳管理是总账系统为出纳人员提供的一套管理工具，它主要可以完成现金和银行存款日记账的输出、支票登记簿的管理，进行银行对账，以及为长期未达账提供审计报告。

2.4.1 出纳签字

为了加强企业现金收入与支出的管理，应加强对出纳凭证的管理。出纳凭证的管理可以采用多种方法，其中出纳签字就是主要的方法之一。出纳签字是指出纳人员利用“出纳签字”功能对制单员填制的带有现金和银行存款科目的凭证进行检查核对，主要核对出纳凭证的出纳科目金额是否正确，如果凭证正确，则在上面进行签字；经审查如果认为该凭证有错误或有异议，则不进行签字，应交给填制人员修改后再核对。

2.4.2 日记账及资金日报表

日记账是指现金和银行存款日记账。日记账由计算机登记。日记账的作用只是用于输出，只要在建立现金和银行存款科目时选中对应的“日记账”复选框，即表明该科目要登记日记账。

1. 现金、银行存款日记账

要查询现金日记账，必须单击“设置”|“会计科目”|“指定科目”命令，预先指定现金科目。银行日记账的查询与现金日记账的查询基本相同，所不同的只是银行日记账设有“结算号”栏，它主要是对账用的。

2. 资金日报表

资金日报表是反映现金、银行存款日发生余额情况的报表。在手工方式下，资金日报表由出纳员逐日填写，反映当天营业终止时现金、银行存款的收支情况及余额。在电算化方式下，资金日报表主要用于查询、输出或打印资金日报表，提供当日借、贷金额合计和余额，以及发生的业务量等信息。

2.4.3 支票登记簿

在手工记账时，出纳员通常利用支票领用登记簿来登记支票领用情况。为此，总账系统特为出纳员提供了“支票登记簿”功能，以供其详细登记支票领用人、领用日期、支票用途和是否报销等情况。用来登记支票的“票号登记”对话框如图 2.19 所示。

提醒

- 支票管理是系统为辅助银行出纳对银行结算票据的管理而设置的功能，类似于手工系统中的支票登记簿的管理方式。若需实施票据管理，则选中“是否票据管理”复选框。
- 只有在结算方式设置中选择了“票据管理标志”功能才能在此选择登记。
- 领用日期和支票号必须输入，其他内容可输入也可不输入。
- 报销日期不能在领用日期之前。
- 已报销的支票可成批删除。

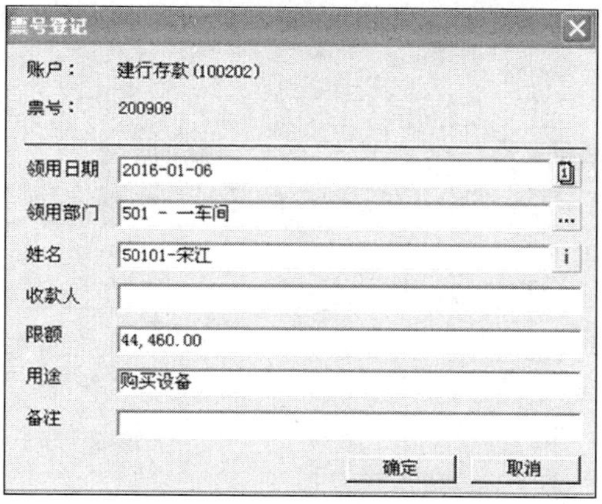

图 2.19　“票号登记”对话框

2.4.4　银行对账

银行对账是货币资金管理的主要内容，是企业出纳员最基本的工作之一。为了能够准确掌握银行存款的实际金额，了解实际可以动用的货币资金数额，防止记账发生差错，企业必须定期将银行存款日记账与银行出具的对账单进行核对，并编制银行存款余额调节表。在计算机中，总账系统要求银行对账的科目在科目设置时定义为“银行账”辅助账类的科目。银行对账一般按以下步骤完成。

1. 录入银行对账期初数据

第一次使用银行对账功能前，系统要求录入日记账、对账单的期初余额及未达账项，在开始使用银行对账后不再使用。录入银行对账期初数据的“银行对账期初”对话框如图 2.20 所示。

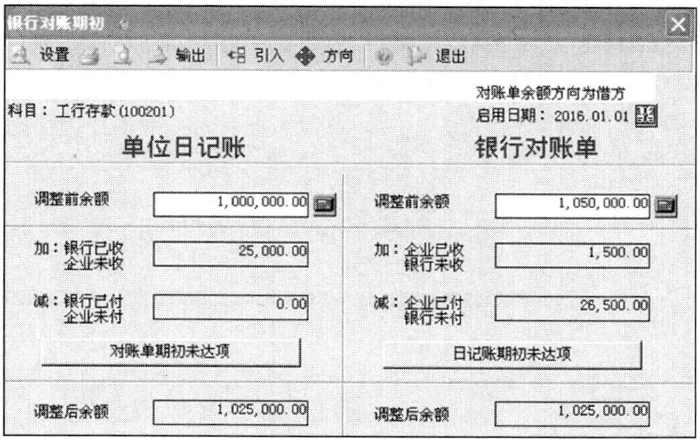

图 2.20　“银行对账期初”对话框

2. 录入银行对账单

要实现计算机自动对账，在每月月末对账前，必须将银行开出的银行对账单的数据录入计算机。

本功能用于平时录入银行对账单。在指定账户（银行科目）后，可录入本账户下的银行对账单，以便于与企业银行存款日记账进行对账。录入银行对账单的窗口如图 2.21 所示。

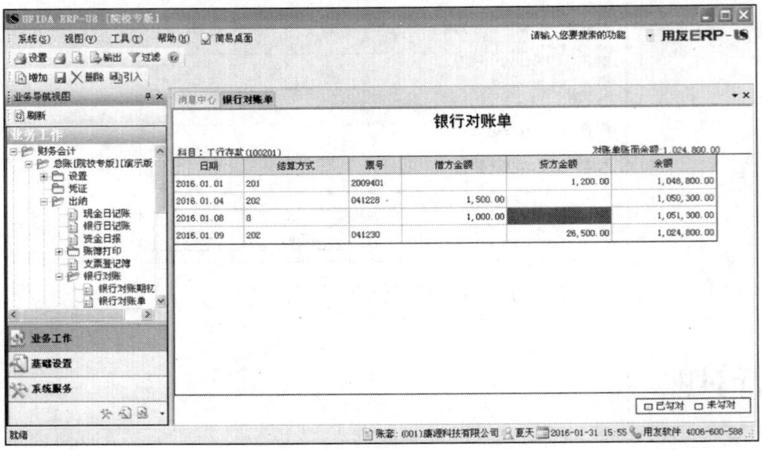

图 2.21 “录入银行对账单”窗口

3. 银行对账

银行对账采用自动对账与手工对账相结合的方式。

自动对账即由计算机根据对账依据将银行日记账未达账项与银行对账单进行自动核对、勾销。对账依据通常是“结算方式+票号+方向+金额”或“方向+金额”。对于已核对上的银行业务，系统将自动在银行存款日记账和银行对账单双方写上两清标记，并视为已达账项；否则，视其为未达账项。

手工对账是对自动对账的补充。采用自动对账后，可能还有一些特殊的已达账项没有对出来，而被视为未达账项，为了保证对账更彻底、正确，可通过手工对账进行调整勾销。“银行对账”窗口如图 2.22 所示。

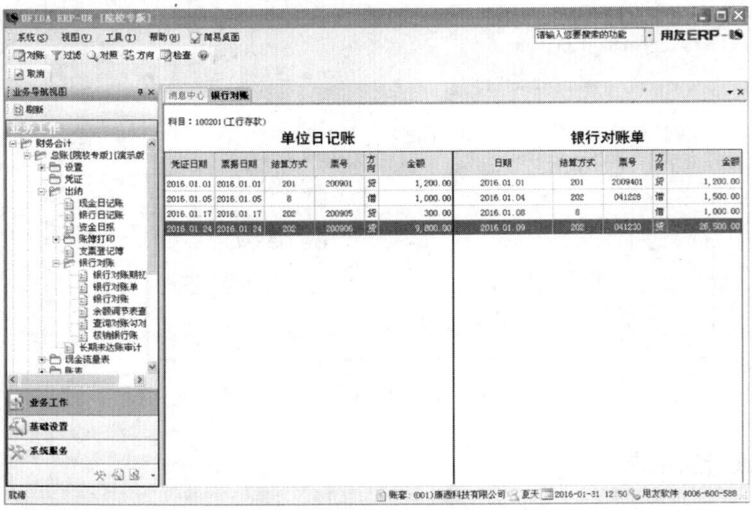

图 2.22 “银行对账”窗口

4. 编制余额调节表

在对银行账进行两清勾对后，计算机自动整理汇总未达账和已达账，生成“银行存款余额调节表”窗口，以检查对账是否正确。该余额调节表为截止到对账截止日期的余额调节表，若无对账截止日期，则为最新余额调节表。如果余额调节表显示账面余额不平，应查“银行期初录入”中的相关项目是否平衡，“银行对账单”录入是否正确，“银行对账”中勾对是否正确、对账是否平衡，如不正确进行调整。“银行存款余额调节表”窗口如图 2.23 所示。

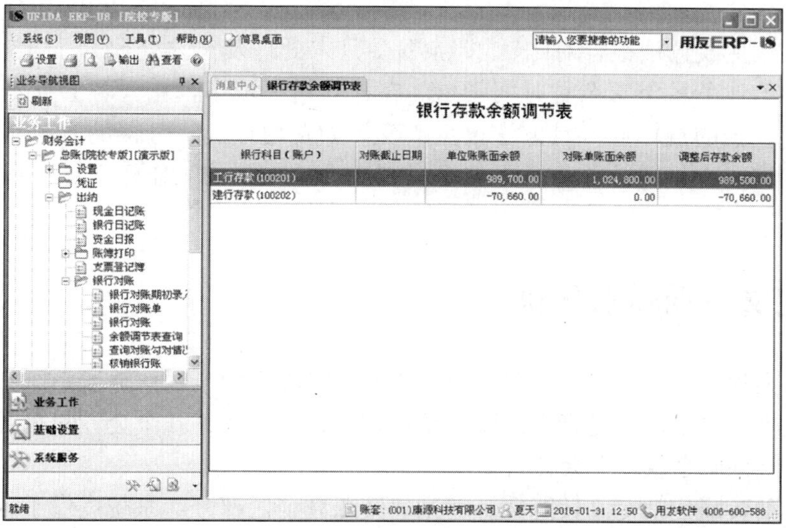

图 2.23　“银行存款余额调节表”窗口

5. 对账结果查询

对账结果查询主要用于查询单位日记账和银行对账单的对账结果。它是对余额调节表的补充，可在进一步了解对账后，核对账单上勾兑的明细情况（包括已达账项和未达账项），从而进一步查询对账结果，检查无误后，可通过核销银行账来核销已达账。

银行对账不平时，不能使用核销功能。核销不影响银行日记账的查询和打印。核销错误可以进行反核销。

2.5　账簿管理

企业发生的经济业务，经过制单、审核、记账等程序后，就形成了正式的会计账簿。除了前面介绍的现金和银行存款的查询和输出外，账簿管理还包括基本会计核算账簿的查询、输出，以及各种辅助账的查询和输出。

1. 基本会计核算账簿管理

基本会计核算账簿管理包括总账、余额表、明细账、序时账、多栏账的查询及打印。

2. 各种辅助核算账簿管理

辅助核算账簿管理包括个人往来、部门核算、项目核算账簿的总账、明细账查询和输出，以及部门收支分析和项目统计表的查询和输出。当供应商往来和客户往来采用总账系统核算时，其核算账簿的管理在总账系统中进行；否则，应在应收款、应付款系统中进行。

2.6 期末处理

期末处理主要包括银行对账、自动转账、月末处理及年末处理。与日常业务相比，数量不多，但业务种类繁杂且时间紧迫。在计算机环境下，由于各会计期间的许多期末业务具有较强的规律性，且方法很少改变，如费用计提、分摊的方法等，所以由计算机来处理这些有规律的业务，不但可以减少会计人员的工作量，还可以加强财务核算的规范性。

2.6.1 定义自动转账凭证

转账分为外部转账和内部转账。外部转账是指将其他专项核算子系统生成的凭证转入总账系统中；内部转账是指在总账系统内部，把某个或某几个会计科目中的余额或本期发生额结转到一个或多个会计科目中。

实现自动转账包括定义转账凭证和生成转账凭证两部分。系统提供了定义转账凭证的类型有自定义转账、对应结账、销售成本结转、汇兑损益结转、期间损益结转。

1. 自定义转账设置

自定义转账功能可以完成的转账业务主要如下。

- “费用分配”的结转，如工资分配等。
- “费用分摊”的结转，如制造费用等。
- “税金计算”的结转，如增值税等。
- “提取各项费用”的结转，如增值税等。
- 各项辅助核算的结转。

例 2.1： A 产品完工，转出完工产品成本。

操作步骤：

1）转账序号：0001

2）转账说明：结转 A 产品的——A 产品生产成本

3）转账凭证：借：库存商品——A 产品（140501）　　QM(500101,月,借,001)

　　　　　　　贷：生产成本——A 产品（500101）　　JG(1405)

提醒

- QM（500101,月,借,001）：取第一套账中生产成本账户的期末借方余额。
- JG（140501）：取对方计算后的结果。

如果使用应收款、应付款系统，则在总账系统中，不能按客户、供应商辅助项进行结转，只能按科目总数进行结转。

2. 对应结转设置

对应结转不仅可进行两个科目的一对一结转，还提供科目的一对多结转功能。对应结转的科目可为上级科目，但其下级科目的科目结构必须一致（相同明细科目）。如有辅助核算，则两个科目的辅助账类也必须一一对应。

本功能只结转期末余额，若结转发生额，需要在自定义结转中设置。

3. 销售成本结转设置

销售成本结转设置主要用来辅助未启用供应链管理系统的企业完成销售成本的计算和结转，有全月平均法和售价（计划价）法两种方法。

4. 汇兑损益结转设置

本功能用于期末自动计算外币账户的汇兑损益，并在转账凭证中自动生成汇兑损益转账凭证。汇兑损益只处理外汇存款账户、外币现金账户、外币结算的各项债权和债务，不包括所有者权益类账户、成本类账户和损益类账户。

5. 期间损益结转设置

本功能用于在一个会计期间终止时，将损益类科目的余额结转到本年利润科目中，从而及时反映企业利润的盈亏情况。期间损益结转主要是对于管理费用、销售费用、财务费用、销售收入和营业外收支等科目的结转。

2.6.2　生成转账凭证

定义完转账凭证后，每月月末只需执行本功能即可由计算机快速生成转账凭证，如图 2.24 所示。在此生成的转账凭证将自动追加到未记账凭证中，只有通过审核、记账后才能真正完成结转工作。

由于转账凭证中定义的公式基本上取自账簿，因此，在进行月末转账前，必须将所有未记账凭证全部记账，否则，生成的转账凭证中的数据可能不准确。特别是对于一组相关转账分录，必须按顺序依次进行转账生成、审核、记账。

期间损益结转最好分两笔转：一笔将所有收入类账户转入本年利润账户的贷方；另一笔将所有支出类账户转入本年利润账户的借方，以使凭证中的账户对应关系清晰明了。

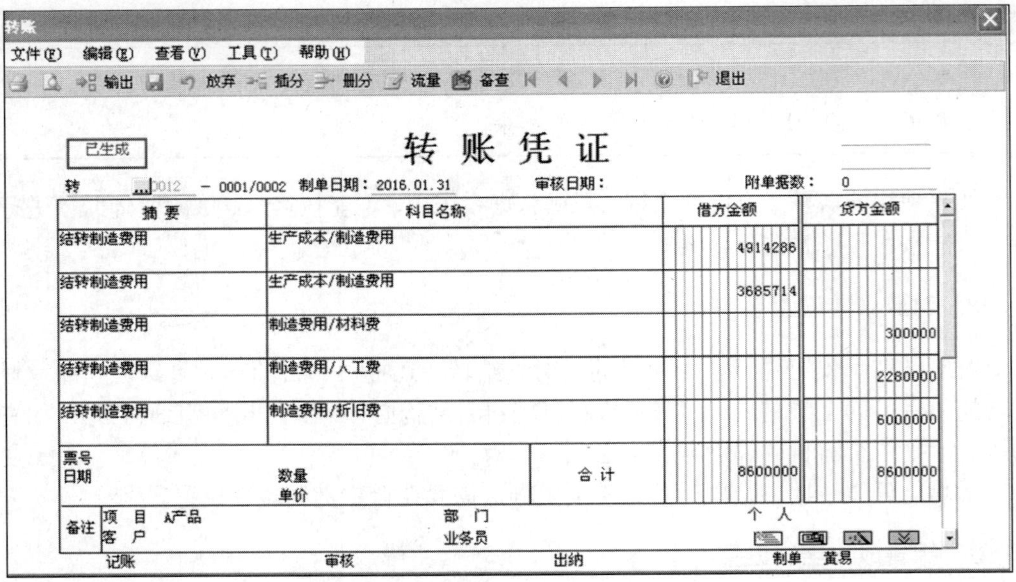

图 2.24　转账凭证

2.6.3　对账与结账

1. 对账

对账是指对账簿数据进行核对，以检查记账是否正确，以及账簿是否平衡。它主要通过核对总账与明细账、总账与辅助账数据来完成账账核对。

试算平衡就是将系统中设置的所有科目的期末余额按会计平衡公式“借方余额”=“贷方余额”进行平衡检验，并输出科目余额表及是否平衡信息。

一般来说，实行计算机记账后，只要记账凭证录入正确，计算机自动记账后各种账簿都应是正确、平衡的，但由于非法操作或计算机病毒或其他原因，有时可能会造成某些数据被破坏，因而引起账账不符。为了保证账证相符、账账相符，应经常使用本功能进行对账，至少一个月一次，一般可在月末结账前进行。

2. 结账

每月月底都要进行结账处理。结账实际上就是计算和结转各账簿的本期发生额和期末余额，并终止本期的账务处理工作。

在电算化方式下，结账工作与手工相比简单多了。结账是一种成批数据的处理过程，每个月只结账一次，主要是对当月日常处理的限制和对下月账簿的初始化，由计算机自动完成。

注意

在结账前要进行下列检查。

- 检查本月业务是否全部记账，若有未记账凭证则不能结账。
- 月末结转必须全部生成并记账，否则本月不能结账。
- 检查上月是否已结账，若上月未结账，则本月不能记账。
- 核对总账与明细账、主体账与辅助账、总账系统与其他子系统数据是否一致，不一致的不能结账。
- 损益类账户是否全部结转完毕，否则本月不能结账。
- 若与其他子系统联合使用，其他子系统是否已结账；若没有，则本月不能结账。

结账前要进行数据备份，结账后不得再录入本月凭证，并终止各账户的记账工作；计算本月各账户发生额合计和本月账户期末余额，并将余额结转至下月月初。

如果结账以后发现结账错误，可以进行“反结账”，取消结账标记，然后进行修正，再进行结账工作。

任务实例 2　系统初始设置

任务目标

① 掌握基础设置的相关内容和基础设置的重要性。
② 掌握用友 ERP-U8 管理软件中总账系统初始化设置包括的内容。
③ 理解总账系统初始化设置的意义。
④ 熟练掌握总账系统初始化设置的具体操作方法。

任务内容

① 设置基础档案。
② 设置总账系统的参数。
③ 设置总账系统的基础信息：总账参数、会计科目、凭证类别、结算方式和项目定义等。
④ 期初余额录入。

任务准备

引入“任务处理 1”账套数据。

任务资料

1. 总账系统的参数（见表 2.2）

表 2.2　总账系统的设置参数

选　项　卡	参 数 设 置
凭证	制单序时控制
	支票控制
	赤字控制：资金及往来科目
	允许修改、作废他人填制的凭证
	可以使用应收、应付、存货受控科目
	凭证编号方式采用系统编号
	打印凭证的制单、出纳、审核、记账等人员姓名
	出纳凭证必须经由出纳签字
	现金流量科目必录现金流量项目
	外币核算采用固定汇率
	进行预算控制
	其他采用默认设置
账簿	账簿打印位数、每页打印行次按软件标准设定、明细账打印按年排页
会计日历	会计日历 1 月 1 日—12 月 31 日
其他	部门、个人、项目按编码方式排序
	其他采用默认设置

2. 总账系统的基础信息

（1）会计科目

2016 年 1 月 1 日，康源科技有限公司会计科目如表 2.3 所示。

表 2.3　康源科技有限公司会计科目

类型	级次	科目编码	科目名称	计量单位	辅助核算	账页格式	余额方向
资产	1	1001	库存现金		日记	金额式	借
资产	1	1002	银行存款		银行日记	金额式	借
资产	2	100201	工行存款		银行日记	金额式	借
资产	2	100202	建行存款		银行日记	金额式	借
资产	1	1012	其他货币资金			金额式	借
资产	1	1101	交易性金融资产			金额式	借

续表

类型	级次	科目编码	科目名称	计量单位	辅助核算	账页格式	余额方向
资产	1	1121	应收票据		客户往来	金额式	借
资产	1	1122	应收账款		客户往来	金额式	借
资产	1	1123	预付账款			金额式	借
资产	1	1131	应收股利			金额式	借
资产	1	1132	应收利息			金额式	借
资产	1	1221	其他应收款		个人往来	金额式	借
资产	1	1231	坏账准备			金额式	贷
资产	1	1401	材料采购			金额式	借
资产	1	1402	在途物资			金额式	借
资产	2	140101	甲材料	吨		数量金额式	借
资产	2	140102	乙材料	吨		数量金额式	借
资产	1	1403	原材料			金额式	借
资产	2	140301	甲材料	吨		数量金额式	借
资产	2	140302	乙材料	吨		数量金额式	借
资产	1	1411	周转材料			金额式	借
资产	1	1405	库存商品	件	项目核算	数量金额式	借
资产	1	1501	持有至到期投资			金额式	借
资产	1	1503	可供出售金融资产			金额式	借
资产	1	1511	长期股权投资			金额式	借
资产	1	1601	固定资产			金额式	借
资产	1	1602	累计折旧			金额式	贷
资产	1	1604	在建工程			金额式	借
资产	1	1606	固定资产清理			金额式	借
资产	1	1701	无形资产			金额式	借
资产	1	1801	长期待摊费用			金额式	借
资产	1	1901	待处理财产损溢			金额式	借
资产	2	190101	待处理流动资产损溢			金额式	借
资产	2	190102	待处理固定资产损溢			金额式	借
负债	1	2001	短期借款			金额式	贷
负债	1	2201	应付票据		供应商往来	金额式	贷
负债	1	2202	应付账款			金额式	贷
负债	2	220201	应付款项		供应商往来	金额式	贷
负债	2	220202	暂估应付账款			金额式	贷
负债	1	2203	预收账款			金额式	贷

续表

类型	级次	科目编码	科目名称	计量单位	辅助核算	账页格式	余额方向
负债	1	2211	应付职工薪酬			金额式	贷
负债	2	221101	应付工资			金额式	贷
负债	2	221102	职工福利费			金额式	贷
负债	2	221103	工会经费			金额式	贷
负债	2	221104	职工教育经费			金额式	贷
负债	1	2221	应交税费			金额式	贷
负债	2	222101	应交增值税			金额式	贷
负债	3	22210101	进项税额			金额式	贷
负债	3	22210102	已交税金			金额式	贷
负债	3	22210103	转出未交增值税			金额式	贷
负债	3	22210105	销项税额			金额式	贷
负债	3	22210107	进项税额转出			金额式	贷
负债	3	22210109	转出多交增值税			金额式	贷
负债	2	222102	未交增值税			金额式	贷
负债	2	222106	应交所得税			金额式	贷
负债	2	222108	应交城市维护建设税			金额式	贷
负债	1	2231	应付利息			金额式	贷
负债	2	223101	借款利息			金额式	贷
负债	1	2232	应付股利			金额式	贷
负债	1	2241	其他应付款			金额式	贷
负债	1	2501	长期借款			金额式	贷
负债	1	2701	长期应付款			金额式	贷
负债	1	2711	专项应付款			金额式	贷
负债	1	2901	递延所得税负债			金额式	贷
权益	1	4001	实收资本			金额式	贷
权益	1	4002	资本公积			金额式	贷
权益	1	4101	盈余公积			金额式	贷
权益	1	4103	本年利润			金额式	贷
权益	1	4104	利润分配			金额式	贷
权益	2	410401	其他转入			金额式	贷
权益	2	410402	提取法定盈余公积			金额式	贷
权益	2	410403	提取法定公益金			金额式	贷
权益	2	410409	提取任意盈余公积			金额式	贷
权益	2	410410	应付普通股股利			金额式	贷

续表

类型	级次	科目编码	科目名称	计量单位	辅助核算	账页格式	余额方向
权益	2	410415	未分配利润			金额式	贷
成本	1	5001	生产成本			金额式	借
成本	2	500101	直接材料		项目核算	金额式	借
成本	2	500102	直接人工		项目核算	金额式	借
成本	2	500103	制造费用		项目核算	金额式	借
成本	1	5101	制造费用			金额式	借
成本	2	510101	材料费			金额式	借
成本	2	510102	人工费			金额式	借
成本	2	510103	折旧费			金额式	借
成本	2	510104	办公费			金额式	借
成本	2	510105	其他费用			金额式	借
损益	1	6001	主营业务收入		部门、项目	金额式	贷
损益	1	6051	其他业务收入			金额式	贷
损益	1	6301	营业外收入			金额式	贷
损益	1	6401	主营业务成本		部门、项目	金额式	借
损益	1	6402	其他业务成本			金额式	借
损益	1	6403	营业税金及附加			金额式	借
损益	1	6601	销售费用			金额式	借
损益	2	660101	广告费用			金额式	借
损益	2	660102	工资及福利费			金额式	借
损益	2	660103	折旧费			金额式	借
损益	2	660104	其他			金额式	借
损益	1	6602	管理费用			金额式	借
损益	2	660201	工资及福利费			金额式	借
损益	2	660202	折旧费			金额式	借
损益	2	660203	办公费			金额式	借
损益	2	660204	工会经费			金额式	借
损益	2	660205	职工教育经费			金额式	借
损益	2	660206	差旅费			金额式	借
损益	2	660207	修理费			金额式	借
损益	2	660208	其他			金额式	借
损益	1	6603	财务费用			金额式	借
损益	2	660301	利息			金额式	借
损益	2	660302	其他			金额式	借

续表

类型	级次	科目编码	科目名称	计量单位	辅助核算	账页格式	余额方向
损益	1	6711	营业外支出			金额式	借
损益	1	6801	所得税费用			金额式	借

注意

- 将"库存现金（1001）"科目指定为现金总账科目。
- 将"银行存款（1002）"科目指定为银行总账科目。
- 将"库存现金（1001）"、"工行存款（100201）"、"建行存款（100202）"科目指定为现金流量科目。

（2）凭证类别

康源科技有限公司采用的凭证类别为收款凭证、付款凭证和转账凭证三种。设置凭证类别限制条件，如表 2.4 所示。

表 2.4 凭证类别限制条件

凭证类别	限制类型	限制科目
收款凭证	借方必有	1001,100201,100202
付款凭证	贷方必有	1001,100201,100202
转账凭证	凭证必无	1001,100201,100202

（3）结算方式（见表 2.5）

表 2.5 结算方式设置

结算方式编码	结算方式名称	票据管理标志
1	现金	否
2	支票	否
201	现金支票	是
202	转账支票	是
3	商业汇票	否
301	商业承兑汇票	否
302	银行承兑汇票	否
4	银行汇票	否
5	委托收款	否
6	托收承付	否
7	汇兑	否
8	现金缴款单	否

（4）项目核算

① 项目大类定义（见表 2.6）。

表 2.6　项目大类定义

项目大类名称	项 目 级 次
产品核算	1

② 核算科目定义（见表 2.7）。

表 2.7　核算科目定义

项目大类名称	核 算 科 目
产品核算	库存商品（1405）
	直接材料（500101）
	直接人工（500102）
	制造费用（500103）
	主营业务收入（6001）
	主营业务成本（6401）

③ 项目分类定义（见表 2.8）。

表 2.8　项目分类定义

项目大类名称	分 类 编 码	分 类 名 称
产品核算	1	产成品

④ 项目目录定义（见表 2.9）。

表 2.9　项目目录定义

项目大类名称	项 目 编 号	项 目 名 称	是 否 结 算	所属分类码
产品核算	001	A 产品		1
	002	B 产品		1

3. 期初余额（见表 2.10）

表 2.10　期初余额录入

科 目 名 称	方　向	计 量 单 位	期初余额（元）
库存现金（1001）	借		30 900.00
银行存款（1002）	借		1 250 000.00
工行存款（100201）	借		1 000 000.00
建行存款（100202）	借		250 000.00
其他货币资金（1012）	借		150 400.00

续表

科目名称	方向	计量单位	期初余额（元）
交易性金融资产（1101）	借		20 000.00
应收票据（1121）	借		351 000.00
应收账款（1122）	借		234 000.00
其他应收款（1221）	借		8 000.00
坏账准备（1231）	贷		1 170.00
在途物资（1402）	借		150 000.00
甲材料（140201）	借		100 000.00
	借	吨	4 000.00
乙材料（140202）	借		50 000.00
	借	吨	1 250.00
原材料（1403）	借		452 400.00
甲材料（140301）	借		150 000.00
	借	吨	5 000.00
乙材料（140302）	借		302 400.00
	借	吨	7 200.00
周转材料（1411）	借		144 400.00
库存商品（1405）	借		1 750 000.00
	借	件	75 000.00
长期股权投资（1511）	借		280 000.00
固定资产（1601）	借		10 365 480.00
累计折旧（1602）	贷		2 102 131.60
无形资产（1701）	借		326 540.00
长期待摊费用（1801）	借		160 000.00
短期借款（2001）	贷		800 000.00
应付票据（2201）	贷		468 000.00
应付账款（2202）	贷		147 000.00
应付款项（220201）	贷		117 000.00
暂估应付款项（220202）	贷		30 000.00
应付职工薪酬（2211）	贷		43 590.00
应付工资（221101）	贷		
职工福利费（221102）	贷		40 000.00
工会经费（221103）	贷		3 000.00
职工教育经费（221104）	贷		590.00
应交税费（2221）	贷		350 520.00
未交增值税（222102）	贷		128 000.00

续表

科目名称	方　向	计量单位	期初余额（元）
应交所得税（222106）	贷		213 560.00
应交城市维护建设税（222108）	贷		8 960.00
其他应付款（2181）	贷		10 640.00
应付利息（2231）	贷		2 680.00
借款利息（223101）	贷		2 680.00
长期借款（2501）	贷		1 500 000.00
实收资本（4001）	贷		7 000 000.00
资本公积（4002）	贷		1 078 000.00
盈余公积（4101）	贷		886 000.00
利润分配（4104）	贷		1 283 388.40
未分配利润（410415）	贷		1 283 388.40

注意

表中只列出了有期初余额的账户，试算结果为 13 569 818.40（元）。

4. 辅助账期初余额表

（1）应收票据（1121）（见表 2.11）

表 2.11　应收票据

日　期	凭证号	客户名称	摘　要	方　向	期初余额	业务员	票　号
2015-12-25	转-24	宁波公司	销售	借	351 000	周记	031225

（2）应收账款（1122）（见表 2.12）

表 2.12　应收账款

日　期	凭证号	客户名称	摘　要	方　向	期初余额	业务员	票　号
2015-12-26	转-25	温州公司	销售	借	117 000.00	周记	031226
2015-12-27	转-26	金华公司	销售	借	117 000.00	李洋	031227

（3）其他应收款（1221）（见表 2.13）

表 2.13　其他应收款

日　期	凭证号	部　门	个　人	摘　要	方　向	金额（元）
2015-12-20	付-18	销售一部	周记	借差旅费	借	5 000.00
2015-12-22	付-19	销售二部	李洋	借差旅费	借	3 000.00

（4）库存商品（1405）（见表 2.14）

表 2.14　库存商品

项目名称	方　向	金额（元）	数　量
A 产品	借	1 500 000.00	25 000
B 产品	借	250 000.00	50 000

（5）应付票据（2201）（见表 2.15）

表 2.15　应付票据

日　期	凭证号	供应商	摘　要	方　向	金额（元）	业 务 员	票　号
2015-12-16	转-15	下城公司	购进	贷	468 000.00	刘浪	041216

（6）应付账款——应付款项（220201）（见表 2.16）

表 2.16　应付账款——应付款项

日　期	凭证号	供应商	摘　要	方　向	金额（元）	业 务 员	票　号
2015-12-16	转-16	滨江公司	购进	贷	117 000.00	刘浪	041217

注意

录入基本账及辅助账期初余额后，要进行期初试算平衡与对账。只有试算平衡后才能对本期凭证进行记账操作。

任务处理

1. 引入“任务处理 1”账套数据

1）以系统管理员的身份注册进入系统管理，单击“账套”|“引入”命令，打开“引入账套数据”对话框。（如果计算机不还原，则不必做引入处理。）

2）在“查找范围”下拉列表框中，选择“任务处理 1”账套数据所在的磁盘驱动器。下拉列表框中显示该磁盘驱动器中所包含的所有文件夹，依次双击存放账套数据的各个文件夹，找到账套数据文件 UfErpAct.Lst，单击“打开”按钮。系统弹出信息提示对话框，请用户确认账套引入路径。如果无须修改账套引入路径，单击“否”按钮。如果系统已存在该账套，会弹出信息提示对话框，要求用户确认是否覆盖已存的信息，单击“是”按钮选择覆盖；单击“否”按钮选择不覆盖。

2. 启动与注册

1）单击“开始”|“程序”|“用友 ERP-U8.72”|“企业应用平台”命令，进入“登录”窗口。

2）登录到本机（或服务器），输入操作员“201”；选择账套“康源科技有限公司”；输入操作日期“2016-01-01”，单击“确定”按钮。

3. 设置总账控制参数

1）在总账系统中，单击左下角的“业务工作”，单击左侧列表框中的“财务会计”｜“总账”｜“设置”｜“选项”命令，打开“选项”对话框。

2）单击“编辑”按钮，进入选项编辑状态。

3）打开“凭证”、“账簿”、“会计日历”、“其他”选项卡，按照“任务资料”的要求进行相应的设置。

4）设置完成后，单击“确定”按钮。

4. 设置总账基础信息

（1）建立会计科目——增加明细会计科目

1）单击左下角的“基础设置”，再单击左侧列表框中的“基础档案”，打开“基础档案”对话框。双击“财务”中的“会计科目”选项，进入“会计科目”窗口，显示所有按“2007 年新会计制度”预制的科目表。

2）单击“增加”按钮，进入“会计科目_新增”对话框，输入“任务资料”中给出的明细科目。

3）输入明细科目相关内容。输入编码“100201”、科目名称“工行存款”；选择“日记账”、“银行账”，单击“确定”按钮。

4）继续单击“增加”按钮，输入“任务资料”中其他明细科目的相关内容。

5）全部输入完成后，单击“关闭”按钮。

（2）建立会计科目——修改会计科目（可选项）

1）在“会计科目”窗口中，单击要修改的会计科目 1001。

2）单击“修改”按钮或双击该科目，进入“会计科目_修改”对话框。

3）单击“修改”按钮，选中“日记账”复选框，单击“确定”按钮。

4）按“任务资料”修改其他科目的辅助核算属性，修改完成后，单击“返回”按钮。

（3）建立会计科目——删除会计科目（可选项）

1）在“会计科目”窗口中，选择要删除的会计科目。

2）单击“删除”按钮，系统提示“记录删除后不能恢复！真的删除此记录吗？”。

3）单击“确定”按钮，即可删除该科目。

（4）建立会计科目——指定会计科目

1）在“会计科目”窗口中，单击“编辑”｜“指定科目”命令，进入“指定科目”窗口。

2）选择“现金总账科目”单选按钮，将“库存现金（1001）”由待选科目选入已选科目。

3）选择“银行总账科目”单选按钮，将“银行存款（1002）”由待选科目选入已选科目。

4）选择“现金流量科目”单选按钮，将“库存现金（1001）、工行存款（100201）、建行存款（100202）”由待选科目选入已选科目。

5）单击“确定”按钮。然后单击“退出”按钮，退出会计科目。

（5）设置凭证类别

1）在“基础档案”对话框中，双击“财务”中的“凭证类别”选项，打开“凭证类别预置”对话框。

2）选择“收款凭证 付款凭证 转账凭证”单选按钮。

3）单击“确定”按钮，进入“凭证类别”窗口。

4）单击工具栏上的“修改”按钮，单击收款凭证“限制类型”的下三角按钮，选择“借方必有”；在“限制科目”栏输入“1001,100201,100202”。

注意

科目间的逗号为英文状态下的逗号。

5）设置付款凭证的限制类型为“贷方必有”，限制科目为“1001,100201,100202”；设置转账凭证的限制类型为“凭证必无”，限制科目为“1001,100201,100202”。

6）设置完成后，单击“退出”按钮。

（6）设置结算方式

1）在“基础档案”对话框中，双击“收付结算”中的“结算方式”选项，进入“结算方式”窗口。

2）单击“增加”按钮，输入结算方式编码“1”、结算方式名称“现金”，单击“保存”按钮。

3）依次输入其他方式。对于“现金支票”和“转账支票”要选中“是否票据管理”复选框。

4）设置完成后，单击“退出”按钮。

（7）设置项目目录——定义项目大类

1）在“基础档案”对话框中，双击“财务”中的“项目目录”选项，进入“项目档案”窗口。

2）单击对话框中的“增加”按钮，打开“项目大类定义_增加”对话框。

3）输入新项目大类名称“产品核算”。

4）单击“下一步”按钮，输入要定义的项目级次。本例采用系统默认值。

5）单击“下一步”按钮，输入要修改的项目栏目。本例采用系统默认值。

6）单击“完成”按钮，返回“项目档案”窗口。

（8）设置项目目录——指定核算科目

1）在“项目档案”窗口中，打开“核算科目”选项卡。

2）选择项目大类“产品核算”。

3）单击“＞”按钮，将“库存商品（1405）”、“直接材料（500101）”、“直接人工（500102）”、“制造费用（500103）”、“主营业务收入（6001）”、“主营业务成本（6401）”选为项目核算的科目，单击“确定”按钮。

（9）设置项目目录——定义项目分类

1）在“项目档案”窗口中，打开“项目分类定义”选项卡。

2）单击右下角的“增加”按钮，输入分类编码“1”，分类名称“产成品”，单击“确定”按钮。

（10）设置项目目录——定义项目目录

1）在“项目档案”窗口中，打开“项目目录”选项卡。

2）单击右侧的“维护”按钮，进入“项目目录维护”窗口。

3）单击“增加”按钮，输入项目编码“001”、项目名称“A 产品”、所属分类码“1”。

4）同理，继续增加“002 B 产品”项目档案。

5）单击“退出”按钮，退出“项目目录维护”窗口。然后单击“退出”按钮，退出“项目档案”窗口。

5. 录入期初余额

1）在总账系统中，单击左下角的“业务工作”按钮，再单击左侧列表框中的“财务会计”｜“总账”｜“设置”｜“期初余额”命令，进入“期初余额录入”窗口。

2）直接输入末级科目期初余额。上级科目的期初余额自动计算填入。

3）设置了辅助核算的科目底色显示为淡棕色，其累计发生额可直接输入（本实例不用输入），但期初余额的录入要到相应的辅助核算中进行。其操作方法是：双击设置了辅助核算属性的科目的期初余额栏，进入相应的辅助账窗口，按明细输入每笔业务的金额，完成后单击“退出”按钮，辅助账余额自动转到总账。

例如，双击“应收票据”期初余额栏，打开“辅助期初余额”窗口。单击“往来明细”|“增行”按钮，输入日期“2015-12-25”、凭证号“转-24”、客户“宁波公司”，摘要“销售”、方向“借”、金额“351 000”、业务员“周记”、票号“031255”。输入完成后单击“退出”按钮。在“辅助期初余额”窗口中输入其他辅助账期初余额信息。

4）输完所有科目余额后，单击“试算”按钮，打开“期初余额试算平衡表”对话框。

5）若期初余额不平衡，则修改期初余额；若期初余额试算平衡，余额为 13 569 818.40 元，单击“退出”按钮。

任务实例 3　总账系统日常业务处理

任务目标

① 掌握用友 ERP-U8.72 管理软件中总账系统日常业务处理的相关内容。

② 熟练掌握总账系统日常业务处理的具体操作方法。

③ 掌握凭证管理、出纳管理和账簿管理的具体内容和操作方法。

任务内容

① 凭证管理：填制凭证、修改凭证、审核凭证、凭证记账、汇总。

② 出纳管理：银行存款信息录入、出纳签字、支票管理。

③ 账簿管理：查询总账、余额账、明细账、各种辅助账。

任务准备

引入“任务处理 2”账套数据。

任务资料

康源科技有限公司 2016 年 1 月发生的经济业务如下。

① 1 月 1 日，冲销 2015 年年末暂估入账的甲材料，数量 1 000 吨，暂估单价 30 元。

② 1 月 1 日，财务部夏天签发现金支票（NO.200901），从工商银行提取现金 1 200 元备用（附原始凭证 2 张）。

③ 1 月 2 日，销售一部周记出差归来报销差旅费 4 000 元，查原借差旅费 5 000 元，多余现金交回（附原始凭证 1 张）。

④ 1 月 3 日，收到杭州滨江发来的发票账单，注明购入甲材料 1 000 吨，单价 25 元，当即开出建行转账支票（NO.200902）支付货款。材料已于 2015 年年末入库（附原始凭证 2 张）。

⑤ 1 月 4 日，销售一部王宏到北京出差，预借差旅费 800 元，以现金付讫（附原始凭证 1 张）。

⑥ 1 月 4 日，销售一部周记向浙江绍兴公司销售 A 产品 100 件，单价 100 元，增值税适用税率为 17%，对方暂欠货款（附原始凭证 2 张）。

⑦ 1 月 5 日，财务部夏天填制现金缴款单（结算方式选 8），将多余现金 1 000 元送存工行（附原始凭证 1 张）。

⑧ 1 月 6 日，一车间宋江购入不需要安装的设备一台，价值 38 000 元，签发建行转账支票（NO.200909）付讫，设备投入使用（附原始凭证 2 张）。

⑨ 1 月 11 日，总经理刘力报销医药费 600 元（附原始凭证 1 张），以现金付讫。

⑩ 1 月 12 日，供应部刘浪从杭州上城公司购入表 2.17 所示材料（数量单位：吨；金额单位：元）。材料未到（附原始凭证 3 张，其中甲材料 2 张，乙材料 1 张）。

表 2.17 购入材料

材 料 名 称	数量（元）	单价（元/吨）	总买价（元）	增值税（元）	货款结算方式
甲材料	3 000	25	75 000	12 750	签发商业承兑汇票
乙材料	1 250	40	50 000	8 500	未付款
合 计	4 250		125 000	21 250	

⑪ 1 月 16 日，制造部向仓库领用表 2.18 所示的材料（数量单位：吨；金额单位：元）（附原始凭证 2 张）。

⑫ 1 月 17 日，财务部夏天签发工行转账支票（NO.200905）300 元支付办公费，其中车间负担 200 元，管理部门负担 100 元（附原始凭证 2 张）。

表 2.18　领用材料

	甲材料			乙材料			合计
	数量（吨）	单价（元/吨）	金额（元）	数量（吨）	单价（元/吨）	金额（元）	金额（元）
生产 A 产品领用	1 500	30	45 000	400	45	18 000	63 000
生产 B 产品领用	1 200	30	36 000	2 000	45	90 000	126 000
车间一般耗用	100	30	3 000				3 000
管理部门耗用				100	45	4 500	4 500
合　计	2 800		84 000	2 500		112 500	196 500

⑬ 1 月 18 日，财务部夏天签发建行转账支票（NO.200910），支付管理部门固定资产修理费 1 200 元（附原始凭证 2 张）。

⑭ 1 月 24 日，财务部夏天签发工行转账支票（NO.200906），支付广告费 9 800 元（附原始凭证 2 张）。

⑮ 1 月 25 日，销售一部王宏向浙江金华公司出售表 2.19 所示的产品（数量单位：件；金额单位：元），收到对方签发并承兑的商业汇票一张（附原始凭证 2 张）。

表 2.19　出售产品

产品名称	数量（件）	单价（元/件）	售价（元）	增值税（元）
A 产品	2 000	90	180 000	30 600
B 产品	32 000	10	320 000	54 400
合　计	34 000		500 000	85 000

⑯ 1 月 28 日，收到外商投入无形资产一项，价值 70 000 元（附原始凭证 2 张）。

⑰ 1 月 30 日，计算分配本月工资总额 230 000 元。其中，生产 A 产品工人工资 80 000 元；生产 B 产品工人工资 60 000 元；车间管理人员工资 20 000 元；行政管理人员工资 70 000 元（附原始凭证 1 张）。

⑱ 1 月 30 日，按业务⑰中工资总额的 14%计提本月职工福利费（附原始凭证 1 张）。

⑲ 1 月 30 日，摊销应由本月负担的管理部门固定资产修理费 400 元（附原始凭证 1 张）。

⑳ 1 月 30 日，预提应由本月负担的短期借款利息 800 元（附原始凭证 1 张）。

㉑ 1 月 30 日，计提本月固定资产折旧 88 000 元，其中，车间固定资产计提折旧 60 000 元，行政管理部门计提折旧 28 000 元（附原始凭证 1 张）。

任务处理

1. 凭证管理

（1）填制凭证

① 增加凭证——输入凭证的辅助核算信息[业务（1）～业务（21）]。

在凭证填制过程中，若某科目为“银行科目”、“数量科目”、“辅助核算科目”、“现金流量科目”，输完科目名称后，应继续输入该科目的辅助核算信息。

业务（1）：辅助核算——数量核算、供应商往来。

1）在财务会计窗口中单击“总账”｜“凭证”｜“填制凭证”命令，进入“填制凭证”窗口。

2）单击“增加”按钮，增加一张空白凭证。

3）选择凭证类型“转账凭证”，输入制单日期“2016.01.01”，附单据数（本例为 0，可不输）。

4）输入摘要“冲销 2015 年年末暂估入账的甲材料”，在科目名称栏输入科目代码或利用科目参照选取要输入的“原材料——甲材料”，单击“借方金额”，系统自动跳出“辅助项”对话框，在“数量”中输入“-1 000”，在“单价”中输入“30”，单击“确定”按钮。按 Enter 键，摘要自动复制到下一行，输入科目名称“暂估应付账款（220202）”、发生日期“2016.01.01”，单击“确定”按钮，在“贷方金额”中输入“-30 000”。

5）单击“保存”按钮，系统弹出“凭证已成功保存！”信息提示对话框，单击“确定”按钮。

提醒

- 采用序时控制时，凭证日期应大于或等于启用日期，不能超过业务日期。
- 凭证一旦保存，其凭证类别、凭证编号不能修改。
- 正文中不同行的摘要可以相同也可以不同，但不能为空。每行摘要将随相应的会计科目在明细账、日记账中出现。
- 科目编码必须是末级的科目编码。
- 金额不能为“0”；红字以“-”号表示。
- 可按=键，取当前凭证借贷方金额的差额到当前光标位置。

业务（2）：辅助核算——现金流入、现金流出、支票登记。

1）在填制凭证过程中，输完科目“库存现金”，弹出“现金流量表”信息提示对话框供用户确认选择（或单击凭证名称上面的“流量”，单击“增加”按钮，选择“03 收到的其他与经营活动有关的现金”，单击“确定”按钮）。按 Enter 键，摘要自动转到下一行，输入科目名称“银行存款/工行存款”。按 Enter 键，系统跳出“辅助项”对话框，输入结算方“201”、支票号“200901”、发生日期“2016.01.01”，单击“确定”按钮。在“贷方金额”中输入“1 200”，单击“流量”，输入现金流量项目。

2）凭证输入完成后，若此张凭证未登记，则系统弹出“此支票尚未登记，是否登记？”信息提示对话框。

3）单击“是”按钮，弹出“票号登记”对话框。

4）输入领用日期“2016.01.01”、领用部门“财务部”、姓名“夏天”、限额“1 200”，用途为“备用金”，单击“确定”按钮。

5）单击“保存”按钮，保存该凭证。

提醒

- 选择支票控制，即将该结算方式设为支票管理，银行账辅助信息不能为空，而且该方式的票号应在支票登记簿中有记录。
- 该笔业务的现金流量项目为现金流入和流出抵消，可以不输入现金流量。

业务（3）：辅助核算科目——现金流入、个人往来。

1）单击“增加”按钮，增加一张空白凭证。

2）选择凭证类型“收款凭证”；输入制单日期“2016.01.02”（如果要更换日期则需重新注册企业应用平台）、附单据数“1”。

3）输入摘要“报销差旅费”、科目名称“管理费用/差旅费”；在“借方金额”中输入“4 000”，按 Enter 键，摘要自动复制到下一行。输入科目名称“库存现金”，在“借方金额”中输入“1 000”，按 Enter 键[“现金流入”辅助信息的操作步骤参考业务（2）]，摘要自动转到下一行。输入科目名称“其他应收款/周记”，单击“贷方金额”，弹出“辅助项”对话框，选择部门“销售一部”，个人“周记”，发生日期“2016.01.02”，单击“确定”按钮，在“贷方金额”中输入“5 000”。

4）保存该凭证。

提醒

该笔业务的现金流量项目为“经营活动”|“现金流入”|“收到的其他与经营活动有关的现金”。

业务（4）：辅助核算——供应商往来、现金流出、支票登记。

输入摘要“收到发票账单，支付货款”、科目名称“应付账款”。系统自动弹出“辅助项”对话框，选择供应商“滨江公司”，发生日期“2016.01.03”，单击“确定”按钮。在“贷方金额”中输入“25 000”，按 Enter 键，摘要自动复制到下一行。输入科目名称“银行存款/建行存款”，参考业务（2）的操作步骤，对“现金流出”、“支票”进行辅助登记。

提醒

- 系统根据“数量×单价”自动计算出金额，并将金额先放在借方，如果方向不符，可将光标移动到贷方后，按 Space（空格）键调整金额方向。
- 该笔业务的现金流量项目为“经营活动”|“现金流出”|“购买商品、接受劳务支付的现金”。

业务（5）：辅助核算——个人往来、现金流出。

个人往来辅助核算的操作步骤参考业务（3）；现金流出、支票登记辅助核算操作步骤参考业务（2）。

提醒

该笔业务的现金流量项目为“经营活动”|“现金流出”|“支付的与其他经营活动有关的现金”。

业务（6）：辅助核算——客户往来、部门、项目核算。

输入摘要“销售商品”，输入科目名称“应收账款/绍兴公司”，单击“借方金额”。跳出“辅助项”对话框，选择客户“浙江绍兴公司”、业务员“周记”、发生日期“2016.01.04”，单击“确定”按钮。在“借方金额”中输入“11 700”，按 Enter 键，摘要自动复制到下一行。输入科目名称“主营业务收入/A”，单击“贷方金额”。弹出“辅助项”对话框，选择部门“销售一部”、项目名称“A 产品”，单击“确定”按钮。在“贷方金额”中输入“10 000”，按 Enter 键，摘要自动复制到下一行。输入科目名称“应交税费/应交增值税/销项税额”，在“贷方金额”中输入“1 700”。

提醒

如果往来单位不属于已定义的往来单位，则要正确输入新往来单位的辅助信息，系统会自动追加到往来单位目录中。

业务（7）：辅助核算——现金流入、支票登记、现金流出。

现金流入、支票登记、现金流出等辅助核算操作步骤参考业务（2）。

业务（8）：辅助核算——现金流出、支票登记。

现金流出、支票登记辅助核算操作步骤参考业务（2）。

业务（9）：辅助核算——现金流出。

现金流出辅助核算操作步骤参考业务（2）。

业务（10）：辅助核算——数量核算、供应商往来。

数量核算操作步骤参考业务（1）；供应商往来操作步骤参考业务（4）。

业务（11）：辅助核算——数量核算、项目核算。

数量核算操作步骤参考业务（1）；项目核算操作步骤参考业务（6）。

业务（12）、（13）、（14）：辅助核算——现金流出、支票登记。

现金流出、支票登记操作步骤参考业务（2）。

业务（15）：辅助核算——客户往来、部门、项目核算。

客户往来、部门、项目核算操作步骤参考业务（6）。

业务（16）：吸收投资。

操作步骤参考业务（1）。

业务（17）、（18）：辅助核算——项目核算。

项目核算操作步骤参考业务（6）。

业务（19）、（20）、（21）：一般核算——摊销修理费、预提利息、计提折旧。

操作步骤略。

② 查询凭证（可选做内容）。

1）在总账窗口中单击“凭证”｜“查询凭证”命令，打开“凭证查询”对话框。

2）输入查询条件，单击“辅助条件”按钮，可输入更多的查询条件。

3）单击“确定”按钮，进入“查询凭证”窗口。

4）双击某一凭证行，则屏幕可显示出此张凭证。

③ 修改凭证（可选做内容）。

1）在总账窗口中单击“凭证”｜“填制凭证”命令，进入“填制凭证”窗口。

2）单击“查询”按钮，输入查询条件，找到要修改的凭证。

3）对于凭证的一般信息，将光标放在要修改的地方，直接修改；如果要修改凭证的辅助项信息，首先选中辅助核算科目行，然后将光标置于备注栏辅助项，待鼠标指针变形时双击，弹出“辅助项”对话框，在对话框中修改相关信息。

4）单击“保存”按钮，保存相关信息。

④ 冲销凭证（可选做内容）。

1）在“填制凭证”窗口中，单击“制单”｜“冲销凭证”命令，打开“冲销凭证”对话框。

2）输入条件：选择“月份”、“凭证类别”，输入“凭证号”等信息。

3）单击“确定”按钮，系统自动生成一张红字冲销凭证。

⑤ 删除凭证（可选做内容）。

⑥ 作废凭证。

1）先查询到要作废的凭证。

2）在“填制凭证”窗口中，单击“制单”｜“作废/恢复”命令。

3）凭证的左上角显示“作废”字样，表示该凭证已作废。

⑦ 整理凭证。

1）在“填制凭证”窗口中，单击“制单”｜“整理凭证”命令，打开“选择凭证期间”对话框。

2）选择要整理的月份。

3）单击“确定”按钮，打开“作废凭证表”对话框。

4）选择真正要删除的作废凭证。

5）单击“确定”按钮，系统将这些凭证从数据库中删除并对剩下的凭证重新排号。

6）如果凭证未审核记账，发现凭证有错，可通过“删分”按钮进行删除修改。

（2）出纳签字

① 更换操作员。

1）在企业门户窗口中，单击右上角的“重注册”命令，打开“注册〖企业应用平台〗”对话框。

2）以“203 夏天”的身份注册进入总账系统。

提醒

- 凭证填制人和出纳签字人可以为不同的人，也可以为同一个人。
- 在进行出纳签字和审核之前，通常需先更换操作员。

② 进行出纳签字。

1）单击“凭证”｜“出纳签字”命令，打开“出纳签字”查询条件对话框。

2）输入查询条件：选择“全部”单选按钮，输入月份“2016.01”。

3）单击“确定”按钮，进入“出纳签字”凭证列表窗口。

4）双击某一个要签字的凭证或者单击“确定”按钮，进入“出纳签字”窗口。

5）单击“签字”按钮，凭证底部的“出纳”处自动签上出纳人姓名。

6）单击“下张”按钮，对其他凭证签字，最后单击“退出”按钮。

提醒

- 涉及指定为现金科目和银行科目的凭证才需要出纳签字。
- 凭证一经签字，就不能被修改、删除，只有取消签字后才可以修改或删除。取消签字只能由出纳自己进行。
- 凭证签字并非审核凭证的必要步骤。若在设置总账参数时，不选择“出纳凭证必须经由出纳签字”，则可以不执行“出纳签字”功能。
- 可以单击“出纳”｜“成批出纳签字”命令对所有凭证进行出纳签字。

（3）审核凭证

1）以“204 王梅”或“201 张山”的身份重新注册进入总账管理系统。

2）单击“凭证”｜“凭证审核”命令，打开“凭证审核”查询条件对话框。

3）输入查询条件，单击“确定”按钮，进入“凭证审核”凭证列表窗口。

4）双击要审核的凭证或单击“确定”按钮，进入“审核凭证”窗口。

5）检查要审核的凭证，无误后，单击“审核”按钮，凭证底部的“审核”处自动签上审核人姓名。

6）单击“下张”按钮，对其他凭证签字，最后单击“退出”按钮。

提醒

- 审核人必须具有审核权。在“选项”中设置了“凭证审核控制到操作员”时，审核人还需要有对制单人所制凭证的审核权。
- 作废凭证不能被审核，也不能被标错。
- 审核人和制单人不能是同一个人。凭证一经审核，不能被修改、删除，只有取消审核签字后才可修改或删除。已标记作废的凭证不能被审核，需先取消作废标记后才能审核。
- 单击“审核”｜“成批审核凭证”命令可对所有凭证进行审核。

（4）凭证记账

以“204 王梅”或“202 黄易”的身份进行记账。

1）单击“凭证”｜“记账”命令，进入“记账”对话框。

2）第一步选择要进行记账的凭证范围。例如，在付款凭证的“记账范围”栏中输入

"1-9"。本例单击"全选"按钮，选择所有凭证，再单击"下一步"按钮。

3）第二步显示记账报告，如果需要打印记账报告，可单击"打印"按钮。如果不打印记账报告，单击"下一步"按钮。

4）第三步记账，单击"记账"按钮，打开"期初试算平衡表"对话框，单击"确定"按钮，系统开始登记有关的总账和明细账、辅助账。登记完后，系统弹出"记账完毕！"信息提示对话框。

5）单击"确定"按钮，记账完毕。

（5）凭证汇总

所有凭证记账完毕后要进行凭证汇总，单击"凭证"｜"科目汇总"命令，输入汇总条件，计算机自动汇总产生科目汇总表。

提醒

- 第一次记账时，若期初余额试算不平衡，不能记账。
- 上月未记账，本月不能记账。
- 未审核凭证不能记账，记账范围应小于或等于已审核范围。
- 作废凭证不需要审核，可直接记账。
- 记账过程一旦因断电或其他原因造成中断后，系统将自动调用"恢复记账前状态"功能恢复数据，再重新记账。

2. 出纳管理

以"203 夏天"的身份重新注册进入总账管理系统。

（1）现金日记账

1）单击"出纳"｜"现金日记账"命令，打开"现金日记账查询条件"对话框。

2）选择科目"1001 库存现金"，默认月份"2016.01"，单击"确定"按钮，进入"库存现金日记账"窗口。

3）双击某行或将光标定位在某行再单击"凭证"按钮，可查看相应的凭证。

4）单击"总账"按钮，可查看此科目的三栏式总账。单击"退出"按钮。

（2）银行存款日记账

银行存款日记账查询与现金日记账查询操作基本相同，所不同的只是银行存款日记账设置了结算号栏，主要在对账时用。

（3）资金日报表

1）单击"出纳"｜"资金日报"命令，打开"资金日报表查询条件"对话框。

2）输入查询日期"2016.01.01"，选中"有余额无发生也显示"复选框。

3）单击"确定"按钮，进入"资金日报表"窗口，查看资金日报表。单击"退出"按钮。

提醒

如果在选项中设置了"明细账查询权限控制到科目"，那么账套主管应赋予出纳"现金"和"银行存款"科目的查询权限。

3. 账簿管理

以“201 张山”的身份重新注册进入总账系统。辅助账的查询只介绍部门账，其他账簿查询同此。

（1）查询基本会计核算账簿

1）单击“账表”|“科目账”|“总账”命令，可以查询总账。

2）单击“账表”|“科目账”|“余额表”命令，可以查询发生额及余额表。

3）单击“账表”|“科目账”|“明细账”命令，可以查询月份综合明细账。

（2）部门账

① 部门总账。

1）单击“账表”|“部门辅助账”|“部门总账”|“部门三栏总账”命令，进入“部门三栏总账条件”对话框。

2）输入查询条件：科目为“6001 主营业务收入”，部门为“销售一部”。

3）单击“确定”按钮，显示查询结果。

4）将光标置于总账的某笔业务上，单击“明细”按钮，可以联查部门明细账。

② 部门明细账。

1）单击“账表”|“部门辅助账”|“部门明细账”命令，进入“部门明细账条件”对话框。

2）选择部门“销售一部”，月份范围“2016.01—2016.01”，单击“确定”按钮，显示查询结果。

3）将光标置于明细账的某笔业务上，单击“凭证”按钮，可以联查该笔业务的凭证。

③ 部门收支分析。

1）单击“账表”|“部门辅助账”|“部门收支分析”命令，进入“部门收支分析条件”对话框。

2）第一步选择分析科目：选择所有的部门核算科目，单击“下一步”按钮。

3）第二步选择分析部门：选择所有的部门，单击“下一步”按钮。

4）第三步选择分析月份：起止月份“2016.01—2016.01”，单击“完成”按钮，显示查询结果。

（3）取消记账（可选做内容）

① 激活“恢复记账前状态”命令。

1）在总账初始窗口，单击“期末”|“对账”命令，进入“对账”窗口。

2）按“Ctrl+H”组合键，系统弹出“恢复记账前状态功能已被激活。”信息提示对话框，同时在“凭证”菜单下显示“恢复记账前状态”命令。

3）单击“确定”按钮，再单击工具栏上的“退出”按钮。

提醒

- 已结账月份的数据不能取消记账。
- 取消记账后，一定要重新记账。

② 恢复记账（可选做内容）。

1）单击“凭证”｜“恢复记账前状态”命令，打开“恢复记账前状态”对话框。

2）选中“最近一次记账前状态”单选按钮。

3）单击“确定”按钮，系统弹出“请输入主管口令。”信息提示对话框。

4）输入口令“1”，单击“确定”按钮，稍候，系统弹出“恢复记账完毕！”信息提示对话框，单击“确定”按钮。

任务测评

总账日常业务生成的凭证如表 2.20 所示。

表 2.20　总账日常业务生成凭证一览表

业务号	凭证类型	会计科目	借方金额（元）	贷方金额（元）	辅助信息
1	转	原材料 / 甲材料 应付账款 / 暂估应付款	–30 000.00	 –30 000.00	数量核算
2	付	库存现金 银行存款 / 工行存款	1 200.00	 1 200.00	现金流入 现金流出、支票登记
3	收	管理费用 / 差旅费 库存现金 其他应收款 / 周记	4 000.00 1 000.00	 5 000.00	 现金流入 个人往来
4	付	应付账款 / 应付款项 / 滨江公司 银行存款 / 建行存款	25 000.00	 25 000.00	供应商往来 现金流出、支票登记
5	付	其他应收款 / 王宏 库存现金	800.00	 800.00	个人往来 现金流出
6	转	应收账款 / 绍兴公司 主营业务收入 / A 应交税费 / 应交增值税 / 销项税额	11 700.00	 10 000.00 1 700.00	客户往来 部门、项目核算
7	付	银行存款 / 工行存款 库存现金	1 000.00	 1 000.00	现金流入、支票登记 现金流出
8	付	固定资产 银行存款 / 建行存款	38 000.00	 38 000.00	 现金流出、支票登记
9	付	管理费用 / 其他 库存现金	600.00	 600.00	现金流出
10	转	在途物资 / 甲材料 在途物资 / 乙材料 应交税费 / 应交增值税 / 进项税额 应付票据 / 上城公司 应付账款 / 应付款项 / 上城公司	75 000.00 50 000.00 21 250.00	 87 750.00 58 500.00	数量核算 供应商往来 供应商往来

续表

业务号	凭证类型	会计科目	借方金额（元）	贷方金额（元）	辅助信息
11	转	生产成本 / 直接材料 / A	63 000.00		项目核算
		生产成本 / 直接材料 / B	126 000.00		项目核算
		制造费用 / 材料费	3 000.00		
		管理费用 / 其他	4 500.00		
		原材料 / 甲材料		84 000.00	数量核算
		原材料 / 乙材料		112 500.00	数量核算
12	付	管理费用 / 办公费	100.00		
		制造费用 / 办公费	200.00		
		银行存款 / 工行存款		300.00	现金流出、支票登记
13	付	管理费用 / 修理费	1 200.00		
		银行存款 / 建行存款		1 200.00	现金流出、支票登记
14	付	销售费用 / 广告费用	9 800.00		
		银行存款 / 工行存款		9 800.00	现金流出、支票登记
15	转	应收票据 / 金华公司	585 000.00		客户往来
		主营业务收入 / A		180 000.00	部门、项目核算
		主营业务收入 / B		320 000.00	部门、项目核算
		应交税费 / 应交增值税 / 销项税额		85 000.00	
16	转	无形资产	70 000.00		
		实收资本		70 000.00	
17	转	生产成本 / 直接人工 / A	80 000.00		项目核算
		生产成本 / 直接人工 / B	60 000.00		项目核算
		制造费用 / 人工费	20 000.00		
		管理费用 / 工资及福利费	70 000.00		
		应付职工薪酬 / 应付工资		230 000.00	
18	转	生产成本 / 直接人工 / A	11 200.00		项目核算
		生产成本 / 直接人工 / B	8 400.00		项目核算
		制造费用 / 人工费	2 800.00		
		管理费 / 工资及福利费	9 800.00		
		应付职工薪酬 / 职工福利费		32 200.00	
19	转	管理费用 / 修理费	400.00		
		长期待摊费用		400.00	
20	转	财务费用 / 利息	800.00		
		应付利息 / 借款利息		800.00	
21	转	制造费用 / 折旧费	60 000.00		
		管理费用 / 折旧费	28 000.00		
		累计折旧		88 000.00	

任务实例 4　总账系统期末处理

任务目标

① 掌握用友 ERP-U8 管理软件中总账系统月末处理的相关内容。

② 熟悉总账系统月末处理业务的各种操作，掌握银行对账、自动转账设置与生成、对账和月末结账的操作方法。

任务内容

① 银行对账。
② 转账定义和生成。
③ 对账。
④ 结账。

任务准备

引入“任务处理 3”账套数据。

任务资料

1. 银行对账

（1）银行对账期初资料（银行存款余额调节表，如表 2.21 所示）

表 2.21 银行对账期初资料

银行存款余额调节表

2015 年 12 月 31 日

科目：工行

项　目	余额（元）	项　目	余额（元）
单位日记账账面余额	1 000 000.00	银行对账单账面余额	1 050 000.00
加：银行已收，企业未收	25 000.00	加：企业已收，银行未收	1 500.00
2015.12.29 / 委托收款 / 041121	20 000.00	2015.12.28 / 收字 / 15 / 转账支票 / 041228	1 500.00
2015.12.31 / 汇兑 / 042455	5 000.00		
减：银行已付，企业未付		减：企业已付，银行未付	26 500.00
		2015.12.30 / 付字 11 / 转账支票 / 041230	26 500.00
调整后余额	1 025 000.00	调整后余额	1 025 000.00

（2）本期银行对账单（银行对账单，如表 2.22 所示）

表 2.22　银行对账单

银行对账单

科目：工行　　　　截止日期：2016.01.31

日　期	结算方式	票　号	借方（元）	贷方（元）	余额（元）
01.01	现金支票	200901		1 200.00	1 048 800.00
01.04	转账支票	041228	1 500.00		1 050 300.00
01.08	现金缴款单		1 000.00		1 051 300.00
01.09	转账支票	041230		26 500.00	1 024 800.00

2. 转账凭证的定义与生成

① 1 月 30 日，根据“任务实例 3”的资料，按生产工人工资标准计算结转本月制造费用（附原始凭证 1 张）。

② 1 月 30 日，A、B 产品全部完工。其中，A 产品 3 370 件，B 产品 46 080 件，结转 A、B 产品的生产成本（附原始凭证 1 张）。

③ 1 月 30 日，结转销售一部本月已销产品的销售成本。其中：A 产品 2 100 件，单价 60 元，计 126 000 元；B 产品 32 000 件，单价 5 元，计 160 000 元（附原始凭证 1 张）。

④ 1 月 30 日，计算出本月应交城市维护建设税 4 284 元，教育费附加 1 836 元（附原始凭证 1 张）。

⑤ 期末将“主营业务收入”等收入类账户结转本年利润。

⑥ 期末将“主营业务成本”等支出类账户结转本年利润。

⑦ 根据上项结果，计算并计提本期应交所得税。

⑧ 将“所得税费用”结转本年利润。

⑨ 将本年利润转入利润分配/未分配利润账户。

⑩ 按 10%的比例计提法定盈余公积。

3. 对账

4. 结账

任务处理

1. 银行对账

以“203 夏天”的身份注册进入总账系统。

（1）输入银行对账期初数据

1）单击“出纳”｜“银行对账”｜“银行对账期初录入”命令，打开“银行科目选择”对话框。

2）选择科目“工行存款（100201）”，单击“确定”按钮，进入“银行对账期初”窗口。

3）确定启用日期“2016.01.01”。

4）输入单位日记账的调整前余额“1 000 000.00”；输入银行对账单的调整前余额“1 050 000.00”。

5）单击“对账单期初未达项”按钮，进入“银行方期初”窗口。

6）单击“增加”按钮，输入日期“2015.12.29”，结算方式“5 委托收款”，票号“041121”，借方金额“20 000”；单击“增加”按钮，输入下一笔未达账。

7）“日记账期初未达项”的输入同“对账单期初未达项”。

8）单击“保存”按钮，再在工具栏上单击“退出”按钮。

（2）录入银行对账单

1）单击“出纳”｜“银行对账”｜“银行对账单”命令，打开“银行科目选择”对话框。

2）选择科目“工行存款（100201）”，月份“2016.01—2016.01”，单击“确定”按钮，进入“银行对账单”窗口。

3）单击“增加”按钮，输入银行对账单数据，单击“保存”按钮，再单击“退出”按钮。

提醒

- 第一次使用银行对账功能前，系统要求录入日记账及对账单未达账项，在开始使用银行对账之后不再使用。
- 在录入完单位日记账、银行对账单期初未达账项后，请不要随意调整启用日期，尤其是向前调，这样可能会造成启用日期后的期初数不能再参与对账。

（3）银行对账

① 自动对账。

1）单击“出纳”｜“银行对账”｜“银行对账单”命令，打开“银行科目选择”对话框。

2）选择科目“工行存款（100201）”，月份“2016.01—2016.01”，单击“确定”按钮，进入“银行对账单”窗口。

3）单击“对账”按钮，打开“自动对账”条件对话框。

4）输入截止日期“2016.01.31”，日期相差 30 天之内，系统提供的其他对账条件保持默认。

5）单击“确定”按钮，显示自动对账结果。

提醒

- 对账条件中的方向、金额相同是必选条件，对账截止日期可以不输入。
- 对于已达账项，系统自动在银行存款日记账和银行对账单双方的“两清”栏打上圆圈标记。

② 手工对账（可选项）。

1）在“银行对账单”窗口，对于一些应勾对而未勾对上的账项，可分别双击“两清”栏，直接进行手工调整。手工对账的标记为“Y”，以区别于自动对账标记。

2）对账完毕，单击“检查”按钮，检查结果平衡，单击“确定”按钮。

（4）输出余额调节表

1）单击“出纳”｜“银行对账”｜“余额调节表查询”命令，进入“银行存款余额调节表”窗口。

2）选择科目“工行存款（100201）”。

3）单击“查看”按钮或双击该行，即显示该银行账户的银行存款余额调节表。

4）单击“打印”按钮，打印银行存款余额调节表。

2. 自动转账设置与生成

以“202 黄易”的身份重新注册进入总账系统。

期末业务处理（1）：结转本月制造费用，设置成自定义转账凭证。

1）查看科目汇总表：制造费用总额为 86 000 元。

2）自定义转账凭证。

借：生产成本 / 制造费用 / A(500103)　86 000/(80 000+60 000)×80 000

　　生产成本 / 制造费用 / B(500103)　86 000–86 000/(80 000+60 000)×80 000

　贷：制造费用（5101）　QM（5101,月,借）

（制造费用科目下若有明细科目，则必须输入明细科目代码）

1〉进入“自定义转账设置”窗口，单击“增加”按钮，进入“转账目录”对话框，输入转账序号“0001”、转账说明“结转制造费用”，选择凭证类别“转 转账凭证”，单击“确定”按钮。

2〉单击“增行”按钮，输入科目编码“500103”，输入项目为“A 产品”，选择方向“借”，单击“金额公式”，输入“86 000/(80 000+60 000)*80 000”。

3〉单击“增行”按钮，输入科目编码“500103”，输入项目为“B 产品”，选择方向“借”，单击“金额公式”，输入“86 000-86 000/(80 000+60 000)*80 000”。

4〉单击“增行”按钮，分别输入科目编码“510101、510102、510103、510104、510105”，选择方向“贷”，单击“金额公式”右方，打开“公式向导”对话框，选择“期末余额”，单击“下一步”按钮，选择科目“510101”、期间“月”、方向“借”，按默认值取数，单击“完成”按钮。其他制造费用的明细科目以此类推。

5〉单击“保存”按钮，保存该设置，单击“退出”按钮，退出“自定义转账设置”。

提醒

- 转账科目可以为非末级科目；部门可为空，表示所有部门。
- 如果使用应收款、应付款系统，则在总账系统中，不能按客户、供应商辅助项进行结转，只能按科目总数进行结转。
- 输入转账计算公式有两种方法：一是直接输入计算公式；二是以引导方式录入公式。
- 设置自定义转账凭证可以根据自己的方法进行，只要结果正确就行。

6〉单击“转账生成”按钮，进入“转账生成”窗口，选择“自定义转账”按钮，单击右上角的“全选”按钮，并单击“确定”按钮，自动生成转账凭证，保存该凭证。

提醒

- 转账生成之前，注意转账月份为当前会计月份。
- 进行转账生成之前，应先将相关经济业务的记账凭证登记入账。
- 转账凭证每月只生成一次。
- 若使用应收款、应付款系统，则在总账系统中，不能按客户、供应商进行结转。
- 生成的转账凭证，仍需审核才能记账。

3）对上述产生的转账凭证进行审核、记账。

提醒

以“张山”的身份将生成的自动转账凭证审核、记账。此操作若不进行，后面的期间损益结转的数据将会出错。

期末业务处理（2）：结转 A、B 产品的生产成本。

1）查看项目明细账：A 产品直接材料“63 000”。

2）单击“自定义转账”命令，进入“自定义转账设置”窗口。单击“增加”按钮，输入转账序号“0002”，输入以下内容。

借：库存商品 / A(1405)　QM(500101,月,借)+ QM(500102,月,借)+ QM(500103,月,借)

贷：生产成本 / 直接材料 / A　　QM(500101,月,借)

生产成本 / 直接人工 / A　　QM(500102,月,借)

生产成本 / 制造费用 / A　　QM(500103,月,借)

3）B 产品自定义转账同上，操作步骤同期末业务（1）。

4）对上述产生的转账凭证进行审核、记账。

期末业务处理（3）：在总账里直接编制记账凭证。

期末业务处理（4）：在总账里直接编制记账凭证。

期末业务处理（5）：期间损益结转设置。

1）单击“期末”｜“转账定义”｜“期间损益”命令，进入“期间损益结转设置”对话框。

2）选择凭证类别“转 转账凭证”，选择“本年利润”科目 4103，单击“确定”按钮。

3）期间损益结转凭证生成。

4）单击“期末”｜“转账生成”命令，进入“转账生成”对话框，选择“期间损益结转”，类型选择“收入”，选择要结转的科目“全选”，单击“确定”按钮。自动生成转账凭证，保存该凭证。

5）对上述产生的转账凭证进行审核、记账。

期末业务处理（6）：期间损益结转设置。

结转支出类账户，操作步骤同期末业务（5）。

提醒

类型也可以选择“全部”，但建议“收入”和“支出”分开结转，使账户对应关系清楚。

期末业务处理（7）：计算本期应交所得税。

借：所得税费用（6801）　　QM(4103,月,贷)×0.25

　贷：应交税费 / 应交所得税（222106）　　JG(6801)

提醒

JG（6801）指“取对方科目计算结果”。其中的“( )”必须为英文符号，否则系统提示“金额公式不合法；未知函数名”。操作步骤同期末业务（1）。

期末业务处理（8）：将所得税费用结转本年利润。

借：本年利润（4103）　　QM(6801,月,借)

　贷：所得税费用（6801）　　QM(6801,月,借)

操作步骤同期末业务（1）。

期末业务处理（9）：将本年利润转入利润分配/未分配利润账户。

借：本年利润（4103）　　QM(4103,月,贷)

　贷：利润分配/未分配利润（410415）　　QM(4103,月,贷)

操作步骤同期末业务（1）。

期末业务处理（10）：计提法定盈余公积。

借：利润分配 / 提取法定盈余公积（410402）　　JG(4101)

　贷：盈余公积（4101）　　FS(410415,月,贷)×0.1

操作步骤同期末业务（1）。

3. 对账

1）以“张山”的身份重新注册进入总账系统。

2）单击“期末”｜“对账”命令，进入“对账”窗口。

3）将光标置于要进行对账的月份“2016.01”，单击“全选”按钮。

4）单击“对账”按钮，开始自动对账，并显示对账结果。

5）单击“试算”按钮，可以对各科目类别余额进行试算平衡。

6）单击“确定”按钮。

4. 结账（在报表生成之前不要结账）

（1）进行结账

1）单击“期末”｜“结账”命令，进入“结账”对话框。

2）单击要结账的月份“2016.01”，单击“下一步”按钮。

3）单击“对账”按钮，系统对要结账的月份进行账账核对。

4）单击“下一步”按钮，系统显示“2016 年 1 月工作报告”。

5）查看工作报告后，单击“下一步”按钮，单击“结账”按钮。若符合结账要求，系统将进行结账，否则不予结账。

（2）取消结账（取消结账后，必须重新结账）

1）单击“期末”｜“结账”命令，进入“结账”对话框。

2）选择要取消结账的月份“2016.01”。

3）按 Ctrl+Shift+F6 组合键激活“取消结账”功能。

4）输入口令“1”，单击“确定”按钮，取消结账标记。

提醒

结完账后，可能会由于非法操作或计算机病毒或其他原因造成数据被破坏，这时可以在此使用“取消结账”功能。

任务测评（见表 2.23）

表 2.23　总账期末业务生成凭证一览表

业务号	凭证类型	会计科目	借方金额（元）	贷方金额（元）	辅助信息
22	转	生产成本 / 制造费用 / A	49 142.86		项目核算
		生产成本 / 制造费用 / B	36 857.14		项目核算
		制造费用 / 材料费		3 000.00	
		制造费用 / 办公费		200.00	
		制造费用 / 人工费		22 800.00	
		制造费用 / 折旧费		60 000.00	
23	转	库存商品 / A	203 342.86		项目核算
		生产成本 / 直接材料 / A		63 000.00	项目核算
		生产成本 / 直接人工 / A		91 200.00	项目核算
		生产成本 / 制造费用 / A		49 142.86	项目核算
		库存商品 / B	231 257.14		项目核算
		生产成本 / 直接材料 / B		126 000.00	项目核算
		生产成本 / 直接人工 / B		68 400.00	项目核算
		生产成本 / 制造费用 / B		36 857.14	项目核算
24	转	主营业务成本 / A	126 000.00		部门、项目核算
		主营业务成本 / B	160 000.00		部门、项目核算
		库存商品 / A		126 000.00	项目核算
		库存商品 / A		160 000.00	项目核算

续表

业务号	凭证类型	会计科目	借方金额（元）	贷方金额（元）	辅助信息
25	转	营业税金及附加	6 120.00		
		应交税费／应交城市维护建设税		4 284.00	
		应交税费／应交教育费附加		1 836.00	
26	转	主营业务收入／A	190 000.00		部门、项目核算
		主营业务收入／B	320 000.00		部门、项目核算
		本年利润		510 000.00	
27	转	本年利润	421 320.00		
		主营业务成本／A		126 000.00	部门、项目核算
		主营业务成本／B		160 000.00	部门、项目核算
		营业税金及附加		6 120.00	
		管理费用／办公费		100.00	
		管理费用／工资及福利费		79 800.00	
		管理费用／折旧费		28 000.00	
		管理费用／差旅费		4 000.00	
		管理费用／修理费		1 600.00	
		销售费用／广告费用		9 800.00	
		管理费用／其他		5 100.00	
		财务费用／利息		800.00	
28	转	所得税费用	22 170.00		
		应交税费／应交所得税		22 170.00	
29	转	本年利润	22 170.00		
		所得税费用		22 170.00	
30	转	本年利润	66 510.00		
		利润分配／未分配利润		66 510.00	
31	转	利润分配／提取法定盈余公积	6 651.00		
		盈余公积		6 651.00	

学习任务3

UFO报表系统管理

【学习目标】

- 系统学习自定义报表和使用报表模板生成报表的方法
- 理解 UFO 报表系统的主要功能
- 掌握报表格式设计和单元公式定义的方法及报表数据的计算方法
- 掌握自定义报表的操作方法
- 了解查询及有关的图表分析功能

3.1　系统概述

用友 ERP-U8 管理软件中的 UFO 报表是报表事务处理工具。它与用友账务等系统有完善的接口，具有方便的自定义报表功能、数据处理功能，内置多个行业的常用会计报表。该系统也可以独立运行，用于处理日常办公事务。

3.1.1　UFO 报表系统功能

1. 文件管理功能

UFO 报表系统提供了各类文件管理功能，除能完成一般的文件管理外，UFO 报表系统的数据文件还能够转换为不同的文件格式，如文本文件、MDB 文件、XLS 文件等。此外，通过 UFO 报表系统提供的“导入”和“导出”功能，可以实现和其他流行财务软件之间的数据交换。

2. 格式设计功能

UFO 报表系统提供了格式设计功能，可以设置报表尺寸、组合单元，画表格线，调整行高、列宽，设置字体和颜色，设置显示比例等。同时，UFO 报表系统还内置了 11 种套用格式和 16 个行业的标准财务报表模板，包括最新的现金流量表，方便用户制作标准的报表。对于用户单位内部常用的管理报表，UFO 报表系统还提供了自定义模板功能。

3. 公式设计功能

UFO 报表系统提供了绝对单元公式和相对单元公式，可以方便、迅速地定义计算公式、审核公式、舍位平衡公式；UFO 报表系统还提供了各种丰富的函数，在系统向导的引导下，用户可以轻松地从用友账务及其他子系统中提取数据，生成财务报表。

4. 数据处理功能

UFO 报表系统提供了数据处理功能，可以用固定的格式管理大量数据不同的表页，并在每张表页之间建立有机的联系。此外，UFO 报表系统还提供了表页的排序、查询、审核、舍位平衡和汇总功能。

5. 图表功能

UFO 报表系统可以很方便地对数据进行图形组织和分析，制作包括直方图、立体图、圆饼图和折线图等在内的多种分析图表，并能编辑图表的位置、大小、标题、字体和颜色。

6. 打印功能

UFO 报表系统提供了“所见即所得”和“打印预览”的功能，可以随时观看报表或图形的打印效果。打印报表时，可以打印格式或数据，可以设置表头和表尾，可以以 0.3～3 的比例系数缩放打印，可以横向或纵向打印等。

3.1.2 UFO 报表系统与其他系统的关系

UFO 报表系统主要从其他系统中提取编制报表所需的数据。总账、工资、固定资产、应收款、应付款、财务分析、采购、库存、存货核算和销售子系统均可向 UFO 报表系统传递数据，生成财务部门所需的各种会计报表。

3.1.3 UFO 报表系统的数据处理流程

在手工环境下，编制凭证、登记账簿、编制会计报表是一个完整的账务处理程序，在会计电算化中，出于报表灵活性方面的考虑，一般将报表的处理从账务系统中独立出来，形成通用报表系统，以便生成满足各类用户对不同信息需要的多种报表。因此，在会计电算化方式下，报表系统数据处理的流程如下所述。

① 将会计报表格式或结构的参数输入计算机，形成报表格式文件或结构参数文件。

② 通过对报表各项目设置公式，将报表数据来源和运算关系输入计算机；另外，由于报表内部各项目及会计报表之间具有一定的内在联系，为保证会计报表编制的合法性、正确性，需对会计报表设置审核公式以检查这种关系是否正确，这些公式输入后将以文件的形式存储于计算机硬盘中。

③ 根据报表数据来源的有关规定，从账务系统或其他系统取出相应数据，填入报表

的有关栏目内，同时根据需要，通过键盘直接输入有关数据，经表间运算后形成报表数据文件。

④ 根据前面设置的报表审核公式，对生成的会计报表进行审核。

⑤ 根据审核后的报表数据文件，输出有关会计报表。

根据 UFO 报表系统的数据处理流程，归纳出其基本操作流程，如图 3.1 所示。

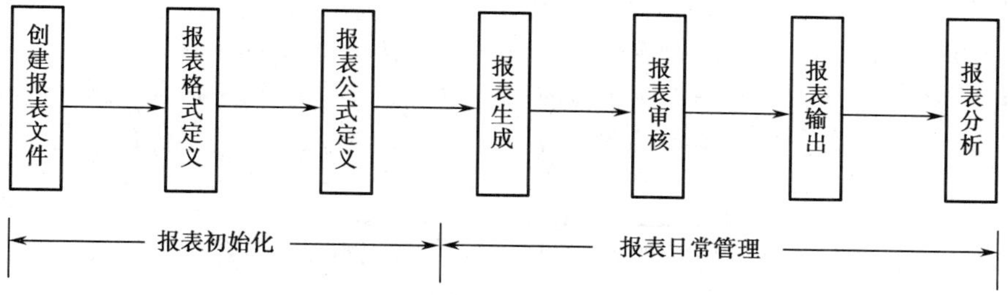

图 3.1　UFO 报表系统基本操作流程

3.2　系统初始设置

3.2.1　自定义报表

1. 报表格式定义

报表格式的定义在“格式”状态下进行。格式设计对整个报表都有效，具体包括以下操作。

① 设置报表尺寸。定义报表的大小，即设定报表的行数和列数。

② 定义组合单元，即把几个单元作为一个单元使用。

③ 画表格线。

④ 输入报表中的项目，包括表头、表体和表尾（关键字值除外）。在“格式”状态下定义了单元内容的自动默认类型为表样型，定义为表样型的单元在数据主题下不允许修改和删除。

⑤ 定义行高和列宽。

⑥ 设置单元风格，即设置单元的字形、字体、字号、颜色、图案和折行显示等。

⑦ 设置单元属性，即把需要输入数字的单元定义为数值单元，把需要输入字符的单元定义为字符单元。

⑧ 确定关键字在表页上的位置，如单位名称、年和月等。

2. 报表公式定义

报表公式的定义在“格式”状态下进行。在 UFO 报表中，由于各种报表之间存在着密切的数据间的逻辑关系，所以报表中各种数据的采集、运算的钩稽关系的检测就用到了不同的公式。报表公式主要有计算公式、审核公式和舍位平衡公式。

提醒

- 计算公式：为报表单元赋值的公式。利用它可以将单元赋值为数值或字符，可以实现报表系统从其他系统取数及一些小计、合计、汇总。
- 审核公式：报表数据间的检查公式。它主要用于：报表数据来源定义完成后，审核报表的合法性；报表数据生成后，审核报表数据的正确性。
- 舍位平衡公式：用于在报表数据进行进位或小数取整时调整数据。例如，将以“元”为单位的报表数据变成以“万元”为单位的报表数据，且表中的平衡关系仍然成立。

报表的计算公式在一般情况下必须进行设置，审核公式和舍位平衡公式则是根据需要设置的。在定义报表时，可以直接输入单元公式，也可以利用函数向导定义单元公式。

（1）直接输入公式

直接输入公式是指通过键盘直接输入。在这种方式下，只需按照公式的格式输入公式。其优点是输入速度快，但要求使用者对系统比较熟悉。

例 3.1：直接输入 C7 单元“货币资金”、“年初数”的计算公式。

操作步骤：

1）将光标移动到 C7 单元后单击。

2）单击“数据”｜“编辑公式”｜“单元公式”命令，打开“定义公式”对话框，如图 3.2 所示。

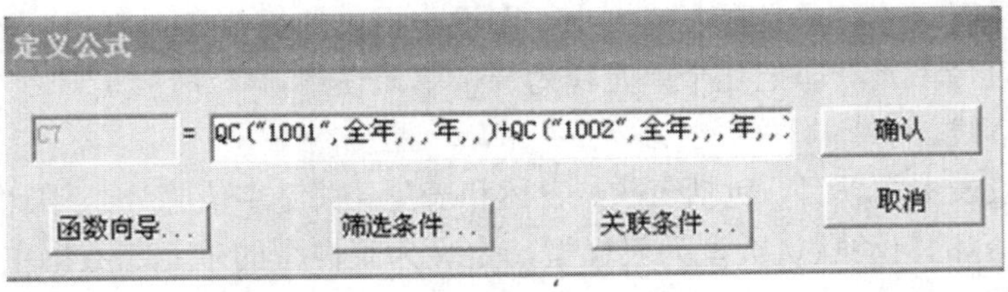

图 3.2　“定义公式”对话框

3）直接输入总账期初函数公式：

QC("1001",全年,,,年,,)+QC("1002",全年,,,年,,)+QC("1012",全年,,,年,,)

4）单击“确定”按钮。

（2）利用函数向导输入公式

如果用户对 UFO 报表系统的函数不太了解，直接定义单元公式会有困难，可以利用函数向导引导输入公式。使用者按照系统提示，输入取数来源，选择科目代码、会计期间、借贷方向、发生额或余额等，系统即可生成需要的公式。

例 3.2：使用“函数向导”输入 D7 单元（“交易性金融资产”期末数单元）公式。

操作步骤：

1）将光标移动到 D7 单元后单击。

2）单击“数据”｜“编辑公式”｜“单元公式”命令，打开“定义公式”对话框。

3）单击“函数向导”按钮，打开“函数向导”对话框。

4）选择函数分类“用友账务函数”和函数名“期末（QM）”，如图 3.3 所示。

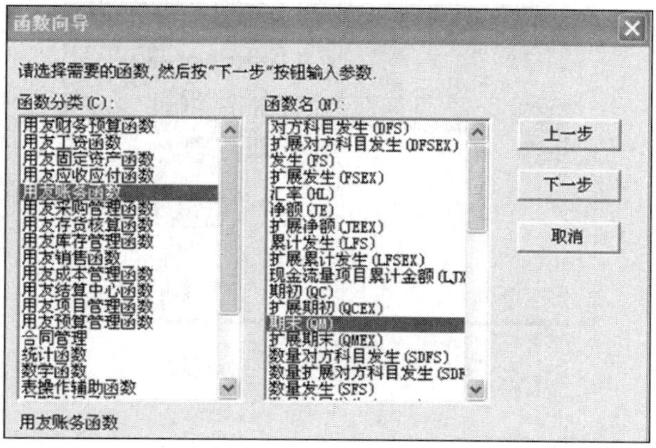

图 3.3　“函数向导”对话框

5）单击“下一步”按钮，打开“用友账务函数”对话框。

6）单击“参照”按钮，打开“账务函数”对话框。

7）单击“…”按钮，选择“1001”（库存现金）选项，如图 3.4 所示。

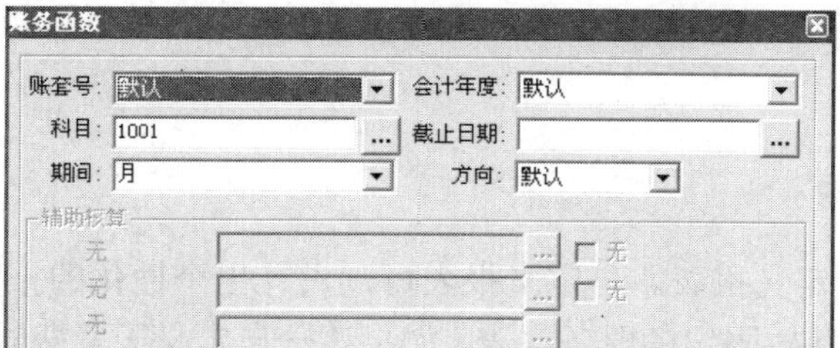

图 3.4　“账务函数”对话框

8）单击“确定”按钮。

（3）定义审核公式

在一般的报表中，有关项目间或同其他报表间存在一定的钩稽关系，可以根据这些关系定义审核公式。设置的方法与设置运算公式的方法类似，但审核公式中允许使用的运算符除计算公式允许使用的运算符外还可使用“ < ”“<>”“ > ”等逻辑运算符。

例 3.3：资产总计的年初数=负债及所有者权益的年初数。

操作步骤：

1）单击“数据”｜“编辑公式”｜“审核公式”命令，打开“审核公式”对话框。

2）在“审核关系”列表框中输入以下内容，如图 3.5 所示。

C16=G16

MESS " 资产总计的年初数<>负债及所有者权益的年初数 "

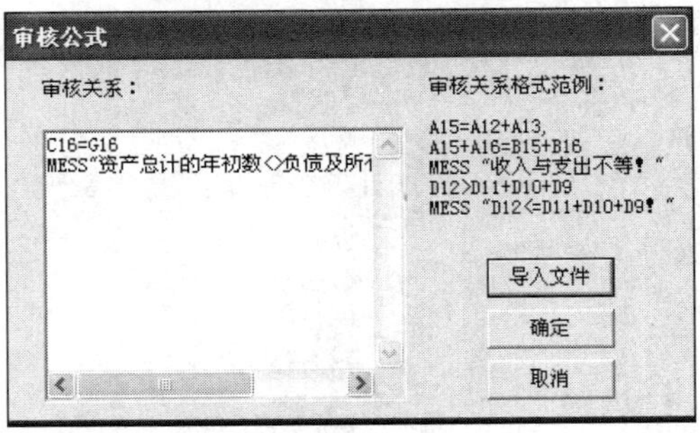

图 3.5　“审核公式”对话框

3）单击“确定”按钮。

3. 保存报表

报表的格式设置完成后，为了确保能够随时调出使用并生成报表数据，应将会计报表的格式保存起来。

3.2.2　报表模板

1. 调用报表模板

前面介绍的是自定义报表。自定义报表可以设计出个性化的报表，但对于一些会计实务上常用的、格式基本固定的财务报表，如果逐一自定义无疑费时、费力。针对这种情况，用友 UFO 报表系统为用户提供了 16 个行业的标准财务报表格式。用户可以套用系统提供的标准报表格式，并在标准格式的基础上根据自己单位的具体情况加以局部修改，免去从头至尾建立报表、定义格式公式的烦琐工作。利用报表模板可以迅速建立一张符合实际需要的财务报表。

2. 自定义报表模板

对于一些本企业常用但报表模板中没有提供标准格式的报表，在定义完这些报表后可以将其定制为报表模板，以便使用时可以直接调用这个模板。自定义报表模板主要需要定义报表的所属行业和报表名称。

3.2.3　报表数据处理

报表数据处理主要包括生成报表数据、审核报表数据和舍位平衡操作等工作。数据处理工作必须在“数据”状态下进行，处理时计算机会根据已定义的单元公式、审核公式和舍位平衡公式自动进行取数、审核及舍位等操作。

报表数据处理一般是针对某一特定表页进行的，因此在数据处理时还涉及表页的操作，如增加、删除、插入和追加表页等。

报表的数据包括报表单元的数值、字符及游离于单元外的关键字。数值单元只能生成数字，而字符单元既能生成数字又能生成字符。数值单元和字符单元可以由公式生成，也可以由键盘输入，而关键字必须由键盘输入。

报表数据处理的主要步骤是打开一张报表，进入“数据”状态，进行整表计算生成报表，审核报表使其资产总额等于权益总额；输入关键字，如单位名称、年、月、日等；到下个月要生成同种报表，只要增加表页整表重算即可。

3.2.4　表页管理及报表输出

报表的输出包括报表的屏幕输出和打印输出。输出时可以针对报表格式输出，也可以针对某一特定表页输出。输出报表格式必须在“格式”状态下操作，而输出表页必须在“数据”状态下操作。输出表页时，格式和报表数据一起输出。

输出表页数据时会涉及表页的相关操作，如表页排序、查找和透视等。屏幕输出时还可以对报表的显示风格和显示比例加以设置。在打印报表前可以在预览窗口预览，打印时还可以进行页面设置和打印设置等操作。

任务实例 5　UFO 报表系统处理

任务目标

① 了解报表编制的原理及流程。
② 掌握报表格式定义、公式定义的操作方法，掌握报表单元公式的用法。
③ 掌握报表数据处理、表页管理及图表功能等操作。
④ 掌握如何利用报表模板生成一张报表。

任务内容

① 利用报表模块生成资产负债表、利润表；现金流量表主表。
② 自定义一张货币资金表。

任务准备

引入“任务实例 4”账套数据。

以账套主管“张山”的身份进行 UFO 报表管理操作。

任务资料

1. 资产负债表、利润表取自账簿数据

2. 货币资金表

（1）报表格式（见表 3.1）

表 3.1　货币资金表

单位名称：　　　　　　　　　　　　年　月　日

项　目	行　次	期初数（元）	期末数（元）
库存现金	1		
银行存款	2		
合　计	3		

制表人：

（2）报表公式

库存现金期初数：C4=QC("1001",月)

库存现金期末数：D4=QM("1001",月)

银行存款期初数：C5=QC("1002",月)

银行存款期末数：D5=QM("1002",月)

期初数合计：C6=C4+C5

期末数合计：D6=D4+D5

任务处理

1. 调用报表模板生成资产负债表

（1）调用资产负债表模板

1）在“格式”状态下，单击“格式”|“报表模板”命令，打开“报表模板”对话框。

2）选择所在的行业为“2007 年新会计制度科目”，财务报表为“资产负债表”。

3）单击“确定”按钮，即可打开“资产负债表”模板。

（2）调整报表模板

1）单击“数据/格式”按钮，使“资产负债表”处于“格式”状态。

2）根据本单位的实际情况，调整报表格式，修改报表公式。

3）保存调整后的报表模板。

（3）生成资产负债表数据

1）在“数据”状态下，单击“数据”|“关键字”|“录入”命令，打开“录入关键字”对话框。

2）输入关键字：年为“2016”，月为“1”，日为“31”。

3）单击“确定”按钮，系统弹出“是否重算第 1 页？”信息提示对话框。

4）单击“是”按钮，系统会自动根据单元公式计算 1 月份数据；单击“否”按钮，系统不计算 1 月份数据，以后可利用“表页重算”功能生成 1 月份数据。

5）单击工具栏上的“保存”按钮，将生成的报表数据保存。

2. 调用报表模板生成利润表

操作原理同资产负债表。

3. 调用报表模板生成现金流量表主表（可选项）

（1）调用现金流量表模板

1）在“格式”状态下，单击“格式”|“报表模板”命令，打开“报表模板”对话框。

2）选择所在的行业为“2007 年会计制度科目”，财务报表为“现金流量表”。

3）单击“确定”按钮，即可打开“现金流量表”模板。

（2）调整报表模板

1）单击“数据/格式”按钮，使“现金流量表”处于“格式”状态。

2）采用引导输入方式调整报表公式。

3）选中单元 C6。

4）单击“*fx*”按钮，打开“定义公式”对话框。

5）单击“函数向导”按钮，打开“函数向导”对话框。

6）在“函数分类”列表框中选择“用友账务函数”，在右侧的“函数名”列表框中选择“现金流量项目金额（XJLL）”，单击“下一步”按钮，打开“用友账务函数”对话框。

7）单击“参照”按钮，打开“账务函数”对话框。

8）单击“项目编码”右侧的“参照”按钮，打开“现金流量项目”选项。

9）双击与 C6 单元左侧相对应的项目，单击“确定”按钮，返回“用友账务函数”对话框。

10）单击“确定”按钮，返回“定义公式”对话框，单击“确定”按钮。

11）重复步骤 3）～10）的操作，输入其他单元公式。

12）单击工具栏上的“保存”按钮，保存调整后的报表模板。

（3）生成现金流量表主表数据

1）在“数据”状态下，单击“数据”|“表页重算”命令。

2）系统弹出“是否重算第 1 页？”信息提示对话框。

3）单击“是”按钮，系统会自动根据单元公式计算 1 月份数据。

4）单击“文件”｜“另存为”命令，输入文件名“现金流量表 2016”，单击“另存为”按钮，将生成的报表数据保存。

4. 自定义一张货币资金表（可选项）

（1）启动 UFO 报表系统

1）单击“开始”｜“程序”｜“用友 ERP-U8.72”｜“企业应用平台”｜“财务会计”｜“UFO 报表”命令，打开“注册〖UFO 报表〗”对话框。

2）输入数据：操作员 201；密码 1；账套 001；会计年度 2016；操作日期 2016-01-31。

3）单击“确定”按钮，进入“UFO 报表”窗口。

4）单击“文件”｜“新建”命令，建立一张空白报表，报表名默认为 report1.rep。

提醒

- 空白报表建立起来后，里面没有任何内容，所有单元的类型均默认为数量单位。
- 新报表建立后，默认的状态栏为“格式”状态。

（2）报表定义——报表格式定义

查看空白报表底部左下角的“格式/数据”按钮，使当前状态为“格式”状态。

① 设置报表尺寸。

1）单击“格式”｜“表尺寸”命令，打开“表尺寸”对话框。

2）输入行数为“7”，列数为“4”，单击“确定”按钮。

提醒

报表的尺寸设置完后，还可以单击“格式”｜“插入”或“删除”命令，通过增加或减少行或列来调整报表大小。

② 定义组合单元。

1）选择需合并的单元区域 A1:D1。

2）单击“格式”｜“组合单元”命令，打开“组合单元”对话框。

3）选择组合方式“整体组合”或“按行组合”，该单元即合并成一个单元格。

4）同理，定义 A2:D2 单元为组合单元。

提醒

- 组合单元可以用该区域或者区域中的任意一个单元名来加以表示。
- 组合单元实际上就是一个大的单元，所有针对单元的操作对组合单元均有效。
- 若要取消所定义的组合单元，可以在“组合单元”对话框中单击“取消组合”按钮实现。

③ 画表格线。

1）选中报表需要画线的单元区域 A3:D6。

2）单击“格式”｜“区域画线”命令，打开“区域画线”对话框。

3）选中“网线”单选按钮，单击“确定”按钮，将所选区域画上表格线。

提醒

画好的表格在“格式”状态下变化并不明显。操作完以后可以在“数据”状态下查看效果。

④ 输入报表项目。

1）选中需要输入内容的单元或组合单元。

2）在该单元或组合单元中输入相关文字内容，例如，在 A1 组合单元中输入“货币资金表”字样。

提醒

- 报表项目指报表的文字内容，主要包括表头内容、表体项目和表尾项目等，不包括关键字。
- 在输入报表项目时，编制单位、日期一般不需要输入，UFO 报表系统将其单独设置为关键字。
- 一个表样单元最多能输入 63 个字符或 31 个汉字，允许换行显示。

⑤ 定义报表行高和列宽。

1）选中要调整的单元所在行 A1。

2）单击“格式”｜“行高”命令，打开“行高”对话框。

3）输入行高“7”，单击“确定”按钮。

4）选中需要调整的单元所在的列，单击“格式”｜“列宽”命令，可设置该列的宽度。

提醒

行高和列宽的定义，可以通过菜单操作，也可以直接利用鼠标拖动某行或某列来调整。

⑥ 设置单元风格。

1）选中标题所在组合单元 A1。

2）单击“格式”｜“单元属性”命令，打开“单元格属性”对话框。

3）打开“字体图案”选项卡，设置字体为“黑体”，字号为“14”。

4）打开“对齐”选项卡，设置对齐方式为“居中”，单击“确定”按钮。

提醒

设置完可以在预览窗口中查看效果。

⑦ 定义单元属性。

1）选中单元 D7。

2）单击“格式”｜“单元属性”命令，打开“单元格属性”对话框。

3）打开“单元类型”选项卡，选择“字符”选项，单击“确定”按钮。

提醒

- 在“格式”状态下，输入的内容均默认为表样单元。
- “字符”单元类型和“数值”单元类型输入后，只对本表页有效；“表样”单元类型输入后，对所有的表页都有效。

⑧ 设置关键字。

1）选中需要设置关键字的组合单元 A2。

2）单击“数据”｜“关键字”｜“设置”命令，打开“设置关键字”对话框。

3）选中“单位名称”单选按钮，单击“确定”按钮。

4）同理，设置“年”、“月”、“日”关键字。

提醒

- 关键字在“格式”状态下定义，关键字的值则在“数据”状态下输入。
- 每张报表可以同时定义多个关键字。
- 关键字（如年、月等）会随同报表数据一起显示，在定义关键字时既要考虑编制报表的需要，又要考虑打印的需要。
- 如果关键字的位置设置错误，可以单击“数据”｜“关键字”｜“取消”命令，取消后再重新设置。
- 关键字在一张报表中只能定义一次，即同一张报表中不能有重复的关键字。

⑨ 调整关键字位置。

1）单击“数据”｜“关键字”｜“偏移”命令，打开“定义关键字偏移”对话框。

2）在需要调整位置的关键字后面输入偏移量：年“–120”，月“–90”，日“–60”。

3）单击“确定”按钮。

提醒

- 关键字的位置可以用偏移量来表示，负数值表示向左移，正数值表示向右移。在调整时，可以通过输入正的或负的数值来调整。
- 关键字偏移量单位为像素。

⑩ 定义报表公式。

定义单元公式——直接输入公式。

1）选中需要定义公式的单元 C4，即“现金”的期初数。

2）单击“数据”｜“编辑公式”｜“单元公式”命令，打开“定义公式”对话框。

3）在“定义公式”对话框中直接输入总账期初函数公式“QC("1001",月)”，单击“确定”按钮。

提醒

- 单元公式中涉及的符号均为英文半角字符。
- 单击“*fx*”按钮、双击某公式单元、按=键这三种方法都可以打开“定义公式”对话框。

定义单元公式——引导输入公式。

1）选中被定义单元D5，即“银行存款”期末数。

2）单击“*fx*”按钮，打开“定义公式”对话框。

3）单击“函数向导”按钮，打开“函数向导”对话框。

4）在“函数分类”列表框中选择“用友账务函数”，在右侧的“函数名”列表框中选择“期末（QM）”，单击“下一步”按钮，打开“用友账务函数”对话框。

5）单击“参照”按钮，打开“账务函数”对话框。

6）科目改为“1002”，其他各项均采用系统默认值。

7）单击“确定”按钮，返回“用友账务函数”对话框。

8）输入其他单元公式。

提醒

账套号和会计年度如果选择默认，以后在选择取数的账套时，需要进行账套初始工作；如果直接输入，则不需要再进行账套初始工作。如果输入的会计科目有辅助核算，还可以输入相关辅助核算内容；如果没有辅助核算，则“辅助核算”复选框呈灰色，不可输入。

定义审核公式。

审核公式用于审核报表或报表间钩稽关系是否正确。例如，“资产负债表”中的“资产合计=负债合计+所有者权益合计”。本任务实例的“货币资金表”中不存在这种钩稽关系。若要定义审核公式，单击“数据”｜“编辑公式”｜“审核公式”命令即可。

提醒

审核公式在“格式”状态下编辑，在“数据”状态下执行。

定义舍位平衡公式。

1）单击“格式”｜“编辑公式”｜“舍位公式”命令，打开“舍位平衡公式”对话框。

2）确定信息：舍位表名SW1，舍位范围C4:D6，舍位位数3，平衡公式“C6=C4+C5, D6=D4+D5”。

3）单击“完成”按钮。

提醒

- 舍位平衡公式是指用来重新调整报表数据进位后的小数位平衡关系的公式。
- 每个公式一行，各公式间用逗号“,”隔开。最后一条公式不用写逗号，否则公式无法执行。

- 等号左边只能为一个单元（不带页号和表名）。
- 舍位公式中只能使用“+”、“–”符号，不能使用其他运算符及函数。

⑪ 保存报表格式。

1）单击“文件”|“保存”命令。如果是第一次保存，则打开“另存为”对话框。

2）选择保存文件夹为“C:\U8SOFT\Ufo\UFOmodel\2007 年会计制度科目”，输入报表文件名“货币资金表”，选择保存类型为“*.REP”，单击“另存为”按钮。

提醒

- 报表格式设置完要及时将这张报表格式保存下来，以便以后随时调用。
- 如果没有保存就退出，系统会提示“是否保存报表？”，以防止误操作。

⑫ 报表数据处理。

提醒

报表数据处理必须在“数据”状态下进行。

打开报表。

1）启动 UFO 报表系统，单击“文件”|“打开”命令。

2）选择文件夹“C:\U8SOFT\Ufo\UFOmodel\2007 年会计制度科目”中的报表文件“货币资金表.REP”，单击“打开”按钮。

3）单击空白报表底部左下角的“格式/数据”按钮，使当前状态为“数据”状态。

增加表页。

1）单击“编辑”|“追加”|“表页”命令，打开“追加表页”对话框。

2）输入需要增加的表页数“2”，单击“确定”按钮。

提醒

- 追加表页是在最后一张表页后追加 *N* 张空表页，插入表页是在当前表页后插入一张空表页。
- 一张报表最多能管理 99 999 张表页，演示版软件系统最多能管理 4 张表页。

输入关键字值。

1）单击“数据”|“关键字”|“录入”命令，打开“录入关键字”对话框。

2）输入单位名称为“康源科技有限公司”，年为“2016”，月为“1”，日为“31”。

3）单击“确定”按钮，系统弹出“是否重算第 1 页？”信息提示对话框。

4）单击“是”按钮，系统会自动根据单元公式计算 1 月份数据；单击“否”按钮，系统不计算 1 月份数据，以后可利用“表页重算”功能生成 1 月份数据。

提醒

- 每张表页对应不同的关键字，输出时随同单元一起显示。
- 日期关键字可以确认数据取数的时间范围，即确定数据生成的具体日期。

生成报表。

1）单击“数据”|“表页重算”命令，系统弹出“是否重算第 1 页？”信息提示对话框。

2）单击“是”按钮，系统会自动在初始的账套和会计年度范围内根据单元公式计算并生成数据。

提醒

可将生成的数据报表保存到指定位置。

报表舍位操作。

1）单击“数据”|“舍位平衡”命令。

2）系统会自动根据前面定义的舍位公式进行舍位操作，并将舍位后的报表保存在 SW1.REP 文件中。

提醒

- 舍位操作后，可以将 SW1.REP 文件打开查阅一下。
- 如果舍位公式有误，系统状态栏会提示“无效命令或错误参数！”信息。

⑬ 表页管理及报表输出。

表页排序。

1）单击“数据”|“排序”|“表页”命令，打开“表页排序”对话框。

2）确定信息：选择第一关键字“年”，排序方向“递增”；第二关键字“月”，排序方向“递增”。

3）单击“确定”按钮，系统将自动把表页按年份递增顺序重新排列，如果年份相同则按月份递增顺序排列。

表页查找。

1）单击“编辑”|“查找”命令，打开“查找”对话框。

2）确定查找内容“表页”，确定查找条件“月=1”。

3）单击“查找”按钮，查找到符合条件的表页作为当前表页。

⑭ 图表功能。

追加图表显示区域。

1）在“格式”状态下，单击“编辑”|“追加”|“行”命令，打开“追加行”对话框。

2）输入追加行数“10”，单击“确定”按钮。

插入图表对象。

1）在“数据”状态下，选择数据区域 A3:D6。

2）单击“工具”|“插入图表对象”命令，在追加的图表工作区，拖动鼠标左键至适当大小后，打开“区域作图”对话框。

3）选择确定信息：数据组“行”，操作范围“当前表页”。

4）输入图表名称“资金分析图”，图表标题“资金对比”，X 轴标题“期间”，Y 轴标题“金额”。

5）选择图表格式“成组直方图”，单击“确定”按钮。

6）将图表中的对象调整到合适位置。

提醒

- 插入的图表对象实际上也属于报表的数据，因此有关图表对象的操作必须在“数据”状态下进行。
- 选择图表对象显示区域时，区域不能少于 2 行×2 列，否则会提示出现错误。

编辑图表对象——编辑图表主标题。

1）双击图表对象的任意位置，选中图表。

2）单击“编辑”｜“主标题”命令，打开“编辑标题”对话框。

3）输入主标题“资金对比分析”，单击“确定”按钮。

编辑图表对象——编辑图表主标题字样。

1）选中主标题“资金对比分析”。

2）单击“编辑”｜“标题字样”命令，打开“标题字样”对话框。

3）选择字体“黑体”，字体字形“粗体”，字号“12”，效果“加下画线”，单击“确定”按钮。

任务测评

利润表和资产负债表分别如图 3.6 和图 3.7 所示。

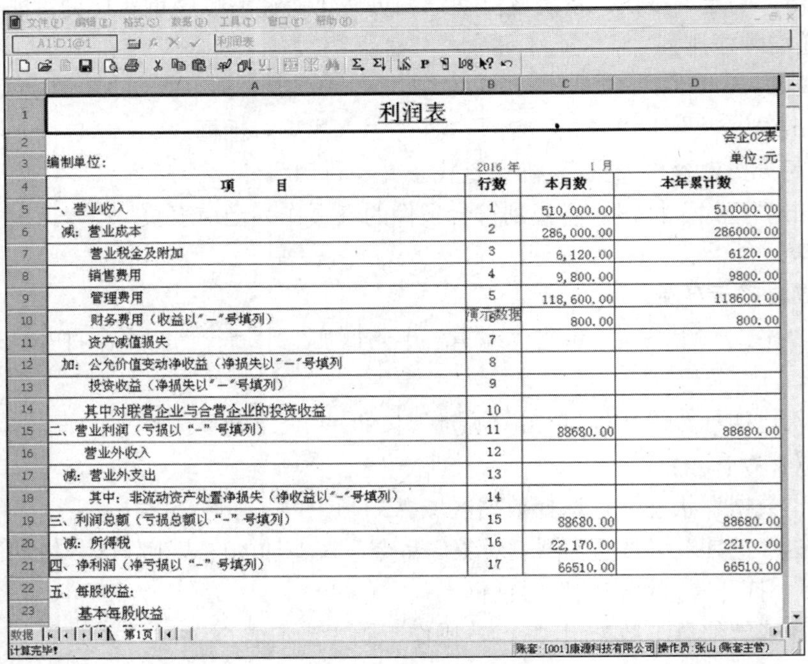

利润表

会企02表

编制单位：　　2016 年　1 月　　单位:元

项　　目	行数	本月数	本年累计数
一、营业收入	1	510,000.00	510000.00
减：营业成本	2	286,000.00	286000.00
营业税金及附加	3	6,120.00	6120.00
销售费用	4	9,800.00	9800.00
管理费用	5	118,600.00	118600.00
财务费用（收益以“－”号填列）	6	800.00	800.00
资产减值损失	7		
加：公允价值变动净收益（净损失以“－”号填列	8		
投资收益（净损失以“－”号填列）	9		
其中对联营企业与合营企业的投资收益	10		
二、营业利润（亏损以“-”号填列）	11	88680.00	88680.00
营业外收入	12		
减：营业外支出	13		
其中：非流动资产处置净损失（净收益以“-”号填列）	14		
三、利润总额（亏损总额以“-”号填列）	15	88680.00	88680.00
减：所得税	16	22,170.00	22170.00
四、净利润（净亏损以“-”号填列）	17	66510.00	66510.00
五、每股收益：			
基本每股收益			

演示数据

计算完毕!　账套：[001]康源科技有限公司　操作员：张山（账套主管）

图 3.6　利润表

资产负债表

编制单位：　　　　2016 年　　　　1 月　　　　31 日　　　　会企01表　单位：元

资　产	行次	年初数	期末数	负债和所有者权益（或股东权益）	行次	年初数	期末数
流动资产：				流动负债：			
货币资金	1	1,431,300.00	1,350,140.00	短期借款	34	800,000.00	800,000.00
交易性金融资产	2	20,000.00	20,000.00	**交易性金融负债**	35		
应收票据	3	351,000.00	936,000.00	应付票据	36	468,000.00	555,750.00
应收股利	4			应付账款	37	147,000.00	150,500.00
应收利息	5			预收账款	38		
应收账款	6	232,830.00	244,530.00	**应付职工薪酬**	39	43,590.00	305,790.00
其他应收款	7	8,000.00	3,800.00	**应交税费**	40	350,520.00	437,800.00
预付账款	8			应付利息	41	2,680.00	3,480.00
存货	9	2,496,800.00	2,543,900.00	应付股利	42		
一年内到期的非流动	10			其他应付款	43	10,640.00	10,640.00
其他流动资产	11			一年内到期的非流动	44		
				其他流动负债	45		
流动资产合计	12	4,539,930.00	5,098,370.00	流动负债合计	46	1,822,430.00	2,263,960.00
非流动资产：				非流动负债：			
可供出售金融资产	13			长期借款	47	1500000.00	1500000.00
持有至到期投资	14			应付债券	48		
投资性房地产	15			长期应付款	49		
长期股权投资	16	280,000.00	280,000.00	专项应付款	50		
长期应收款	17			预计负债	51		
固定资产	18	10,365,480.00	10,403,480.00	递延所得税负债	52		
减：累计折旧	19	2,102,131.60	2,190,131.60	其他非流动负债	53		
固定资产净值	20	8,263,348.40	8,213,348.40	非流动负债合计	54	1500000.00	1500000.00
减：固定资产减值准	21			负债合计	55	3322430.00	3763960.00
固定资产净额	22	8,263,348.40	8,213,348.40				
生产性生物资产	23			所有者权益（或股东权			
工程物资	24			实收资本（或股本）	56	7,000,000.00	7,070,000.00
在建工程	25	演示数据		资本公积	57	1,078,000.00	1,078,000.00
固定资产清理	26			减：库存股	58.		
无形资产	27	326,540.00	396,540.00	盈余公积	59	886,000.00	892,651.00
商誉	28			未分配利润	60	1,283,388.40	1,343,247.40
长期待摊费用	29	160,000.00	159,600.00	者权益（或股东权益）	61	10,247,388.40	10,383,898.40
递延所得税资产	30						
其他非流动资产	31						
非流动资产合计	32	9029888.40	9049488.40				
资产总计	33	13569818.40	14147858.40	所有者权益(或股东权	62	13,569,818.40	14,147,858.40

图 3.7　资产负债表

学习任务4

工资系统管理

【学习目标】

- 认识工资账套和企业账套的区别，熟悉工资管理的主要功能
- 学会工资类别、人员类别、工资项目和计算公式的设置
- 掌握数据的输入、计算、汇总，所得税税率设置
- 能够计提和分摊工资费用和附加费，生成工资费用转账凭证
- 会查询工资账表资料及期末处理

4.1 系统概述

4.1.1 工资系统功能

工资管理是企业管理的重要组成部分，其中对于企业员工的业绩考评和薪酬的确定正确与否更是关系到企业每个职工的切身利益，对于调动每个职工的工作积极性、正确处理企业与职工之间的经济关系具有重要意义。工资系统是各企事业单位最常使用的功能模块之一，其主要功能包括以下五个方面。

1. 系统初始设置

系统的初始设置主要是设置系统工作必不可少的各种编码信息和初始数据。在工资系统中，由于各单位的工资项目一般相差较大，因此系统应具有设置适合具体单位需要的工资项目功能，以便生成工资数据库。

2. 日常业务数据输入

日常业务数据输入主要是输入考勤、产量工时等每个月变动的工资数据，可能发生的人员变动和工资数据的变动也在此功能中处理。

3. 工资的结算与分配

工资的结算包括职工日工资的计算、职工个人应付工资合计、个人所得税的计算及

实发工资的计算公式设定和计算，工资费用的分配、汇总、统计和进行工资费用的明细分类核算。

4. 工资数据的输出

工资数据的输出包括工资数据的查询，工资单、工资汇总表的打印，以及向账务系统、成本核算系统输送规定格式的数据和工资管理所需要的各种管理信息等。

5. 系统维护和管理

系统维护和管理包括系统备份、恢复，操作人员权限的分配和口令设置等。

4.1.2　工资系统与其他系统的关系

工资系统与学习任务 1 中的基础设置共享基础数据；工资系统将工资费用计提与分摊的结果生成转账凭证，传递到总账系统进行账务处理；工资系统将工资费用分配表数据传送到成本核算系统，供计算成本时使用。

4.1.3　工资系统的业务处理流程

工资业务处理过程的主要步骤如下所述。

① 对来源于企业各部门的考勤、加班和产量工时记录进行审核，并计算病事假扣款、个人所得税和应发工资等，综合行政部门的代扣款计算职工实发工资。

② 根据以上原始数据和计算结果编制工资结算单。

③ 对工资结算单数据按职工所属部门和工作性质进行汇总，编制工资汇总表及工资费用分配表、个人所得税申报表、职工福利费计提表等。

④ 根据各汇总报表编制记账凭证，并进行账务处理。

4.2　工资系统初始设置

使用计算机进行工资核算前，需要进行工资系统的初始设置，以建立工资系统的应用环境。在进行初始设置前，应进行必要的数据准备，如规划企业职工的编号规则，进行人员类别的划分，整理好设置的工资类别项目及核算方法，并准备好部门档案、人员档案、基本工资数据等基本信息。

4.2.1　启用并注册工资系统

在使用工资系统前，应该已经在系统管理中建立了账套，并且在建立账套后或在企业门户中已经启用工资系统的操作，否则不能启用工资系统。启用并注册工资系统的“建立工资套”对话框如图 4.1 所示。

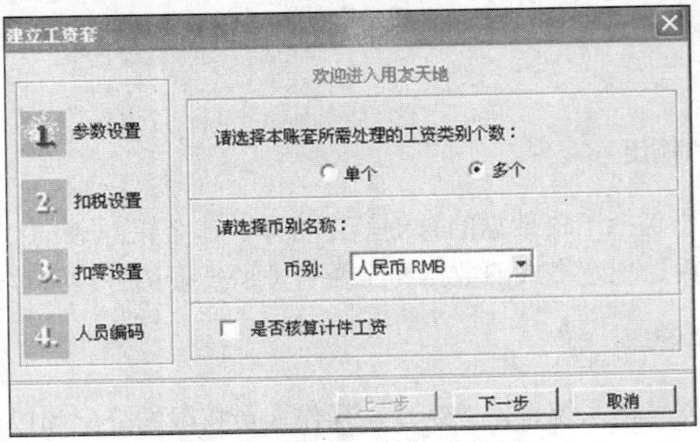

图 4.1　“建立工资套”对话框

4.2.2　建立工资账套

初次进入工资系统后应根据企业的实际情况建立相应的工资账套。工资账套的建立分为 4 个步骤，即参数设置、扣税设置、扣零设置及人员编码设置。

提醒

- 工资账套与企业账套是不同的概念。企业账套在系统管理中建立，是针对整个 ERP 系统而言的，而工资账套只针对用友 ERP 系统中的工资系统，即工资账套是企业核算账套的一个组成部分。
- 如果企业所有员工的工资发放项目相同，工资的计算方法也相同，那么可以对全部员工进行统一的工资核算方案，对应地选择系统提供的单工资类别应用方案。
- 如果企业存在下列情况之一，则需要选择系统提供的多工资类别应用方案。第一，企业存在不同类别的人员，不同类别的人员工资发放项目不同，计算公式也不相同，但需要进行统一工资核算管理，如企业需要分别对在职人员、退休人员等进行工资核算等情况；第二，企业每月进行多次工资发放，月末需要进行统一核算；第三，企业在不同地区设有分支机构，而工资核算由总部统一管理或工资发放使用多种货币。
- 人员编码即单位人员编码长度。可以根据需要自由定义人员编码长度，但总长度不能超过 10 位字符。
- 工资账套建立完成后可以直接设置工资类别，也可以以后再设置。

4.2.3　设置工资类别

工资系统提供处理多个工资类别的功能，可以为按周或一个月多次发放工资，或者是为有多种不同类别的人员，工资发放项目不尽相同，计算公式也不相同，但是需要进行统一工资核算管理的单位提供解决方案。工资系统是按工资类别进行管理的，每个职工类别下有职工档案、工资变动、工资数据、扣税处理和银行账号代发等内容。设置工资类别的“新建工资类别”对话框如图 4.2 所示。

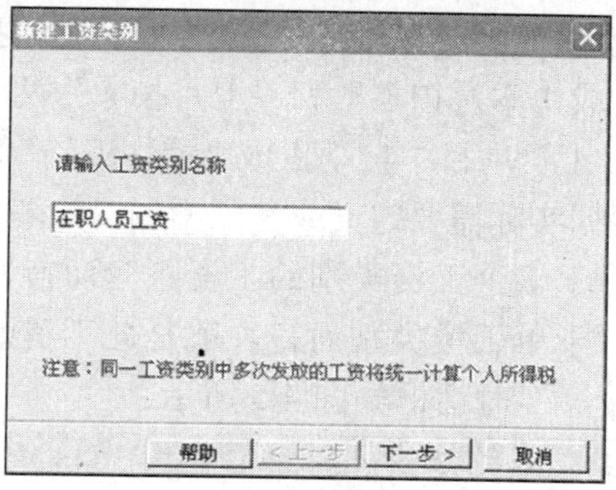

图 4.2　“新建工资类别”对话框

4.2.4　设置人员附加信息

由于各个企业对人员档案所提供的信息要求不一，系统中除了兼顾人员档案管理的基本功能外，还提供了人员附加信息的设置功能，在一定程度上丰富了人员档案管理的内容，便于对人员进行更加有效的管理。设置人员附加信息的“人员附加信息设置”对话框如图 4.3 所示。

4.2.5　设置人员类别

人员类别是指按某种特定的分类方式将企业职工分成若干类别，不同类别的人员工资水平可能不同，从而有助于实现工资的多级化管理。人员类别的设置还与工资费用的分配、分摊有关。合理设置人员类别，便于按人员类别进行工资汇总计算，为企业提供不同人员类别的工资信息。设置人员类别的“增加档案项”对话框如图 4.4 所示。

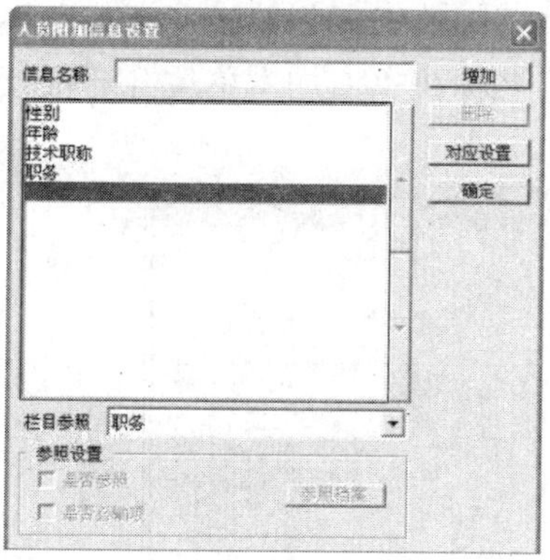

图 4.3　“人员附加信息设置”对话框

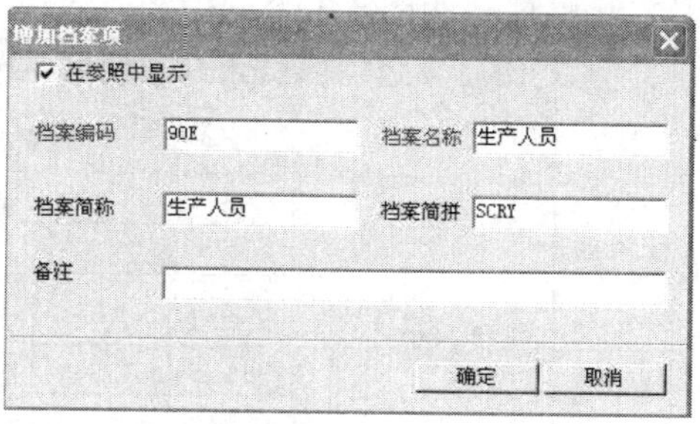

图 4.4　“增加档案项”对话框

4.2.6　设置工资项目

工资数据最终由各个工资项目体现。工资项目设置即定义工资核算所涉及的项目名称、类型和宽度等。工资系统中提供了一些固定的工资项目，它们是工资账中不可缺少的，主要包括“应发合计”、“扣款合计”和“实发合计”。如果在工资建账时设置了“扣零处理”，则系统在工资项目中自动生成“本月扣零”和“上月扣零”两个指定名称的项目；如果选择了“扣税处理”，则系统在工资项目中自动生成“计件工资”项目，这些项目不能被删除和重命名。其他项目可以根据实际需要定义或参照增加，如基本工资和奖金等。

在此设置的工资项目对于多个工资类别的工资账套而言，是针对所有工资类别所需要使用的全部工资项目，对于单工资类别而言，就是此工资账套所使用的全部项目。设置工资项目的“工资项目设置”对话框如图 4.5 所示。

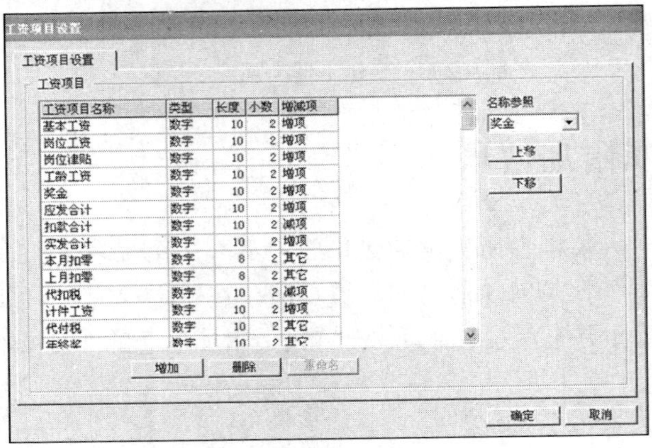

图 4.5　“工资项目设置”对话框

4.2.7　设置银行名称

当企业发放工资采用银行代发形式时，需要确定银行名称及账号长度。发放工资的银行可以按需设置多个，这里的银行名称设置是指所有工资类别涉及的银行名称。如果同一工资类别中的人员由于在不同的工作地点，需由不同的银行代发工资，或者不同的工资类别由不同的银行代发工资，均需将相应的银行名称在“增加本单位开户银行”对话框中一并设置，如图 4.6 所示。

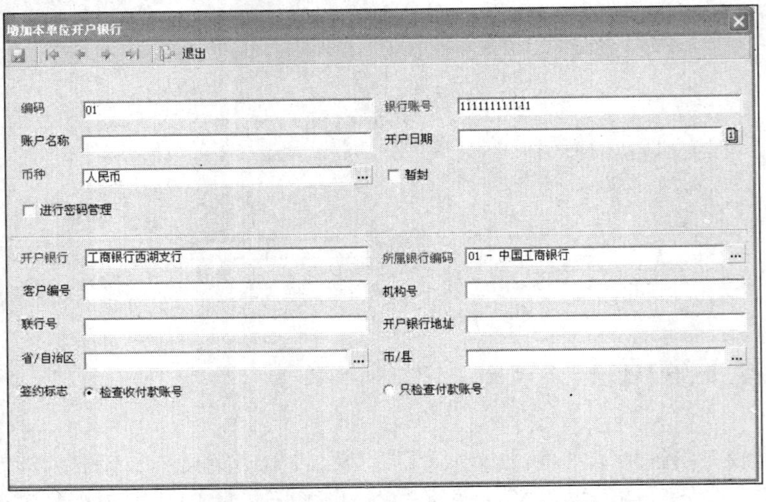

图 4.6　“增加本单位开户银行”对话框

4.2.8　设置人员档案

1. 增加人员档案

人员档案的设置用于登记工资发放人员的姓名、职工编号、所在部门和人员类别等信息，此外，人员的增减变动都必须先在本功能中处理。人员档案的操作针对于某个工资类别，即只有先打开相应的工资类别才能进行人员档案的设置。增加人员档案的“人员档案”对话框如图 4.7 所示。

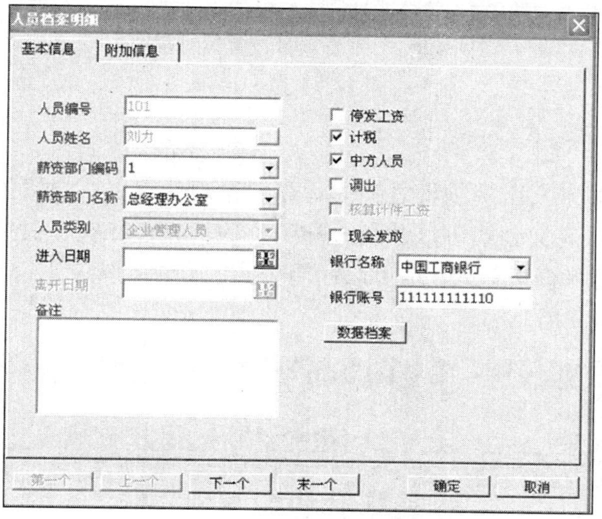

图 4.7　“人员档案”对话框

2. 修改人员档案

人员档案在修改的状态下可以进行“停发工资”、“调出”和“数据档案”的编辑。

3. 数据替换

当个别人员的档案需要修改时，在“人员档案”对话框中可以进行修改。当一批人员的某个工资项目同时需要修改时，可以利用数据替换功能，即将符合条件的人员的某个工资项目的内容，统一替换为某个数据，以提高人员信息的修改速度。

4.2.9　设置工资项目及计算公式

1. 设置工资项目

由于不同的工资类别，工资发放项目不尽相同，计算公式也不相同，因此在进入某个工资类别后，应选择本工资类别所需要的工资项目，再设置工资项目对应的计算公式。选择工资项目的“工资项目设置”对话框如图 4.8 所示。

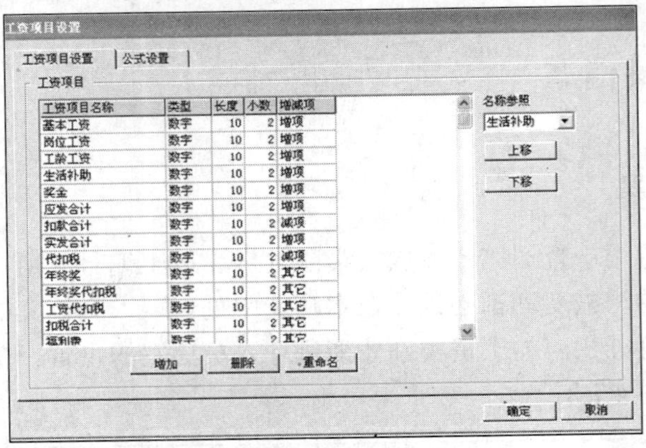

图 4.8 “工资项目设置”对话框

2. 设置计算公式

设置计算公式即定义工资项目之间的运算关系，计算公式设置的正确与否关系到工资核算的最终结果。定义公式可以通过选择工资项目、运算符、关系符和函数等组合完成。设置计算公式可以直接输入，也可以利用公式向导参照输入。设置计算公式的“公式设置”对话框如图 4.9 所示。

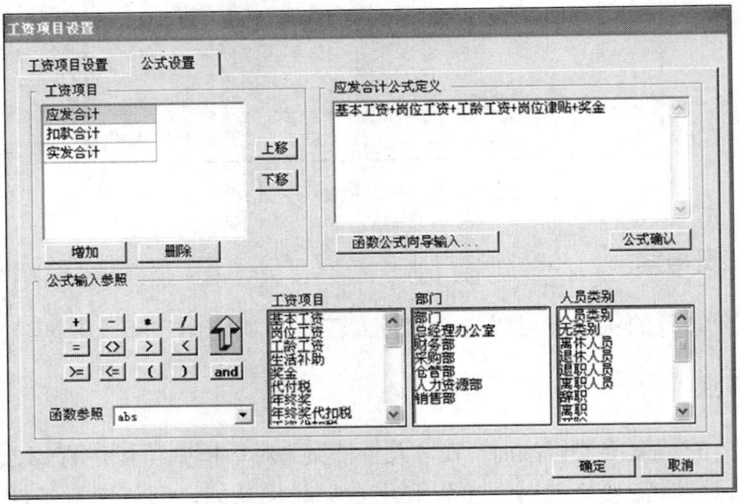

图 4.9 “公式设置”对话框

4.3 日常业务处理

4.3.1 工资变动

第一次使用工资系统必须将所有人员的基本工资数据录入计算机，每月发生的工资数据变动也在此进行调整，如奖金的录入、扣款信息的录入等。工资变动处理前，需要事先设置好工资项目及计算公式。工资数据录入后，要进行工资计算与汇总，系统会自动计算并产生每个职工的应发工资和实发工资。输入工资数据的“工资变动”窗口如　　图 4.10 所示。

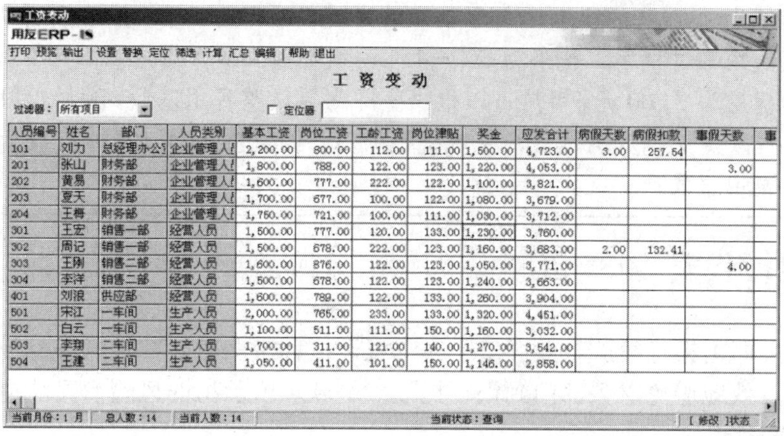

人员编号	姓名	部门	人员类别	基本工资	岗位工资	工龄工资	岗位津贴	奖金	应发合计	病假天数	病假扣款	事假天数	事
101	刘力	总经理办公	企业管理人	2,200.00	800.00	112.00	111.00	1,500.00	4,723.00	3.00	257.54		
201	张山	财务部	企业管理人	1,800.00	788.00	122.00	123.00	1,220.00	4,053.00			3.00	
202	黄易	财务部	企业管理人	1,600.00	777.00	222.00	122.00	1,100.00	3,821.00				
203	夏天	财务部	企业管理人	1,700.00	677.00	100.00	122.00	1,080.00	3,679.00				
204	王梅	财务部	企业管理人	1,750.00	721.00	100.00	111.00	1,030.00	3,712.00				
301	王宏	销售一部	经营人员	1,500.00	777.00	120.00	133.00	1,230.00	3,760.00				
302	周记	销售一部	经营人员	1,500.00	678.00	222.00	123.00	1,160.00	3,683.00	2.00	132.41		
303	王刚	销售二部	经营人员	1,600.00	876.00	122.00	123.00	1,050.00	3,771.00			4.00	
304	李洋	销售二部	经营人员	1,500.00	678.00	122.00	123.00	1,240.00	3,663.00				
401	刘浪	供应部	经营人员	1,600.00	789.00	122.00	133.00	1,260.00	3,904.00				
501	宋江	一车间	生产人员	2,000.00	765.00	233.00	133.00	1,320.00	4,451.00				
502	白云	一车间	生产人员	1,100.00	511.00	111.00	150.00	1,160.00	3,032.00				
503	李翔	二车间	生产人员	1,700.00	311.00	121.00	140.00	1,270.00	3,542.00				
504	王建	二车间	生产人员	1,050.00	411.00	101.00	150.00	1,146.00	2,858.00				

图 4.10　“工资变动”窗口

4.3.2　扣缴所得税

个人所得税是根据《中华人民共和国个人所得税法》对个人所得征收的一种税。在手工情况下，每个月月末，财务部门都要对超过扣除基数金额的部分进行计算纳税申报。系统提供只对工资薪金所得征收所得税的申报。

鉴于许多企业、事业单位计算职工个人所得税的工作量较大，系统中提供了个人所得税自动计算功能，用户只需要定义所得税税率并设置扣税基数就可以由系统自动计算个人所得税。这样既能减轻用户的工作负担，又能提高工作效率。扣缴所得税申报表所在的“个人所得税”窗口如图 4.11 所示。

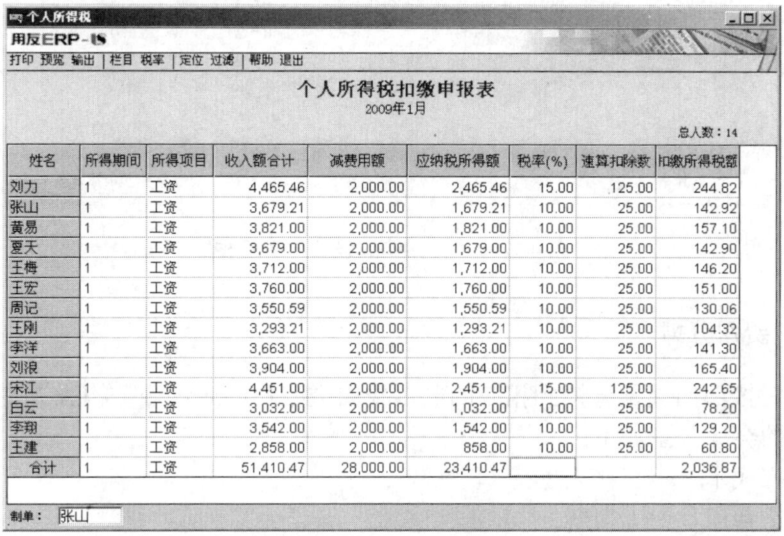

姓名	所得期间	所得项目	收入额合计	减费用额	应纳税所得额	税率(%)	速算扣除数	扣缴所得税额
刘力	1	工资	4,465.46	2,000.00	2,465.46	15.00	125.00	244.82
张山	1	工资	3,679.21	2,000.00	1,679.21	10.00	25.00	142.92
黄易	1	工资	3,821.00	2,000.00	1,821.00	10.00	25.00	157.10
夏天	1	工资	3,679.00	2,000.00	1,679.00	10.00	25.00	142.90
王梅	1	工资	3,712.00	2,000.00	1,712.00	10.00	25.00	146.20
王宏	1	工资	3,760.00	2,000.00	1,760.00	10.00	25.00	151.00
周记	1	工资	3,550.59	2,000.00	1,550.59	10.00	25.00	130.06
王刚	1	工资	3,293.21	2,000.00	1,293.21	10.00	25.00	104.32
李洋	1	工资	3,663.00	2,000.00	1,663.00	10.00	25.00	141.30
刘浪	1	工资	3,904.00	2,000.00	1,904.00	10.00	25.00	165.40
宋江	1	工资	4,451.00	2,000.00	2,451.00	15.00	125.00	242.65
白云	1	工资	3,032.00	2,000.00	1,032.00	10.00	25.00	78.20
李翔	1	工资	3,542.00	2,000.00	1,542.00	10.00	25.00	129.20
王建	1	工资	2,858.00	2,000.00	858.00	10.00	25.00	60.80
合计	1	工资	51,410.47	28,000.00	23,410.47			2,036.87

图 4.11　“个人所得税”窗口

学习任务 4

提醒

- 系统默认以“实发工资”作为扣缴基数。
- “个人所得税”的税率定义窗口初始为国家颁布的工资、薪金所得所适用的 9 级超额累进税率，税率为 5%～45%，级数为 9 级，费用基数为 2 000 元，附加费用为 3 200 元，用户可以根据实际需要调整费用基数、附加费用及税率。
- 当税率定义完成确认后，系统将根据用户的设置自动计算并生成新的个人所得税申报表。

4.3.3 银行代发

银行代发即由银行发放企业职工个人工资。这种做法既能减轻财务部门发放工资工作的烦琐，有效地避免财务部门到银行提取大笔款项所承担的风险，又能提高对员工个人工资的保密程度。

4.3.4 工资分摊

工资是费用中最主要的人工费部分，还需要对工资费用进行工资总额的计算、汇总及各种经费的计提分配，并编制转账会计凭证，供总账处理用。“分摊构成设置”对话框如图 4.12 所示。

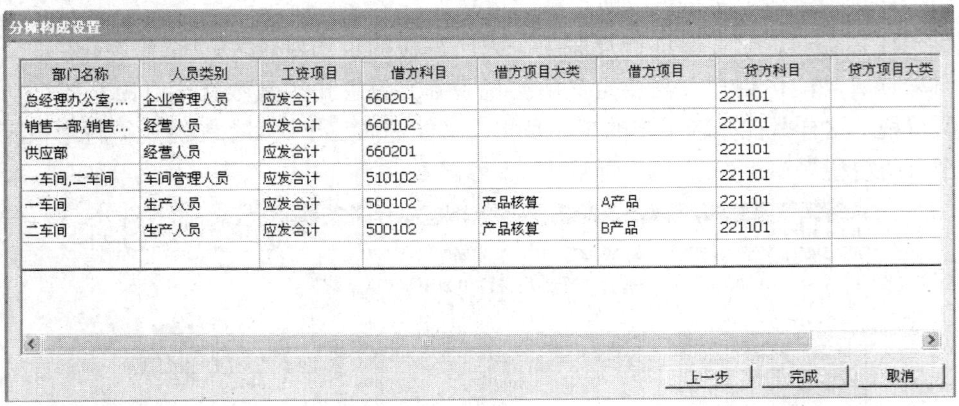

分摊构成设置

部门名称	人员类别	工资项目	借方科目	借方项目大类	借方项目	贷方科目	贷方项目大类
总经理办公室,…	企业管理人员	应发合计	660201			221101	
销售一部,销售…	经营人员	应发合计	660102			221101	
供应部	经营人员	应发合计	660201			221101	
一车间,二车间	车间管理人员	应发合计	510102			221101	
一车间	生产人员	应发合计	500102	产品核算	A产品	221101	
二车间	生产人员	应发合计	500102	产品核算	B产品	221101	

图 4.12 “分摊构成设置”对话框

1. 工资费用分摊

应发工资按部门类别分摊到相应的成本费用类账户。通过分摊构成设置，计算机可以自动生成的会计分录如下。

借：生产成本——直接人工

　　制造费用——人工费

　　管理费用——工资及附加费

销售费用——工资及附加费
贷：应付职工薪酬——应付工资

2. 工资附加费的计提与分摊

职工福利费、工会经费和职工教育经费分别按应发工资的 14%、2%和 1.5%计提。职工福利费也是按照部门类别分摊到相应的成本费用类账户，工会经费、职工教育经费记入当期损益。通过分摊构成设置，计算机可以自动生成的会计分录如下。

借：生产成本——直接人工
　　制造费用——人工费
　　管理费用——工资及附加费
　　销售费用——工资及附加费
　贷：应付职工薪酬——职工福利费
借：管理费用——工会经费
　　　　　　——职工教育经费
　贷：应付职工薪酬——工会经费
　　　　　　　　　——职工教育经费

4.3.5　期末处理

1. 月末结转

月末结转是将当月工资数据经过处理后结转至下月。每个月的工资数据处理完毕后均可进行月末结转。由于在工资项目中，有的项目是变动的，即每个月的数据均不相同，在每个月进行工资处理时，均需将其数据清为 0，然后输入当月的数据，此类项目即为清零项目。

2. 年末结转

年末结转是将工资数据经过处理后结转至下年，只有主管人员才能使用该功能。只有处理完所有工资类别的工资数据，才能进行年末结转。对于多工资类别，应关闭所有工资类别，然后在系统管理中选择“年度账”菜单，进行上年数据结转。其他操作与月末处理类似。

年末结转只有在当月工资数据处理完毕后才能进行。若当月工资数据未汇总，系统将不允许进行年末结转。若用户跨月进行年末结转，系统将给予提示。

进行年末结转后，新年度账将自动建立，且本年内的各月数据不允许变动。

3. 反结账

在工资系统结账后，若发现还有一些业务或其他事项需要在已结账月进行账务处理，此时需要使用反结账功能，取消已结账标记。

在工资系统中，单击“业务处理”｜“反结账”命令，选择要反结账的工资类别，确认后即可完成反结账的操作。

提醒

- 在进行月末处理后，如果发现还有一些业务或其他事项要在已进行月末处理的月份进行账务处理，可以由账套主管使用反结账功能，取消已结账的标记。
- 有下列情况之一不允许反结账：总账系统已结账；汇总工资类别的会计月份与反结账的会计月份相同，并且包括反结账的工资类别。
- 本月工资分摊、计提凭证传输到总账系统，如果总账系统已审核并记账，需做红字冲销后，才能结账；如果总账系统未做任何操作，删除此凭证即可；如果凭证已由出纳签字或主管签字，应在取消出纳签字或主管签字，并删除该张凭证后才能反结账。

4.4 统计分析

工资业务处理完成后，相关工资报表数据同时生成。系统提供了多种形式的报表反映工资核算的结果。报表的格式是工资项目按照一定的格式由系统设定的，如果对报表提供的固定格式不满意，系统提供修改表和新建表的功能。

4.4.1 工资表

工资表用于本月工资的发放和统计。本功能主要完成查询和打印各种工资表的工作。工资表包括以下一些由系统提供的原始表：工资卡、工资发放条、部门工资汇总表、部门条件汇总表、工资发放签名表、人员类别汇总表、条件（明细）表及工资变动汇总（明细）表。

在工资系统中，单击“统计分析”|“工资表”命令，打开“工资表”对话框。选择要查看的工资表，单击“查看”按钮，输入查询条件，即可得到相应的查询结果。

4.4.2 工资分析表

工资分析表是以工资数据为基础，通过对部门、人员类别的工资数据进行分析和比较产生的各种分析表，主要供决策人员使用。工资分析表包括工资增长分析表、按月分类统计表、部门分类统计表、工资项目分析表、员工工资汇总表、按项目分类统计表、员工工资项目统计表、分部门各月工资构成分析及部门工资项目构成分析表。

在工资系统中，单击“统计分析”|“工资分析表”命令，打开“工资分析表”对话框。选择要查看的工资分析表，单击“确定”按钮，输入查询条件，即可得到相应的查询结果。

对于工资项目分析，系统仅提供单一部门项目分析表。用户在分析窗口时可以打开部门下拉列表框，选择已选取部门中的某一个部门，查看该部门的工资项目分析表。

对于员工工资汇总表，系统仅对单一工资项目和单一部门进行员工工资汇总分析。对于分部门各月工资构成分析表，系统对单一工资项目进行工资构成分析。在各个查询分析窗口，可以单击“查询”按钮，重新设置分析条件。

4.4.3　工资类别汇总

在多个工资类别中，以部门编码、人员编码和人员姓名为标准，将此 3 项内容相同人员的工资数据做合计。如果需要统计所有工资类别本月发放工资的合计数，或某些工资类别中的人员工资都由一个银行代发，希望生成一套完整的工资数据传送到银行，则可使用此项功能。

任务实例 6　工资系统处理

任务目标

① 掌握用友 ERP-U8 管理软件中工资系统的相关内容。
② 掌握工资系统初始化、日常业务处理、月末处理的操作。

任务内容

① 工资系统初始设置。
② 工资系统日常业务处理。
③ 工资月末处理。
④ 工资系统数据查询。

任务准备

引入“任务处理 2”或“任务处理 4”账套数据。

任务资料

1. 建立工资账套

（1）工资账套信息

工资类别个数：2 个；核算币种：人民币 RMB；实行代扣个人所得税，不进行扣零处理；人员编码长度：3 位；启用日期：2016 年 1 月。

（2）建立工资类别

001 在职人员工资　002 临时人员工资

2. 基础信息

（1）部门档案（任务实例 2 中已设）
（2）人员类别（任务实例 2 中已设）
（3）人员附加信息
人员附加信息包括性别、年龄、技术职称、职务。
（4）工资项目（见表 4.1）

表 4.1 工资项目设置

项目名称	类型	长度	小数位数	工资增减项
基本工资	数值	10	2	增项
岗位工资	数值	10	2	增项
工龄工资	数值	10	2	增项
岗位津贴	数值	10	2	增项
奖金	数值	10	2	增项
应发合计	数值	10	2	增项
病假天数	数值	8	2	其他
病假扣款	数值	8	2	减项
事假天数	数值	8	2	其他
事假扣款	数值	8	2	减项
房租水电	数值	8	2	减项
扣款合计	数值	8	2	减项
实发合计	数值	10	2	增项
代扣税	数值	8	2	减项
福利费	数值	8	2	其他
工会经费	数值	8	2	其他
教育经费	数值	8	2	其他

（5）银行名称（任务实例 2 中已设置）
（6）在职人员档案（任务实例 2 中已设置）

注意

- 一车间生产 A 产品，二车间生产 B 产品。
- 临时人员的档案及工资情况略。

3. 在职人员工资项目

在职人员工资项目包括表 4.1 中的所有项目。

4. 在职人员工资项目公式

应发合计=基本工资+岗位工资+工龄工资+岗位津贴+奖金
病假扣款=（基本工资+岗位工资+工龄工资）/21.75×0.6×病假天数
事假扣款=（基本工资+岗位工资+工龄工资）/21.75×事假天数
扣款合计=事假扣款+病假扣款+水电费用+代扣税
实发合计=应发合计–扣款合计

5. 工资数据（见表4.2）

表4.2　工资数据

金额单位：元

人员编号	姓名	基本工资	岗位工资	工龄工资	岗位津贴	奖金	病假天数（天）	事假天数（天）
101	刘力	2 800	800	112	111	1 500	3	0
201	张山	2 500	788	122	123	1 220	0	3
202	黄易	2 300	777	222	122	1 100	0	0
203	夏天	2 100	677	100	122	1 080	0	0
204	王梅	1 750	721	100	111	1 030	0	0
30101	王宏	2 050	777	120	133	1 230	0	0
30102	周记	1 950	678	222	123	1 160	2	0
30201	王刚	2 100	876	122	123	1 050	0	4
30202	李洋	1 870	678	122	123	1 240	0	0
401	刘浪	1 950	789	122	133	1 260	0	0
50101	宋江	2 000	765	233	133	1 320	0	0
50102	白云	1 550	511	111	150	1 160	0	0
50201	李翔	1 900	311	121	140	1 270	0	0
50202	王建	1 250	411	101	150	1 146	0	0

6. 个人所得税（计税基数为3 500元）

查看个人所得税扣缴申报表。

7. 银行代发

银行格式设置采用默认，文件设置为TXT格式。

8. 工资计提与分摊（见表4.3所示的工资分摊表）（五金如何计提，福利费不提按实际发生数列支，要查资料）

应付工资总额=应发合计×100%
福利费=应发合计×14%
工会经费=应发合计×2%
教育经费=应发合计×1.5%

表 4.3　工资分摊表　　　　金额单位：元

工资分摊 / 部门		应付工资		福利费		工会经费、教育经费	
		借　方	贷　方	借　方	贷　方	借　方	贷　方
总经理办公室	管理人员	660 201	221 101	660 201	221 102		
财务部 供应部	管理人员 采购人员	660 201	221 101	660 201	221 102		
销售部	销售人员	660 102	221 101	660 102	221 102	660 204	221 103
一车间	车间管理人员	510 102	221 101	510 102	221 102	660 205	221 104
一车间	生产人员	500 102	221 101	500 102	221 102		
二车间	车间管理人员	510 102	221 101	510 102	221 102		
二车间	生产人员	500 102	221 101	500 102	221 102		

9. 月末处理

月末结转本月工资数据到下个月，不进行清零处理。

10. 数据查询

生成工资发放签名表、按部门的分类统计表。

任务处理

1. 在企业门户中启用工资系统

单击“开始”｜“程序”|“用友 ERP-U8.72”｜“企业应用平台”命令，打开“注册〖企业应用平台〗”对话框，单击“人力资源”｜“工资管理”命令。打开工资窗口及“建立工资账套”对话框。

提醒

- 在启动工资系统前应先在系统管理中设置相应的账套，并在企业门户中启用工资系统。
- 进入工资系统的日期必须大于或等于工资系统的启用日期。

2. 建立工资账套

1）在建账第一步“参数设置”中，选择本账套所需处理的工资类别个数“多个”，默认货币名称为“人民币”，单击“下一步”按钮。

2）在建账第二步“扣税设置”中，选中“是否从工资中代扣个人所得税”复选框，单击“下一步”按钮。

3）在建账第三步“扣零设置”中，不做选择，直接单击“下一步”按钮。单击“完成”按钮。

提醒

- 工资类别包括正式人员和临时人员，所以应选择“多个”。
- 是否选择计件工资要根据企业实际情况。
- 选择代扣个人所得税后，系统将自动生成工资项目“代扣税”，并自动进行代扣税金的计算。
- 扣零处理是指每次发放工资时将零头扣下，积累取整，于下次工资发放时补上。系统在计算工资时将依据扣零类型（扣零至元、扣零至角、扣零至分）进行扣零计算。
- 建账完毕后，部分建账参数可以在“设置”|“选项”中进行修改。

3. 基础信息设置

（1）人员附加信息设置

1）单击“设置”|“人员附加信息设置”命令，打开“人员附加信息设置”对话框。

2）单击“增加”按钮，选择“性别”，单击“增加”按钮。分别选择“年龄”、“技术职称”、“职务”，单击“增加”按钮。全部增加完毕后，单击“确定”按钮。

（2）工资项目设置

1）单击“设置”|“工资项目设置”命令，打开“工资项目设置”对话框。

2）单击“增加”按钮，工资项目列表中增加一个空行。

3）单击“名称参照”下拉列表框，从下拉列表中选择“基本工资”选项。

4）双击“类型”栏，单击下拉列表框，从下拉列表中选择“数字”选项。

5）“长度”默认为10。双击“小数”栏，将小数位数设置为2。

6）双击“增减项”栏，单击下拉列表框，从下拉列表中选择“增项”选项。

7）单击“增加”按钮，增加其他工资项目。若“名称参照”中没有，可在类型中直接输入。

8）增加完成后，根据实验资料，单击“工资项目设置”窗口中的“上移”和“下移”按钮，对这些项目进行排序。

9）单击“确定”按钮，系统弹出“工资项目已经改变，请确认各工资类别的公式是否正确？”信息提示对话框，单击“确定”按钮。

提醒

- 系统提供若干常用工资项目供参考，可选择输入。对于参照中未提供的工资项目，可以双击“工资项目名称”一栏直接输入，或先从“名称参照”中选择一个项目，然后单击“重命名”按钮修改为需要的项目。
- 如果建账时选择了“是否核算计件工资”，则系统提供“计件工资”工资项目。
- 如果建账时选择了“代扣个人所得税”，则系统提供代扣税项目。
- 如果建账时选择了“扣零”处理，则系统提供“本月扣零”和“上月扣零”两个工资项目。
- 工资项目名称必须唯一。
- 已使用的工资项目不可删除，不能修改数据类型。
- 系统提供的固定工资项目不能修改。

（3）建立工资类别

1）单击“工资类别”｜“新建工资类别”命令，打开“新建工资类别”对话框。

2）在文本框中输入第一个工资类别“在职人员工资”，单击“下一步”按钮。

3）单击选择全部部门。

4）单击“完成”按钮，系统弹出“是否以 2016-01-01 为当前工资类别的启用日期？”信息提示对话框，单击“是”按钮，返回工资系统。

5）单击“工资类别”｜“关闭工资类别”命令，关闭“在职人员”工资类别。

提醒

- 同一个部门可以被多个工资类别选中。
- 已被使用的部门不能取消选中，在选中“选定下级部门”复选框前应先选择上级部门。
- 工资类别的启用日期确定后就不能再修改。
- 工资类别建立后，系统直接打开新建的工资类别。
- 在打开工资类别的情况下，“工资类别”中显示“打开工资类别”和“关闭工资类别”两个命令。单击“关闭工资类别”后，“工资类别”中显示“新建工资类别”、“打开工资类别”和“删除工资类别”命令。

4. 在职人员工资类别初始设置

（1）打开工资类别

1）单击“工资类别”｜“打开工资类别”命令，打开“打开工资类别”对话框。

2）选择“在职人员工资”工资类别，单击“确定”按钮。

（2）设置人员档案

1）单击“设置”｜“人员档案”命令，进入“人员档案”窗口。

2）单击工具栏上的“批增”按钮，选择“在职人员工资”，单击“确定”按钮，出现任务处理 2 中的人员档案信息，在“基础档案”｜“人员档案”中，将“在职人员档案”表中的人员类别“在职人员”分别修改成“企业管理人员”、“采购人员”、“销售人员”、“车间管理人员”、“生产人员”。

3）单击“附加信息”选项卡，在“性别”中输入“男”，在“年龄”中输入“36”，在“技术职称”中输入“经济师”，在“职务”中输入“总经理”，单击“确定”按钮。

4）依上述顺序修改所有人员档案，最后单击工具栏上的“退出”按钮。

提醒

- 由于在进行银行名称设置时已经设置了“录入时需要自动带出的账号长度”，因此，在输入第一个人员档案后，其他的人员档案中的银行账号则会自动带出相应的账号的位数。
- 在增加人员档案时，“人员档案”对话框“基本信息”选项卡中的“停发工资”、“调出”和“数据档案”不可选，只有在修改状态下才能编辑。

（3）选择工资项目

1）单击“设置”|“工资项目设置”命令，打开“工资项目设置”对话框。

2）打开“工资项目设置”选项卡，单击“增加”按钮，即可在工资项目列表中增加一个空行。

3）单击“名称参照”下拉列表框，从下拉列表中选择“基本工资”选项，工资项目名称、类型、长度、小数、增减项都自动带出，不能修改。

4）所有项目增加完成后，单击“工资项目设置”窗口中的“上移”和“下移”按钮，按照“任务资料”所给顺序调整工资项目的排列位置。

5）操作完成后，单击“确定”按钮，退出该窗口。

提醒

- 工资项目一旦被选中，即可进行公式定义。
- 工资项目不能重复选择，没有选择的工资项目不允许在计算公式中出现。
- 不能删除已输入数据的工资项目和已设置计算公式的工资项目。
- 如果所需的工资项目不存在，则要关闭本工资类别，然后新增加工资项目，再打开工资类别进行选择。

（4）设置计算公式

应发合计=基本工资+岗位工资+工龄工资+岗位津贴+奖金

病假扣款=（基本工资+岗位工资+工龄工资）/21.75×0.6×病假天数

事假扣款=（基本工资+岗位工资+工龄工资）/21.75×事假天数

扣款合计=事假扣款+病假扣款+水电费用+代扣税

实发合计=应发合计–扣款合计

注意

本例只需设置病假扣款和事假扣款，其他 3 个公式系统默认。

设置病假扣款和事假扣款公式的步骤如下。

1）在“工资项目设置”对话框中打开“公式设置”选项卡。

2）单击“增加”按钮，在工资项目列表中增加一个空行，单击该行，在下拉列表中选择“病假扣款”选项。

3）单击“公式定义”文本框，单击运算符“(”，单击工资项目列表中的“基本工资”，单击运算符“+”，单击工资项目列表中的“岗位工资”，单击运算符“+”，单击工资项目列表中的“工龄工资”，单击运算符“)”，再单击运算符“/”，输入数字“21.75”，单击运算符“*”，输入数字“0.6”，单击运算符“*”，单击工资项目列表中的“病假天数”，单击“公式确认”按钮。

4）事假扣款的公式设置参照以上操作。

提醒

- 定义公式有先后顺序，先得到的数据应先设置公式。
- 实发合计的公式要在应发合计和扣款合计公式之后。
- 函数公式向导只支持系统提供的函数。

（5）设置所得税纳税基数

单击“设置”|“选项”|“编辑”|“税率设置”命令，修改所得税纳税基数为 3 500 元，单击“确定”按钮退出。

提醒

- 在“工资变动”中，系统默认以“实发合计”作为扣税基数，所以在执行完个人所得税计算后，需要到“工资变动”中执行“计算”和“汇总”功能，以保证“代扣税”这个工资项目正确地反映出单位实际代扣个人所得税的金额。
- 应先调整个人所得税计提基数，再进行工资变动。如果先进行工资变动再修改个人所得税的计提基数，就应该在修改了个人所得税的计提基数后，再进行一次工资变动，否则工资数据将不正确。

5. 在职人员工资类别日常业务

（1）输入在职人员的基本工资数据

1）单击“业务处理”|“工资变动”命令，进入“工资变动”窗口。

2）单击“编辑”下拉列表框，进入“页编辑”窗口，输入“工资数据”。

3）选择“工资项目”列表框中的“基本工资”、“岗位工资”、“工龄工资”、“岗位津贴”、“奖金”、“病假天数”、“事假天数”选项，单击“>”按钮，将这 7 项选入“已选项目”列表框中。

4）单击“确定”按钮，返回“工资变动”窗口，此时每个人的工资项目只显示 7 项。

5）输入“在职人员”工资类别的工资数据。

6）单击“过滤器”下拉列表框，从下拉列表中选择“所有项目”选项，屏幕上显示所有工资项目。

7）输入考勤情况：刘力病假天数 3 天，张山事假天数 3 天，周记病假天数 2 天，王刚事假天数 4 天。

提醒

- 公式设定的项目由系统根据计算公式自动计算生成，不需要输入。
- 第一次使用工资系统必须将所有人员的基本工资数据录入系统。工资数据可以在录入人员档案时直接录入，也可以在工资变动功能中录入，当工资数据发生变动时应在工资变动功能中录入。
- 如果工资数据变化较大，可以使用替换功能进行替换。

- 在修改了某些数据，重新设置公式，进行了数据替换或在个人所得税中执行了自动扣税等操作后，必须调用“计算”和“汇总”功能对个人工资数据重新计算，以保证数据正确。
- 如果对工资数据只进行了“计算”操作，而未进行“汇总”操作，则退出时系统提示“数据发生变动后尚未进行汇总，是否进行汇总？”信息，如果需要汇总，则单击“是”按钮；如果不需要汇总，则单击“否”按钮即可。

（2）数据计算与汇总

1）在“工资变动”窗口中，单击工具栏上的“计算”按钮，计算工资数据。

2）单击工具栏上的“汇总”按钮，汇总工资数据。

3）单击工具栏上的“退出”按钮，退出“工资变动”窗口。

（3）查看个人所得税

1）单击“业务处理”｜“扣缴所得税”命令，打开“栏目选择”对话框。

2）单击“确定”按钮，进入“个人所得税扣缴申报表”窗口，可以看到每个职工被扣缴的所得税情况。

6. 银行代发

在“银行代发一览表”对话框中单击“格式”按钮，打开代发文件设置对话框，设置银行格式为默认，文件为 TXT 格式。

7. 工资分摊

（1）在职人员类别工资分摊设置

1）单击“业务处理”｜“工资分摊”命令，打开“工资分摊”对话框。

2）单击“工资分摊设置”按钮，打开“分摊类型设置”对话框。

3）单击“增加”按钮，打开“分摊计提比例设置”对话框。

4）输入计提类型名称为“应付工资”，分摊比例为“100%”，单击“下一步”按钮，打开“分摊构成设置”对话框。

5）按任务资料内容 8“表 4.3 工资分摊表”进行设置。返回“分摊类型设置”对话框，设置应付福利费 14%、工会经费 2%、教育经费 1.5%等计提分摊项目，单击“返回”按钮。

提醒

- 所有与工资相关的费用及基金均必须建立相应的分摊类型名称及分摊比例。
- 不同部门、相同人员类别可以设置不同的分摊科目。
- 不同部门、相同人员类别在设置时，可以一次选择多个部门。

（2）分摊工资费用的凭证生成

1）选择需要分摊的计提费用类型，确定分摊计提的月份为“2016.01”。

2）选择核算部门：总经理办公室、财务部、销售部、供应部、制造部。

3）选中“明细到工资项目”和“按项目核算”复选框。

4）单击“确定”按钮，打开“应付工资一览表”窗口。

5）选中“合并科目相同、辅助项相同的分录”复选框，单击工具栏上的“制单”按钮，即可生成记账凭证。

6）单击凭证左上角的“字”位置，选择“转账凭证”，输入附单据数，单击“保存”按钮，凭证左上角出现“已生成”标记，代表该凭证已传递到总账。

7）以此类推，在应付工资一览表中选择应付福利费、工会经费、教育经费。选中“合并科目相同、辅助项相同的分录”复选框，单击工具栏上的“制单”按钮，即可生成记账凭证，单击“退出”按钮返回。

提醒

- 工资分摊应按分摊类型依次进行。
- 在进行工资分摊时，如果取消选中“合并科目相同、辅助项相同的分录”复选框，则在生成凭证时每条分录都对应一个贷方科目；如果单击“批制”按钮，可以一次将本次参与分摊的分摊“类型”所对应的凭证全部生成。

8. 汇总工资类别

1）单击“工资类别”｜“关闭工资类别”命令。

2）单击“维护”｜“工资类别汇总”命令，打开“选择工资类别”对话框。

3）选择要汇总的工资类别，单击“确定”按钮，完成工资类别汇总。

4）单击“工资类别”｜“打开工资类别”命令，打开“选择工资类别”对话框。

5）选择“998 汇总工资类别”，单击“确定”按钮，等月末处理后可查看工资类别汇总后的各项数据。

9. 账表查询

利用账表查询功能可查看工资分钱清单、个人所得税扣缴申报表、各种工资表。

提醒

- 该功能必须在关闭所有工资类别后才可以使用。
- 所选工资类别中必须有汇总月份的工资数据。
- 如果是第一次进行工资类别汇总，则必须在汇总工资类别中设置工资项目计算公式。如果每次汇总的工资类别一致，则公式无须重新设置；如果与上一次所选择的工资类别不一致，则必须重新设置计算公式。
- 汇总工资类别不能进行月末结算和年末结算。

10. 月末处理

1）单击“业务处理”｜“月末处理”命令，打开“月末处理”对话框。单击“确定”按钮，系统弹出“月末处理之后，本月工资将不许变动，继续月末处理吗？”信息提示对话框。单击“是”按钮，系统继续弹出“是否选择清零项？”信息提示对话框。单击“否”按钮。

2）系统弹出“月末处理完毕！”信息提示对话框，单击“确定”按钮返回。

提醒

- 如果系统弹出“是否选择清零项？”信息提示对话框，单击“是”按钮，则打开“选择清零项目”对话框。在“请选择清零项目”列表框中，单击鼠标选择“请假天数”、“请假扣款”和“奖励工资”，单击“>”按钮，将所选项目移动到右侧的列表框中。
- 只有主管人员才能执行月末处理功能，所以应以账套主管的身份登录系统。
- 只有在会计年度的 1—11 月才能进行月末结转，且只有在当月工资数据处理完毕后才可进行。
- 若要处理多个工资类别，则应打开工资类别，分别进行月末结转。
- 若本月工资数据未汇总，系统将不允许进行月末结转。进行期末处理后，当月数据将不允许变动。

11. 生成工资发放签名表

1）单击“统计分析”|“账表”|“工资表”命令，打开“工资表”对话框。

2）选择“工资发放签名表”，单击“查看”按钮，选择“总经理办公室”、“财务部”、“销售部”、“供应部”、“制造部”，单击“确定”按钮，生成工资发放签名表。

3）选择部门，可以分部门查看工资情况。

12. 凭证查询

1）打开“在职人员工资类别”，单击“统计分析”｜“凭证查询”命令，打开“凭证查询”对话框。

2）选择输入所要查询的起始月份和终止月份，显示查询期间凭证列表。

3）选取一张凭证，单击“删除”按钮可删除标记为“未审核”的凭证。

4）单击“冲销”按钮，则可对当前标记为“记账”的凭证进行红字冲销操作，自动生成与原凭证相同的红字凭证。

5）单击“单据”按钮，显示生成凭证的原始凭证。

6）单击“凭证”按钮，显示单张凭证。

任务测评

工资分摊业务生成的凭证如表 4.4 所示。

表 4.4　工资分摊业务生成凭证一览表

业务号	凭证类型	会计科目	借方金额（元）	贷方金额（元）	辅助信息
1	转	销售费用/工资及福利费	14 877.00		
		管理费用/工资及福利费	23 892.00		
		生产成本/直接人工/A	3 032.00		项目核算
		生产成本/直接人工/B	2 858.00		项目核算
		制造费用/人工费/一车间	4 451.00		
		制造费用/人工费/二车间	3 542.00		
		应付职工薪酬/应付工资		52 652.00	
2	转	销售费用/工资及福利费	2 082.78		
		管理费用/工资及福利费	3 344.88		
		生产成本/直接人工/A	424.48		项目核算
		生产成本/直接人工/B	400.12		项目核算
		制造费用/人工费/一车间	623.14		
		制造费用/人工费/二车间	495.88		
		应付职工薪酬/职工福利费		7 371.28	
3	转	管理费用/工会经费	1 053.04		
		应付职工薪酬/工会经费		1 053.04	
4	转	管理费用/教育经费	789.80		
		应付职工薪酬/教育经费		789.80	

学习任务5

固定资产系统管理

【学习目标】

- 了解固定资产账套内容及处理的主要功能
- 学会固定资产卡片输入方法
- 能够对固定资产增加、减少、变动进行处理
- 会计提固定资产折旧及相关业务凭证生成处理
- 熟悉固定资产月末转账、对账及结账的方法

5.1 系统概述

5.1.1 固定资产系统功能

固定资产系统主要完成企业固定资产日常业务的核算和管理，生成固定资产卡片，按月反映固定资产的增加、减少、原值变化及其他变动，并输出相应的增减变动明细账，按月自动计提折旧，生成折旧分配凭证，同时输出一些同设备管理相关的报表和账簿。

5.1.2 固定资产系统与其他系统的关系

固定资产系统中资产的增加、减少及原值和累计折旧的调整、折旧计提都要将有关数据以记账凭证的形式传输到总账系统，同时通过对账保持固定资产账目与总账的平衡，并可以修改、删除及查询凭证。固定资产系统为成本核算系统提供计提折旧有关费用的数据。UFO报表系统也可以通过相应的取数函数从固定资产系统中提取分析数据。

5.1.3 固定资产系统的业务处理流程

固定资产业务流程比较简单，主要是固定资产增加时，增加新的卡片做固定资产增加的处理；固定资产减少时根据固定资产减少资料进行减少的处理；固定资产变动时，根据变动资料增加变动单，添加变动单记录。根据固定资产卡片的记录和相应的折旧方

法，计提折旧和折旧费用分配；根据固定资产实际情况，进行减值准备的计提或冲回处理；根据以上处理的结果在月末进行汇总过账，将相关的凭证传递到总账系统和成本核算系统进行必要的数据处理。

5.2 固定资产初始设置

固定资产系统初始化是根据企业的具体情况，建立一个适合本单位的固定资产子账套的过程。固定资产初始化的内容主要包括建立固定资产子账套、基础设置和录入固定资产卡片。

5.2.1 建立固定资产子账套

建立固定资产子账套是根据企业的具体情况，在已经建立会计核算的基础上，建立一个适合企业实际需要的固定资产子账套的过程。建立固定资产子账套需要设置的内容主要包括约定及说明、启用月份、折旧信息、编码方式、账务接口和完成设置六部分。

栏目说明

- 在启动固定资产系统前，应先在系统管理中设置相应的账套。
- 在“固定资产初始向导——折旧信息”对话框中，“本账套计提折旧”复选框处需要选定本账套是否计提折旧。如果不选中“本账套计提折旧”复选框，则账套内所有与折旧有关的功能均不能操作。该复选框在初始化设置完成后不能修改。
- 系统设置了六种常用的折旧方法，选择折旧方法以便在资产类别设置时自动带出。对具体的固定资产可以重新定义折旧方法。
- 如果选中“当（月初已计提月份=可使用月份-1）时将剩余的折旧全部提足（工作量法除外）”复选框，则除工作量法外，只要上述条件满足，该月月折旧额=净值-净残值，并且不能手工修改；如果不选中该复选框，则该月不提足折旧并且可以手工修改。但是如果以后各月按照公式计算的月折旧额是负数时，认为公式无效，令月折旧率=0，月折旧额=净值-净残值。
- 建账完成后，当需对账套中的某些参数进行修改时，可以单击“设置”|“选项”命令重新设置；当某些设置错误又不允许修改，但必须纠正时，则只能通过“重新初始化”功能实现，但应注意重新初始化将清空对该账套所做的一切工作。

5.2.2 基础设置

在使用固定资产系统进行固定资产卡片录入和日常业务处理前，应检查系统是否已经完成了相应的基础设置。固定资产系统的基础设置主要包括选项、部门档案、部门对应折旧科目、资产类别、增减方式、使用状况和折旧方法的设置。

1. 选项设置

由于在建立固定资产子账套时已经进行了有关选项的设置，因此在“选项”设置中只能对允许修改的参数进行修改，其他参数只能查看。

2. 部门档案设置

在“部门档案”设置中，可以对企业的各职能部门进行分类和描述，以便确定固定资产的归属。部门档案的设置在各个系统中是共享的，在固定资产系统中检查其设置的内容是否完整，并可以根据企业的实际需要进行设置或修改。

3. 部门对应折旧科目设置

固定资产计提折旧后必须把折旧归入成本或费用，根据不同使用者的具体情况按部门或按类别归集。当按部门归集折旧费用时，某一部门所属的固定资产折旧费用将归集到一个比较固定的科目，所以对应折旧科目设置就是给部门选择一个折旧科目。录入卡片时，该科目自动显示在卡片中，不必一个一个地输入，可提高工作效率。然后在生成部门折旧分配表时，每个部门按折旧科目汇总，生成记账凭证。“部门对应折旧科目”设置界面如图 5.1 所示。

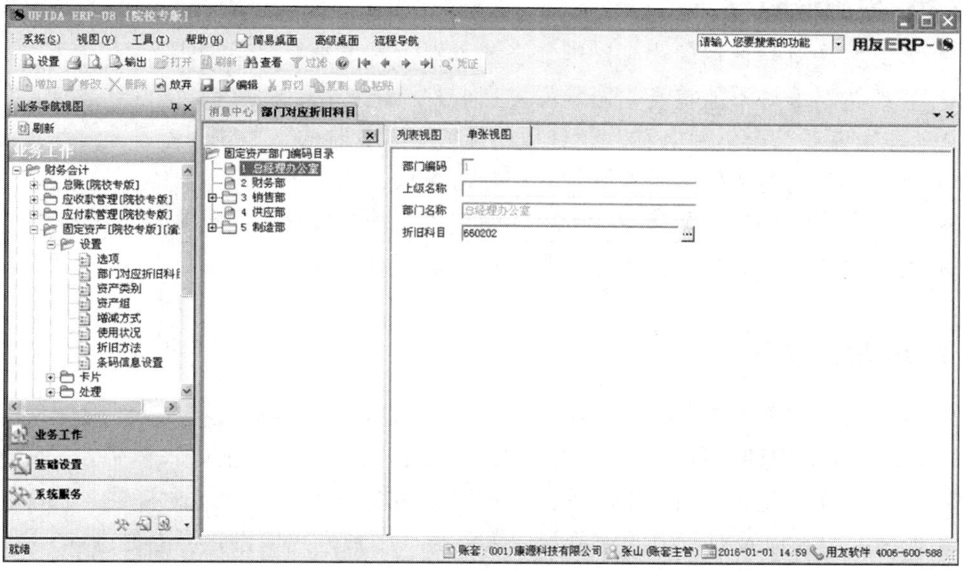

图 5.1　“部门对应折旧科目”设置界面

4. 资产类别设置

固定资产的种类繁多，规格不一，要强化固定资产管理，及时、准确地做好固定资产核算，必须建立科学的固定资产分类体系，为核算和统计管理提供依据。企业可以根据自身的特点和管理要求，确定一个较为合理的资产分类方法。对固定资产类别可以分别进行增加、修改和删除的操作。“资产类别”设置界面如图 5.2 所示。

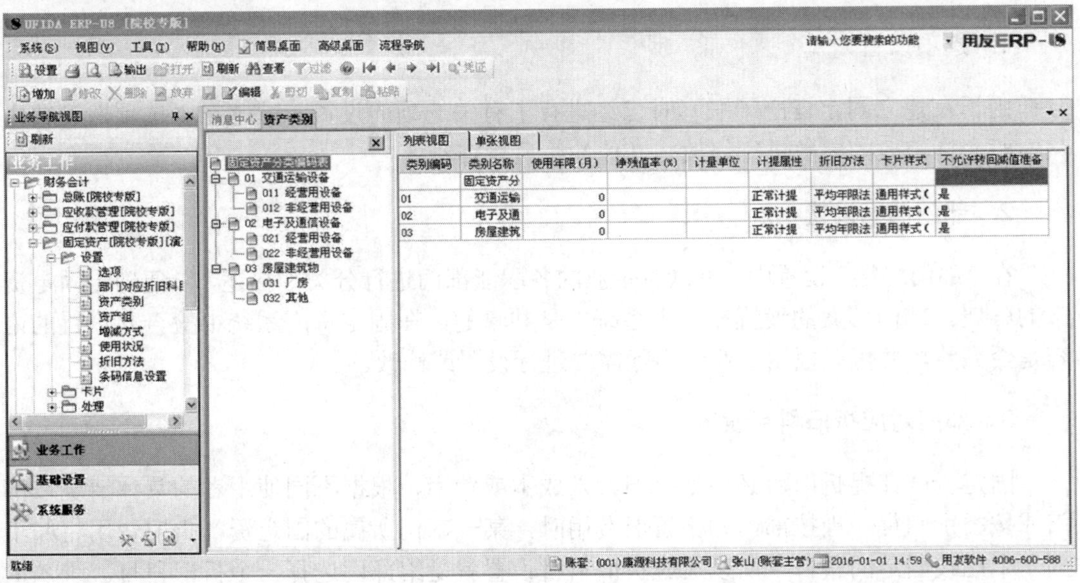

图 5.2 “资产类别”设置界面

栏目说明

- 只有在最新会计期间才可以增加资产类别，月末结账后不能增加。
- 资产类别编码不能重复，同级的类别名称不能相同。
- “类别编码”、“类别名称”、“计提属性”、“卡片样式”不能为空。
- 其他各项内容的输入是为了录入卡片时默认，可以为空。
- 非明细类别编码不能修改和删除，明细类别编码修改时只能修改本级的编码。
- 使用过的类别计提属性不允许删除或增加下级类别。

5. 增减方式设置

增减方式包括增加方式和减少方式两类。增加的方式主要有直接购入、投资者投入、捐赠转入、盘盈、在建工程转入、融资租入。减少的方式主要有出售、盘亏、投资转出、捐赠转出、报废、毁损和融资租出等。设置租出的增加和减少的方式主要用于确定租出计价和处理原则，以及对租出的汇总管理。资产“增减方式”设置界面如图 5.3 所示。

6. 使用状况设置

从固定资产核算管理的角度，需要明确资产的使用状况，一方面可以正确地计算和计提折旧，另一方面便于统计固定资产的使用状况，提高资产的利用效率。系统预置的使用状况有在用、季节性停用、经营性出租、大修理停用、未使用及不需用几种。资产“使用状况”设置界面如图 5.4 所示。

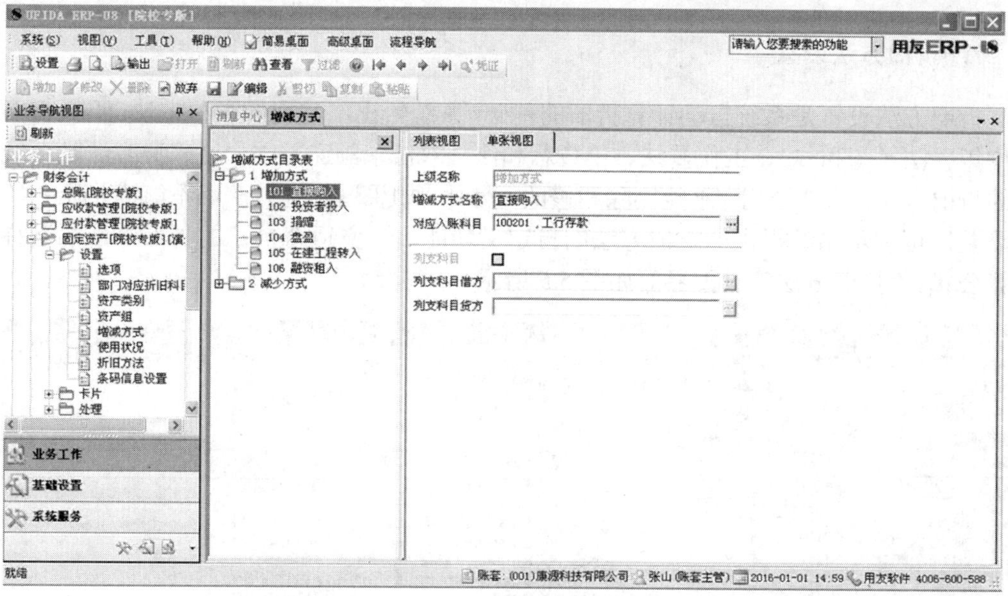

图 5.3　资产“增减方式”设置界面

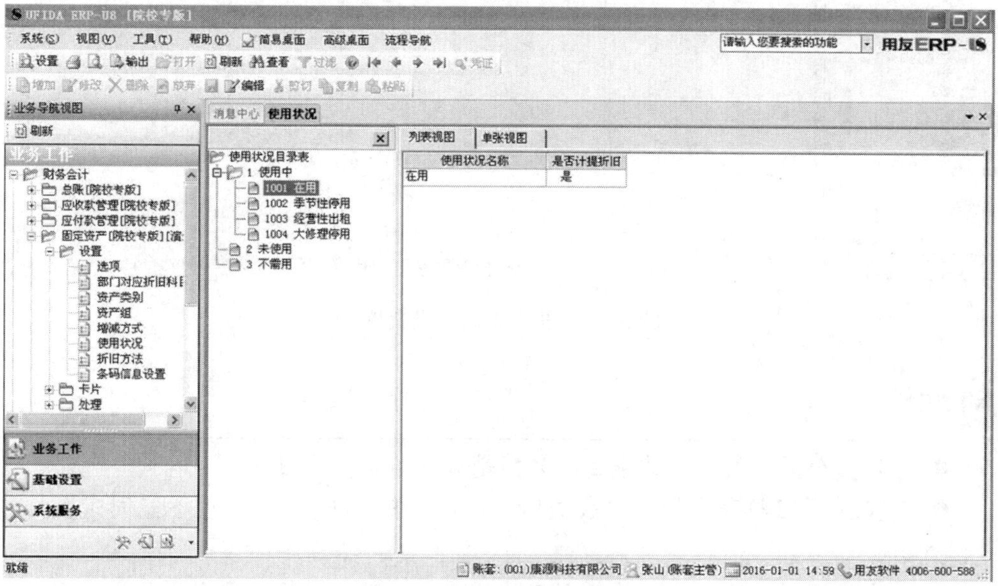

图 5.4　资产“使用状况”设置界面

提醒

- 修改某一使用状况的“是否计提折旧”后，对折旧计算的影响从当期开始，不调整以前的折旧计算。
- “在用”状况下默认的内容，因涉及卡片的大修理记录和停用记录表的自动填写，不能删除，但使用状况名称可以修改。

7. 折旧方法设置

折旧方法设置是系统自动计算折旧的基础。系统给出了常用的六种方法：不提折旧、平均年限法（一和二）、工作量法、年数总和法、双倍余额递减法。这六种方法是系统设置的折旧方法，只能选用，不能删除和修改。另外，如果这几种方法都不能满足企业的使用需要，可利用系统提供的折旧方法的自定义功能，定义适合自己的折旧方法的名称和计算公式。"折旧方法"设置界面如图 5.5 所示。

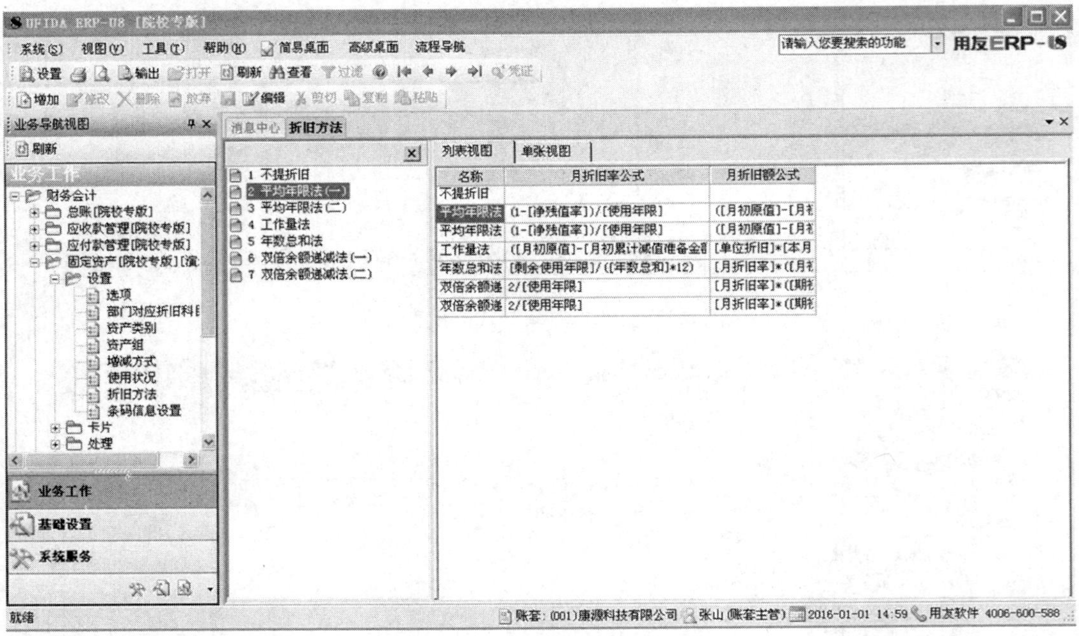

图 5.5 "折旧方法"设置界面

提醒

- 自定义公式中所包含的项目，只能是系统给定的项目。
- 定义月折旧额和月折旧率公式时，必须有单项包含关系，但不能同时互相包含。
- 计提折旧时，若自定义的折旧方法的月折旧额或月折旧率出现负数，则自动终止折旧计提。
- 修改卡片已使用的折旧方法公式，将使得所有使用该方法的资产折旧的计提方法按修改过的公式计算折旧，但以前各期间已经计提的折旧不变。

5.2.3 固定资产卡片录入

固定资产卡片是固定资产核算和管理的依据，为了保持历史资料的连续性，在使用固定资产核算前，除了要进行基础设置外，还必须将建账日前以前的数据录入系统中，使固定资产系统中有一个完整的数据资料。固定资产卡片的录入并不必须在第一个期间结账前，任何时刻都可以录入。固定资产卡片的录入界面如图 5.6 所示。

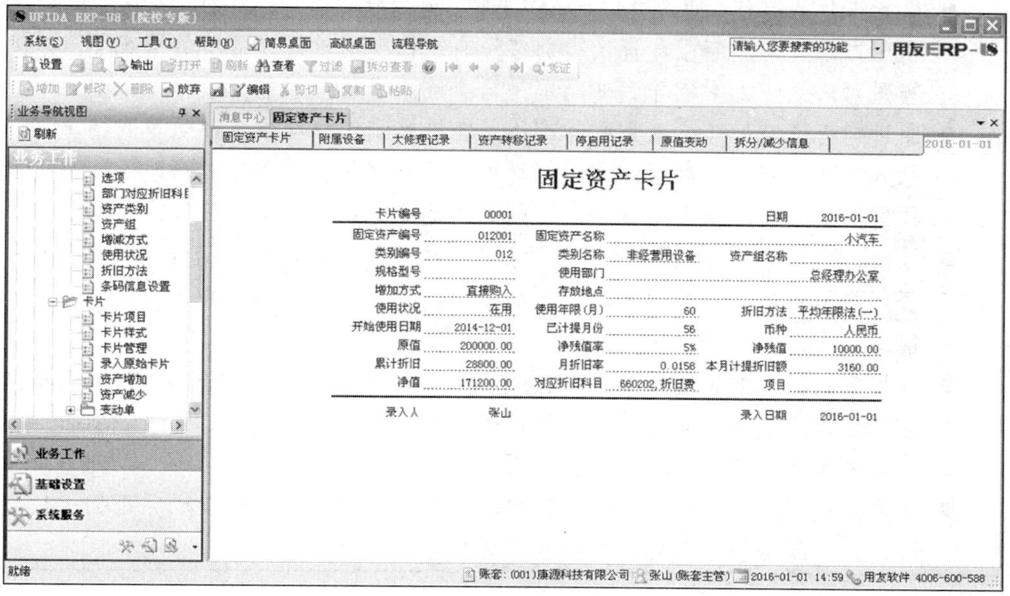

图 5.6　固定资产卡片录入界面

提醒

- 卡片中的固定资产编号根据初始化或选项设置中的编码方式自动编码，用户也可以手工录入。
- 与计算折旧有关的项目录入后，系统会自动计算月折旧额。
- 原值、累计折旧、累计工作量录入的一定要是卡片录入月月初的价值，否则将会出现计算错误。
- 已提月份不包括使用期间停用等不计提折旧的月份，否则不能正确计算折旧。
- 如果输入原值和净值，可自动计算累计折旧。
- 对应折旧科目，根据所选择的使用部门自动带出。

5.3　日常业务处理

固定资产的日常业务处理主要包括固定资产卡片管理、固定资产增减业务处理及固定资产的各种变动管理、生成凭证和账簿管理。

5.3.1　固定资产卡片管理

卡片管理是对固定资产系统中所有卡片进行综合管理的功能操作。通过卡片管理可完成卡片修改、卡片删除、卡片查询及卡片打印等操作。

提醒

- 原始卡片的原值、使用部门、工作总量、使用状况、累计折旧、净残值（率）、折旧方法、使用年限、资产类别在没有制作变动单或评估单的情况下，录入当月可修改。如果制作过变动单，只有删除变动单才能修改。
- 通过“资产增加”录入系统的卡片，在没有制作变动单或评估单的情况下，录入当月可修改。如果制作过变动单，只有删除变动单才能修改。如果已制作凭证要修改原值或累计折旧，则必须删除凭证后，才能修改。
- 原值、使用部门、使用状况、累计折旧、净残值（率）、折旧方法、使用年限、资产类别各项目在做过一次月末结账后，只能通过变动单或评估单调整，不能通过卡片修改功能改变。
- 卡片录入当月如果发现有错，想删除该卡片，可通过“卡片删除”功能实现。删除后如果该卡片不是最后一张，卡片编号保留空号。
- 非本月录入的卡片不能删除。
- 卡片做过一次月末结账后不能删除。制作过变动单、评估单或凭证的卡片删除时，系统会提示先删除变动单、评估单或凭证。

5.3.2 固定资产增减处理

在系统的使用过程中，总会出现固定资产增加和减少的业务。固定资产的增减处理是在固定资产系统中通过控制固定资产的增减卡片等方式实现的。

1. 固定资产增加

资产增加是指购进或通过其他方式增加企业资产。资产增加需要输入一张新的固定资产卡片，与固定资产期初输入相对应。“固定资产卡片”增加界面如图 5.7 所示。

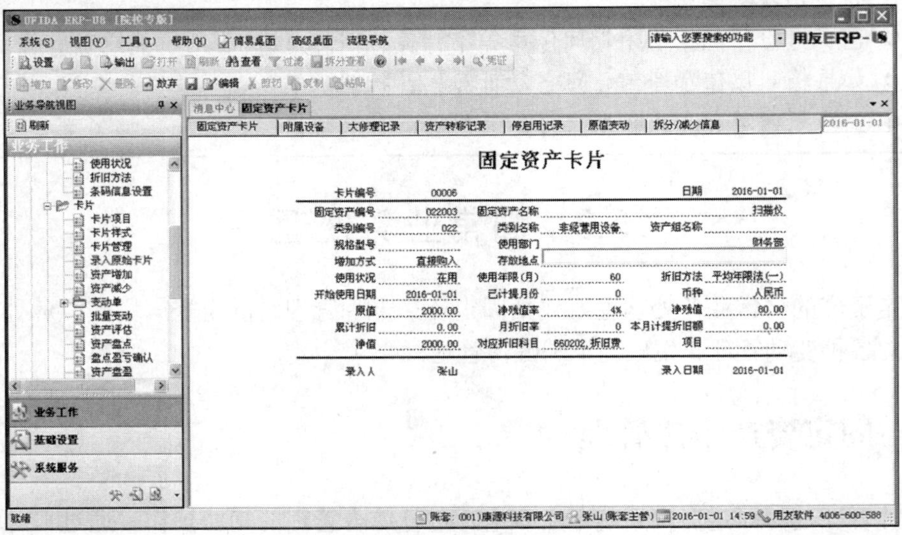

图 5.7 “固定资产卡片”增加界面

2. 固定资产减少

资产减少是指资产在使用过程中，会由于各种原因（如毁损、出售、盘亏等）退出企业，此时要做资产减少处理。资产减少需输入资产减少卡片并说明减少原因。

只有当账套开始计提折旧后，才可以使用资产减少功能，否则，减少资产只能通过删除卡片来完成。

资产减少的操作是在“卡片”菜单的“资产减少”功能中完成的。在资产减少时应分别在资产减少功能中录入卡片编号、资产编号、减少方式及减少日期等内容。

5.3.3 固定资产变动管理

资产在使用过程中，可能会调整卡片上的某些项目，这种变动要求留下原始凭证，制作的原始凭证称为变动单。资产的变动包括原值变动、部门转移、使用状况变动、使用年限调整、折旧方法调整和净残值（率）调整等。

系统约定本月录入的卡片和本月增加的资产，不允许进行变动处理，因此要进行资产变动必须先计提折旧并制单、结账后才能进行有关变动的处理。

固定资产变动管理是在“卡片”菜单的“变动单”或“批量变动”功能中完成的，在打开变动单后输入相应的变动内容并制单即可。

提醒

- 变动单保存后不能修改，只能在当月删除后重新填制。
- 进行使用年限调整的资产，在调整的当月就按调整后的使用年限计提折旧。
- 进行折旧方法调整的资产，在调整的当月就按调整后的折旧方法计提折旧。
- 如果进行累计折旧调整，则应保证调整后的累计折旧大于净残值。

5.3.4 资产评估

用友 ERP-U8 管理系统提供对固定资产评估作业的管理，主要包括如下内容。

① 将评估机构的评估数据手工录入或者定义公式后录入系统。

② 根据国家要求手工录入评估结果或根据定义的评估公式生成评估结果。

③ 对评估单的管理。

本系统资产评估功能提供可评估的资产内容包括原值、累计折旧、净值、使用年限、工作总量和净残值（率）。

5.4 期末业务处理

在固定资产系统中，期末业务处理的工作主要包括计提减值准备、计提折旧、资产盘点、制单处理及对账与结账的处理工作。

5.4.1 计提减值准备

企业应当在期末或至少在每年年度终止时，对固定资产逐项进行检查。如果由于市价持续下跌，或技术陈旧等原因导致其可回收金额低于账面价值，应当将可回收金额低于账面价值的差额作为固定资产减值准备。固定资产减值准备必须按单项资产计提。

5.4.2 计提折旧

自动计提折旧是固定资产系统的主要功能之一。系统根据已经录入系统的有关固定资产资料，每期计提折旧一次，并自动生成折旧分配表，然后制作记账凭证，将本期的折旧费用自动登账，并将当期的折旧额累加到累计折旧项目。

影响折旧的因素主要有原值、减值准备、累计折旧、净残值（率）、折旧方法、使用年限及使用状况。

5.4.3 资产盘点

用友 ERP-U8 管理系统提供对固定资产盘点的管理，主要包括如下内容。

① 在卡片管理中打印输出固定资产盘点单。

② 在资产盘点中选择按部门或按类别等对固定资产进行盘点，录入盘点数据，与账面上记录的盘点单进行核对，查核资产的完整性。

③ 对盘点单的管理。

5.4.4 制单处理

固定资产系统和总账系统之间存在数据的自动传输关系，这种传输是通过记账凭证来完成的。固定资产系统中要制作凭证的业务内容主要包括资产增加、资产减少、卡片修改（涉及原值和累计折旧时）、资产评估（涉及原值和累计折旧时）、原值变动、累计折旧调整及折旧分配。

制作凭证可以采用“立即制单”和“批量制单”两种方法。如果在“选项”中设置了“业务发生后立即制单”，则当需要制单的业务发生时，系统自动调出不完整的凭证供修改后保存；如果在“选项”中未选中“业务发生后立即制单”，则可以利用系统提供的“批量制单”功能完成制单的工作。批量制单功能可以同时将一批需要制单的业务连续制作成凭证并传输到总账系统。

5.4.5 对账与结账处理

1. 对账

系统在运行过程中，应保证本系统管理的固定资产的价值和账务系统中固定资产科目的数值相等，而两个系统的资产价值是否相等，应通过执行固定资产系统提供的对账功能实现。对账操作不限制执行的时间，任何时候都可以进行对账。系统在执行月末结账时自动对账一次，给出对账结果，并根据初始化或选项的判断确定不平衡账情况下是否允许结账。

只有系统初始化或选项中选择了“与账务对账”参数，才可以进行对账操作。对账操作是在“处理”菜单的“对账”功能中完成的。在选择对账功能后，系统会自动完成对账并给出对账结果。

2. 结账

当固定资产系统完成了本月全部制单业务后，可以进行月末结账。月末结账每月进行一次，结账后当期数据不能修改。结账的操作是在“处理”菜单的“月末结账”功能中完成的。结账后如果发现有本月末未处理的业务或需要修改的事项，可以通过系统提供的“恢复月末结账前状态”功能进行反结账。

5.5　账表管理

在固定资产的管理过程中，需要及时掌握资产的统计、汇总和其他各方面的信息。固定资产系统根据用户对系统的日常操作，自动提供这些信息，以报表的形式提供给财务人员和资产管理人员。本系统提供的报表分为四类：固定资产账簿、分析表、统计表和折旧表。另外，如果所提供的报表不能满足要求，可利用系统提供的自定义报表功能，定义符合要求的报表。

1. 固定资产账簿

在继续了固定资产正常的日常业务处理后，系统根据业务内容直接生成有关的固定资产登记簿。固定资产的账簿资料主要包括固定资产总账、固定资产明细账和固定资产登记簿。固定资产的明细账包括单个固定资产明细账与分别按部门和按类别登记的固定资产明细账。这些账簿以不同的方式，序时地反映了资产的变化情况，在查询的过程中可以联查到某一时期、某一部门、某一类别的明细资料及记账凭证，从而获得全面的固定资产的信息。

固定资产账簿可以在“账表”｜“我的账表”｜“账簿”中查询。

2. 分析表

固定资产分析表主要通过对固定资产的综合分析，为管理者提供管理和决策依据。系统提供了四种分析表：部门构成分析表、价值结构分析表、类别构成分析表和使用状况分析表。管理者可以通过这些分析表，了解企业固定资产计提折旧的情况和剩余价值大小等内容。

固定资产分析表可以在“账表”｜“我的账表”｜“分析表”中查询。

3. 统计表

统计表是由于管理资产的需要，按管理目的统计的数据。系统提供了八种统计表：固定资产原值一览表、固定资产到期提示表、固定资产统计表、评估汇总表、评估变动表、盘盈盘亏报告表、逾龄资产统计表和役龄资产统计表。这些表从不同的侧面对固定资产进行统计分析，使管理者可以全面、细致地了解企业对资产的管理，为及时掌握资产的价值、数量及新旧程度等指标提供依据。

4. 折旧表

系统提供了五种折旧表：部门折旧计提汇总表、固定资产折旧表、固定资产累计折旧表、固定资产折旧计算明细表、固定资产折旧清单表。通过固定资产折旧表可以了解并掌握企业所有固定资产本期、本年某部门、某类别固定资产计提折旧明细情况。

任务实例 7　固定资产系统处理

任务目标

① 掌握用友 ERP–U8 管理软件中固定资产系统的相关内容。
② 掌握固定资产系统的系统初始化、日常业务处理及月末处理的操作。

任务内容

① 固定资产系统参数设置、原始卡片录入。
② 日常业务：固定资产增加、减少、变动、资产评估、生成凭证、账表查询。
③ 月末处理：计提减值准备、计提折旧、对账和结账。

任务准备

可以引入“任务处理 2”账套数据，也可以引入“任务处理 4”或“任务处理 6”，但要注意凭证生成的时间顺序。

任务资料

1. 初始设置资料

（1）控制参数（见表 5.1）

表 5.1　控制参数

控 制 参 数	参 数 设 置
启用月份	2016.01
折旧信息	本账套计提折旧 折旧方法：平均年限法 折旧汇总分配周期：1 个月 当（月初已计提月份=可使用月份–1）时，将剩余折旧全部提足

续表

控制参数	参数设置
编码长度	资产类别编码方案：2112
自动编码方式	固定资产编码方式：按“类别编码+部门编码+序号”自动编码；卡片序号长度为 3
账务接口	与账务系统进行对账 固定资产对账科目：1601 固定资产 累计折旧对账科目：1602 累计折旧
补充参数	业务发生后立即制单 月末结账前一定要完成制单登账业务 固定资产默认入账科目：1601 累计折旧默认入账科目：1602 减值准备默认入账科目：1603

（2）资产类别（见表 5.2）

表 5.2　资产类别

编　码	类别名称	净残值率（%）	折旧方法	计提属性
01	交通运输设备		平均年限法（一）	正常计提
011	经营用设备	4	平均年限法（一）	正常计提
012	非经营用设备	5	平均年限法（一）	正常计提
02	电子及通信设备		平均年限法（一）	正常计提
021	经营用设备	4	平均年限法（一）	正常计提
022	非经营用设备	4	平均年限法（一）	正常计提
03	房屋建筑物		平均年限法（一）	正常计提
031	厂房	5	平均年限法（一）	正常计提
032	其他	5	平均年限法（一）	正常计提

（3）部门及对应折旧科目（见表 5.3）

表 5.3　部门及对应折旧科目

部　门	对应折旧费用
总经理办公室、财务部	管理费用/折旧费（660202）
供应部	管理费用/折旧费（660202）
销售部	销售费用/折旧费（660103）
制造部	制造费用/折旧费（510103）

（4）增减方式的对应入账科目（见表 5.4）

表 5.4　增减方式的对应入账科目

增减方式	对应入账科目
增加方式	
直接购入	100201，工行存款

续表

增 减 方 式	对应入账科目
减少方式	
出售	100201，工行存款
毁损	1606，固定资产清理

（5）固定资产原始卡片（见表 5.5）

表 5.5　固定资产卡片录入

类别编码	名　称	所在部门	增加方式	使用年数	开始使用日期	原值（元）	累计折旧（元）
031	仓库	销售一部	购入	10	2012-12-01	600 000	201 600
012	小汽车	总经理办公室	购入	5	2014-06-01	200 000	28 800
022	计算机 A	财务部	购入	5	2014-12-01	8 000	1 536
022	计算机 B	销售二部	购入	5	2015-06-01	8 000	768
021	数字机床	一车间	购入	5	2015-06-01	4 000	384

提醒

表 5.5 中固定资产原值总额为 820 000.00 元，如果与总账余额核对则不平，题目允许不平，如果使它们平衡则在表 5.5 中增加房产 9 545 480.00 元即可。

2. 日常业务资料

①1 月 5 日，财务部购买扫描仪一台，价值 2 000 元，进项税 340 元，净残值率 5%，预计使用年限 5 年，款项已用银行存款支付，已投入使用。

②1 月 20 日，销售一部购入货车一辆，单价 100 000 元/辆，进项税 17 000 元，以工行转账支票付讫，净残值率 4%，预计使用年限 5 年，已投入使用。

③1 月 30 日计提折旧。

④1 月 30 日经批准将财务部原有的计算机 A 以 1 000 元的价格出售，银行已收到款项。

3. 月末处理要求

月末处理包括计提减值准备、计提折旧、查看折旧清单、生成记账凭证、对账和结账。

任务处理

1. 启用固定资产系统

1）单击“开始”｜“程序”｜“用友 ERP-U8.72”｜“企业应用平台”命令。

2）输入操作员“201 张山”，输入密码“1”；在“账套”下拉列表框中选择“001 康源科技有限公司”；“操作日期”为“2016-01-05”，单击“确定”按钮，进入企业门户。

3）双击“固定资产”模块，弹出“这是第一次打开此账套，还未进行过初始化，是否进行初始化”信息提示对话框，单击“是”按钮。弹出初始化账套向导对话框。

2. 初始资料设置

（1）设置控制参数（初次启动固定资产系统的参数设置）

1）打开“固定资产初始化向导——约定与说明”对话框，单击“我同意”按钮。

2）单击“下一步”按钮，打开“固定资产初始化向导——启用月份”对话框。

3）选择启用月份“2016.01”。

4）单击“下一步”按钮，打开“固定资产初始化向导——折旧信息”对话框。

5）选中“本账套计提折旧”复选框；选择折旧方法“平均年限法（一）”，折旧分配周期“1 个月”；选中“当（月初已计提月份=可使用月份–1）时，将剩余折旧全部提足”复选框。

6）单击“下一步”按钮，打开“固定资产初始化向导——编码长度”对话框。

7）确定资产类别编码长度的编码方案为 2112；选择“自动编码”单选按钮，选择固定资产编码方式“类别编号+部门编码+序号”，选择序号长度“3”。

8）单击“下一步”按钮，打开“固定资产初始化向导——账务接口”对话框。

9）选中“与账务系统进行对账”复选框；选择固定资产的对账科目“1601，固定资产”，累计折旧的对账科目“1602，累计折旧”。

10）单击“下一步”按钮，打开“固定资产初始化向导——完成”对话框。

11）单击“完成”按钮，完成本账套的初始化，系统弹出“是否确定所设置的信息完全正确并保存对新账套的所有设置”信息提示对话框。

12）单击“是”按钮，系统弹出“已成功初始化本固定资产账套”信息提示对话框，单击“确定”按钮。

提醒

- 初始化设置完成后，有些参数不能修改，所以要慎重。
- 如果发现参数有错，必须改正，只能通过固定资产系统的“维护”｜“重新初始化账套”命令实现。该操作将清空对该子账套所做的一切工作。

（2）补充参数设置

1）单击“设置”｜“选项”命令，进入“选项”窗口。

2）单击“编辑”按钮，打开“与账务系统接口”选项卡。

3）选中“业务发生后立即制单”、“月末结账前一定要完成制单登账业务”复选框；选择默认入账科目为“1601，固定资产”、“1602，累计折旧”、“1603，固定资产减值准备”，单击“确定”按钮。

（3）资产类别设置

1）单击“设置”｜“资产类别”命令，进入“类别编码表”窗口。

2）单击“增加”按钮，输入类别名称“交通运输设备”，选择计提属性“正常计提”，折旧方法“平均年限法（一）”，卡片样式“通用样式”，单击“保存”按钮。

3）同理，完成其他资产类别的设置。

提醒

- 资产类别编码不能重复，同一级的类别名称不能相同。
- 类别编码、名称、计提属性、卡片样式不能为空。
- 已使用过的类别不能设置新下级。

（4）部门对应折旧科目设置

1）单击“设置” | “部门对应折旧科目”命令，进入“部门编码表”窗口。

2）选择部门“总经理办公室”，单击“修改”按钮。

3）选择折旧科目“660202，折旧费”，单击“保存”按钮。

4）同理，完成其他部门折旧科目的设置。

提醒

- 在使用部门的折旧科目功能前，必须已建立部门档案。
- 设置上级部门的折旧科目，则下级部门可以自动继承。下级部门也可以选择与上级部门不同的会计科目。

（5）增减方式的对应科目设置

1）单击“设置” | “增减方式”命令，进入“增减方式”窗口。

2）在左侧列表框中，单击“直接购入”增加方式，单击“修改”按钮。

3）输入对应入账科目“100201，工行存款”，“22210101，应交税费——进项税额”，单击“保存”按钮。

4）同理，输入减少方式“出售”的对应入账科目“100201”、“毁损”的对应入账科目“1606，固定资产清理”。

提醒

当固定资产发生增减变动、系统生成凭证时，会默认采用这些科目。

（6）录入固定资产卡片

1）单击“卡片” | “录入原始卡片”命令，进入“资产类别档案”对话框。

2）选择固定资产类别“031 厂房”，单击“确定”按钮，进入“固定资产卡片录入”窗口。

3）输入固定资产名称“仓库”；双击“部门名称”，选择“单部门使用”，再选择“销售一部”；双击“增加方式”，选择“直接购入”；双击“使用状况”，选择“在用”；输入开始使用日期“2012-12-01”；输入原值“600 000”，累计折旧“201 600”；输入可使用年限“10 年”；其他信息自动计算出。

4）单击“保存”按钮，系统弹出“数据成功保存！”信息提示对话框，单击“确定”按钮。

5）同理，完成其他固定资产卡片的录入。

6）使用状况均为“在用”。

栏目说明

- “卡片编号”：系统根据初始化时定义的编码方案自动设定，不能修改。如果删除一张卡片，又不是最后一张时，系统将保留空号。
- “已计提月份”：系统将根据开始使用日期自动计算出来，但可以修改。应将使用期间停用等不计提折旧的月份扣除。
- “月折旧率”、“月折旧额”：与计算折旧有关的项目录入后，系统会按照录入的内容自动计算出并显示在相应项目内。可与手工计算的值比较，核对是否有错误。

3. 日常及期末处理

业务处理（1）：资产增加。

1）单击“卡片”｜“资产增加”命令，进入“资产类别档案”对话框。

2）选择资产类别“022 非经营用设备”，单击“确定”按钮，进入“固定资产卡片新增”窗口。

3）输入固定资产名称“扫描仪”；双击“使用部门”，选择“财务部”，双击“增加方式”，选择“直接购入”，双击“使用状况”，选择“在用”；输入原值“2 000”，可使用年限“5 年”，开始使用日期“2016-01-05”，单击“保存”按钮。

业务处理（2）：资产增加。

1）单击“卡片”｜“资产增加”命令，进入“资产类别档案”对话框。

2）选择资产类别“012 非经营用设备”，单击“确定”按钮，进入“固定资产卡片新增”窗口。

3）输入固定资产名称“货车”；双击“使用部门”，选择“销售一部”；双击“增加方式”，选择“直接购入”；双击“使用状况”，选择“在用”；输入原值“100 000”，“进项税 17 000”，可使用年限“5 年”，开始使用日期“2016-01-20”，单击“保存”按钮。

提醒

- 固定资产原值一定要输入卡片录入月月初的价值，否则会出现计算错误。
- 新卡片第一个月不计提折旧，累计折旧为空或 0。
- 卡片输入完成后，可以立即制单，也可以不立即制单。如果选择立即制单则进项税无法输入，只能在批量制单中进入“填制凭证”窗口，选择凭证类型为“付款凭证”，修改制单日期、附件数，单击“保存”按钮。

业务处理（3）：折旧处理。

1）单击“处理”｜“计提本月折旧”命令，系统弹出“是否要查看折旧清单？”信息提示对话框，单击“否”按钮。

2）系统继续弹出“本操作将计提本月折旧，并花费一定时间，是否要继续？”信息提示对话框，单击“是”按钮。

3）系统计提折旧完成后，进入“折旧分配表”窗口，单击“凭证”按钮，进入“填制凭证”窗口，选择“转账凭证”，单击“保存”按钮。

提醒

- 如果上次计提折旧已通过记账凭证把数据传输到账务系统，则必须删除该凭证才能重新计提折旧。
- 计提折旧后，又对账套进行了影响折旧计算或分配的操作，必须重新计提折旧，否则系统不允许结账。
- 只有当账套开始计提折旧后，才可以使用资产减少功能；否则，减少资产只能通过删除卡片来完成。

业务处理（4）：资产减少。

1）单击“卡片”｜“资产减少”命令，进入“资产减少”窗口。

2）选择卡片编号 00003，单击“增加”按钮。

3）选择减少方式为“出售”，输入清理的收入“1 000”，单击“确定”按钮，进入“填制凭证”窗口。

4）选择“收款凭证”，修改其他项目（100201，201 现金支票 200905，投资活动产生的现金流量：处置固定资产收回的现金净额），单击“保存”按钮。

提醒

- 本账套需要进行计提折旧后，才能减少资产。
- 如果要减少的资产较少或没有共同点，则可以通过输入资产编号或卡片号，单击“增加”按钮，将资产添加到资产减少表中。
- 如果要减少的资产较多并且有共同点，则通过单击“条件”按钮，输入一些查询条件，将符合该条件的资产挑选出来进行批量减少操作。

业务处理（5）：总账系统处理。

固定资产系统生成的凭证自动传递到总账系统，总账系统对传递来的凭证进行审核和记账。

提醒

只有总账系统记账完毕，固定资产系统期末才能和总账系统进行对账。

4. 月末处理

（1）账表管理

1）单击“账表”｜“账表管理”命令，进入“固定资产报表”窗口。

2）单击“折旧表”，选择“（部门）折旧计提汇总表”。

3）单击“打开”按钮，打开“条件”对话框。

4）选择期间“2016.01”，汇总部门“1—2”，单击“确定”按钮。

（2）生成记账凭证

如果平时已经生成记账凭证，则月末无须再生成记账凭证。

（3）对账

1）单击“处理”｜“对账”命令，系统弹出“与账务对账结果”信息提示对话框。

2）单击“确定”按钮。

提醒

- 总账系统记账完毕，固定资产系统才可以进行对账。对账平衡后，开始月末结账。
- 如果在初始设置时选择了“与账务系统对账”功能，则对账的操作不限制执行时间，任何时候都可以进行对账。
- 若在账务接口中选中“在对账不平情况下允许固定资产月末结账”复选框，则可以直接进行月末结账。

（4）结账

1）单击“处理”｜“月末结账”命令，打开“月末结账”对话框。

2）单击“开始结账”按钮，系统弹出“月末结账成功完成！”信息提示对话框。

3）单击“确定”按钮。

提醒

- 本会计期间做完月末结账工作后，所有数据资料将不能再进行修改。
- 本会计期间不做完月末结账工作，系统将不允许处理下一个会计期间的数据。
- 月末结账前一定要进行数据备份，否则数据一旦丢失，将造成无法挽回的后果。

（5）取消结账

1）单击“处理”｜“恢复月末结账前状态”命令，系统弹出“是否继续？”信息提示对话框。

2）单击“是”按钮，系统弹出“成功恢复月末结账前状态！”信息提示对话框。

3）单击“确定”按钮。

提醒

- 如果在结账后发现结账前的操作有误，必须修改结账前的数据，则可以使用“恢复结账前状态”功能，又称“反结账”，即将数据恢复到月末结账前状态，结账时所做的所有工作都被无痕迹删除。
- 总账系统未进行月末结账时，才可以使用“恢复结账前状态”功能。
- 一旦成本系统提取了某期的数据，该期不能反结账。如果当前的账套已经做了年末处理，那么就不允许再执行“恢复月初状态”功能。
- 演示版软件因不能进行结转，故无法进行下月业务。正式版软件在进行了年度结转后，可进行下月业务。

任务测评

固定资产业务生成的凭证如表 5.6 所示。

表 5.6　固定资产业务生成凭证一览表

业务号	凭证类型	会计科目	借方金额（元）	贷方金额（元）	辅助信息
1	付	固定资产	2 000.00		
		银行存款/工行存款		2 000.00	现金流量项目
		应交税费——进项税额	340.00		
		银行存款/工行存款		340.00	现金流量项目
2	付	固定资产	100 000.00		
		银行存款/工行存款		100 000.00	现金流量项目
		应交税费——进项税额	17 000.00		
		银行存款/工行存款		17 000.00	现金流量项目
3	转	管理费用/折旧费	3 160.00		
		管理费用/折旧费	128.00		
		销售费用/折旧费	4 740.00		
		销售费用/折旧费	128.00		
		制造费用/折旧费	64.00		
		累计折旧		8 220.00	
4	收	累计折旧	1 664.00		
		固定资产清理	5 336.00		
		银行存款/工行存款	1 000.00		现金流量项目
		固定资产		8 000.00	

提醒

- 计算机自动产生表 5.6 的 4 号凭证时，其会计分录如下。

借：累计折旧　　1 664.00

　　固定资产清理　　6 336.00（手工将其改为 5 336.00）

　　银行存款/工行存款　　1 000.00（手工输入）

　贷：固定资产　　8 000.00

学习任务6

采购与应付款系统管理

【学习目标】

- 系统学习和了解采购与应付款系统的功能和业务流程
- 掌握采购与应付款系统的初始设置
- 会录入采购订单、采购到货单、采购入库单、采购发票、应付单据，能进行采购结算和采购付款的制单处理
- 熟悉采购账表和应付款账表的查询方法，能处理采购管理与应付款系统的期末业务

6.1 系统概述

6.1.1 采购与应付款系统功能

1. 系统初始化设置

系统初始化设置是日常业务处理的前提，是一项比较繁重、复杂的工作。采购与应付款系统的初始化设置主要包括参数设置、基础信息设置、业务流程处理、期初数据录入和系统启动等几个方面。

2. 采购申请管理

采购申请管理即采购人员对经上级审核确认后的购货申请进行的业务处理和管理。它包括采购申请的录入、审核、打印，采购业务已经确认并得到实施的单据的关闭，录入的错误单据的作废处理，申请单数据的引出，申请单附件的管理及申请单的批量处理和管理等。

3. 采购订单管理

采购订单是购销双方共同签署的、用于确认采购活动的标志。它是物资在采购业务中流动的起点，是采购系统的核心。采购订单管理包括采购订单的生成和维护、订单数

据的引出、采购订单附件的管理及订单的批量处理和订单管理等功能。

4. 采购收货、入库处理

采购部门在物料到达企业后，首先要填写收料通知单，登记由谁验收和由哪个仓库入库等情况，便于物料的跟踪与查询。根据此单进行收货质检，只有检验合格的物料才能入库。入库时要填写外购入库单。采购收货和入库处理就是对物料收到、验收入库进行处理和对有关单据实施管理。

5. 采购退货处理

当由于质量不合格、价格不正确等因素，或者与采购订单或合同的有关条款不相符等原因需要把物料退回供应单位时，需要填写退料通知单，进行退货处理，并对有关单据进行管理。

6. 采购结算

采购结算是根据采购发票确认采购成本的过程。采购结算包括在采购管理中处理采购发票和在存货核算中计算采购成本两个过程，因此采购系统的采购结算主要是采购发票的管理，采购发票处理主要完成采购发票的生成、核算、维护、附件的管理及采购发票的批量处理，此外还要进行采购发票下推式关联、红字和蓝字发票的对等核销等处理。

7. 应付款管理

应付款管理以采购发票、采购费用单及其他应付单等原始单据为依据，记录采购业务及其他业务形成的往来款项，处理应付款的支付、转账等完成采购支付的核算，同时进行票据管理与合同管理。应付款管理的功能一般包括初始设置、日常业务处理、凭证处理和统计分析等。

8. 账表输出、分析

采购系统提供的报表包括采购业务报表和采购分析报表两类。采购业务报表是系统针对用户已经实现的业务处理，将所得的业务成果进行筛选、分析和处理，以综合反映企业成果的信息。采购分析表是对采购流程中各主要业务的处理结果和运作情况进行的分析，如采购订单 ABC 分析、采购价格分析和供货商供货 ABC 分析等。

除了这些固定报表外，为了满足特殊业务反映的需求，一般系统还提供报表工具和分析工具，用来制作和查询企业需要的报表。

账表输出功能提供了对这些报表的查询和打印。

6.1.2 采购与应付款系统的业务流程

采购与应付款系统要处理以下五个业务环节。

1. 生产计划的产生

企业根据市场需求产生的生产计划在此输入。

2. 采购订货

系统根据输入的生产计划、产品结构信息、存货系统提供的库存信息及事先约定的管理要求，形成采购订货单，这主要对工业企业而言。对一般的商业企业，采购订单直接在此输入，然后系统可根据采购订单对采购订货业务做各种分析。

3. 采购入库

采购的实际入库单在此输入。通过对采购订单与采购入库单的比较来反映采购订货的实际执行情况，从而把采购订货业务和采购入库业务相联系，同时系统可依据采购入库单，对采购入库业务做各种系统分析。

4. 对采购发票的处理

采购发票在此输入。通过对采购入库单与采购发票的比较，把采购入库业务与采购发票业务联系在一起，也把物流与资金流联系在一起，在此称为采购结算。通过采购结算，系统能够反映票到货未到或货到票未到存货的明细情况。同时系统可依据采购发票对采购业务进行系统分析，形成对供应商的往来账，生成记账凭证并转入总账系统。

5. 对付款业务的处理

采购付款单在此输入。通过对采购发票与付款单的核销，更新与供应商的往来账，同时把采购发票业务与采购付款业务联系在一起，生成记账凭证并转入总账系统。

6.1.3　采购、应付款系统与其他系统的主要关系

先由采购系统根据日常采购业务生成采购订单、入库单、发票，并对其进行审核。审核完毕后，一方面，采购系统将采购入库单传递至库存管理系统，由仓库部门对其进行审核，并将已审核的入库单传递至存货核算系统进行记账和制单；另一方面，将采购发票传递至应付款系统，由应付款系统对其进行付款结算和制单。因此，采购与应付款系统的每笔业务的处理都要与存货管理和账务处理系统进行密切的、实际的数据交换。

采购、应付款、库存和存货系统的业务关系如图 6.1 所示。

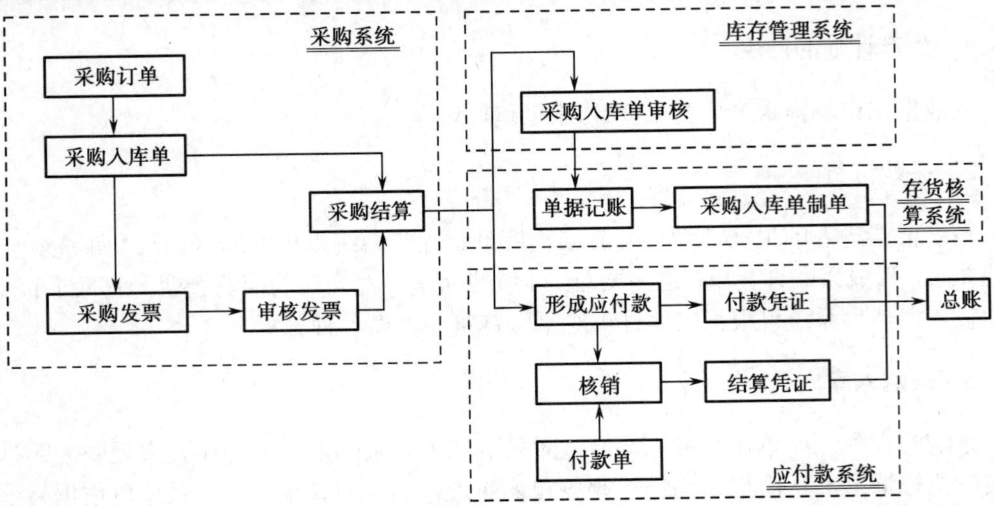

图 6.1　采购、应付款、库存和存货系统的业务关系

6.2　初始设置

采购与应付款系统的初始设置是为用户在计算机上处理自己企业的采购与应付业务准备一个适宜的允许环境，使通用的采购与应付款系统能够适应本企业采购与应付业务的管理需要，同时，可在企业的经济业务处理发生变化时，对已有的设置进行修改以便适应企业的这种变化。系统的初始设置主要有以下几个方面。

1. 初始建账

此系统初始建账的作用与其他系统是一样的，即为系统今后日常数据处理的需要，建立各种数据库文件的结构。因此，初始建账非常重要，一旦设置错误，将影响系统的日常处理。而且，设置时要考虑到企业将来的业务发展。例如，初始建账时，要设置供应商、存货等代码的位数。设置的参数在初始建账中一旦确定，今后在日常处理中将无法修改。

2. 产品结构档案设置

此功能设置某一产品所包含下一级产品的信息，如产品编码、下一级产品编码、数量和存放仓库等信息。

3. 供应商档案设置

此功能设置有关供应商的档案信息，以便对供应商进行管理。这些信息包括供应商代码、供应商名称、电话、地址、付款条件和信用情况等，其中前两项是最重要的。一般来说，供应商代码一经设置并使用，应该既不允许删除也不允许修改，只允许增加新的供应商单位。

4. 采购部门和采购人员档案设置

采购部门和采购人员设置是对涉及采购业务的企业各部门和负责采购业务的个人进行编码，以便在采购业务中明确责任单位和责任人，并可按采购部门和人员对采购业务进行统计与分析。为了保证数据的一致性，采购部门和采购人员的编码一旦被使用，既不允许删除也不允许修改。除编码外的其他内容允许修改，同时要注意此系统中的部门与人员编码和其他系统要一致。

5. 结算方式设置

企业支付货款的结算方式主要有现金、支票、汇兑、银行汇票、商业汇票、银行本票、托收承付和委托收款等。不同的结算方式管理要求不同，例如，对支票等需要登记支票号以便加强对支票的管理和进行银行对账；对应的会计科目也可能不同，因此一般依据结算方式设置对应的会计科目，以便系统能够生成相应的记账凭证。

6. 付款条件设置

供应商采用赊销方式进行销售时，为了促使客户及时支付货款，当客户能够在一定的期限内付款时，供应商可以给客户一定的折扣。付款条件通常表示为 5/10、2/20、n/30，它的意思是客户在 10 天内偿还货款，可得到 5%的折扣，即只付原价的 95%的货款；在 20 天内偿还货款，可得到 2%的折扣，即只付原价的 98%的货款；在 30 天内偿还货款，则须按照全额支付货款；在 30 天以后偿还货款，则不仅要按全额支付货款，还可能要支付延期付款利息或违约金。为了处理这种业务需要进行付款条件的设置。付款条件主要设置折扣有效期限、对应折扣率和应付账款的到期天数。

7. 账龄区间设置

为了对应付账款进行账龄分析，首先应在此设置账龄区间，主要设置各账龄区间的天数。存货代码和仓库代码的设置在存货管理部分讲述，在此不再赘述。

8. 初始数据录入

采购系统初始数据录入比较复杂，包括需要录入期初暂估入库的存货——货已到票未到的存货（见图 6.2）、期初在途存货——票已到货未到的存货、期初受托代销的存货。

应付款系统的期初余额是指企业已形成的但又尚未结算的应付款项的录入，即录入尚未结算的采购发票、代垫费用、预付款等应付、预付单据。它是初次使用本系统必须进行的工作，以达到实现手工业务延续的目的。但是，由于两个系统同时使用，在应用应付款系统前，企业已经使用了采购系统，则期初尚未结算的采购发票由采购系统自动传递至应付款系统，所以在应付款系统中无须录入期初余额。

图 6.2　期初普通采购入库单录入窗口

6.3　日常业务处理

6.3.1　采购订单录入

采购订单是企业与供应商之间签订的一种协议，主要包括采购什么货物、采购多少、由谁供货、什么时间到货、到货地点、运输方式、价格、运费等。采购系统对采购订单的管理主要包括采购订单录入、修改、审核和关闭等功能，同时，还提供供应商催货函功能。

采购订单中需要输入的基本数据有供应商、采购部门、税率、付款条件、存货编码、存货数量、原币单价、采购人员等信息，如图 6.3 所示。

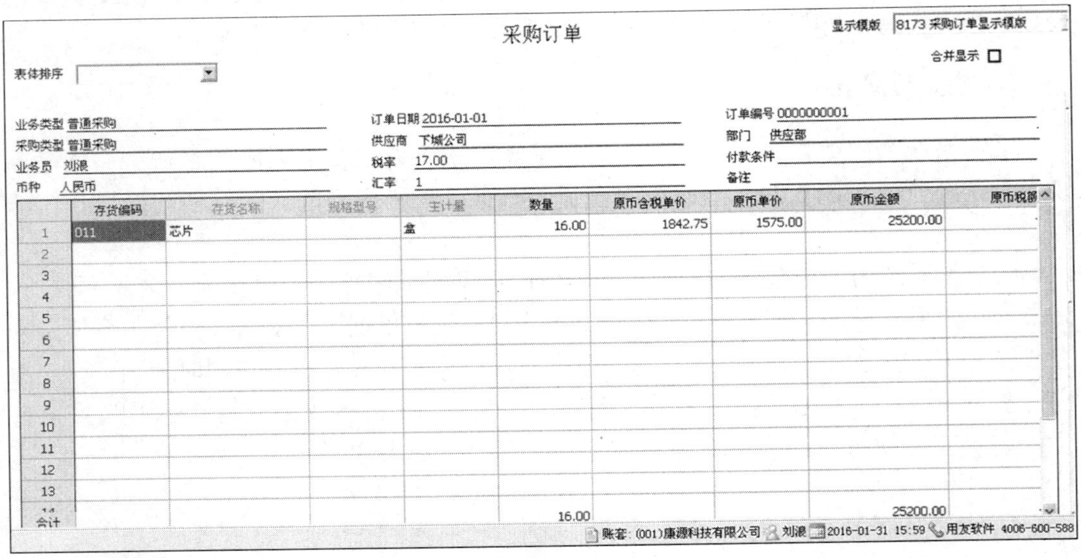

图 6.3　采购订单录入窗口

6.3.2　采购入库单录入

采购入库单是根据采购到货签收的实收数量填制的单据。该单据按进出仓库方向划分为入库单、退货单；按业务类型划分为普通业务入库单、受托代销入库单（商业）。采购入库单可以直接录入，也可以由采购订单或采购发票产生。

采购入库单需要输入的基本数据有供货单位、订单号、仓库、业务员、存货编码、数量、单价等，如图 6.4 所示。

图 6.4　采购入库单录入窗口

6.3.3　采购发票录入

1. 采购发票应付

采购发票是从供货单位取得的进项发票及发票清单。将发票数据录入计算机，以便实时统计在途货物。采购发票也可由采购入库单生成。采购发票按发票类型分为专用发票、普通发票（包括普通、农收、废收、其他收据）、运费发票；按业务性质分为蓝字发票、红字发票。

采购发票需要输入的基本数据有原始发票号、供应商、税率、采购部门、付款条件、存货编码、数量、原币单价等，如图 6.5 所示。

2. 应付制单处理

采购发票与其他应付单据是应付账款日常核算的原始凭据。增加应付款是本系统业务处理的起点。如果同时使用应付款系统和采购系统，则采购发票和代垫费用产生的应付单由采购系统录入，在应付款系统中可以对这些单据进行查询、核销、制单等操作。如果没有使用采购系统，则各类发票和应付单均应在本系统录入。

图 6.5　采购发票录入窗口

6.3.4　付款结算

付款结算是应付款业务日常处理中的一项重要内容。付款估算将已付款项作为付款单录入应付款系统，由应付款系统对采购发票或应付单进行核销，或将付款金额形成预收款。付款单录入窗口如图 6.6 所示。

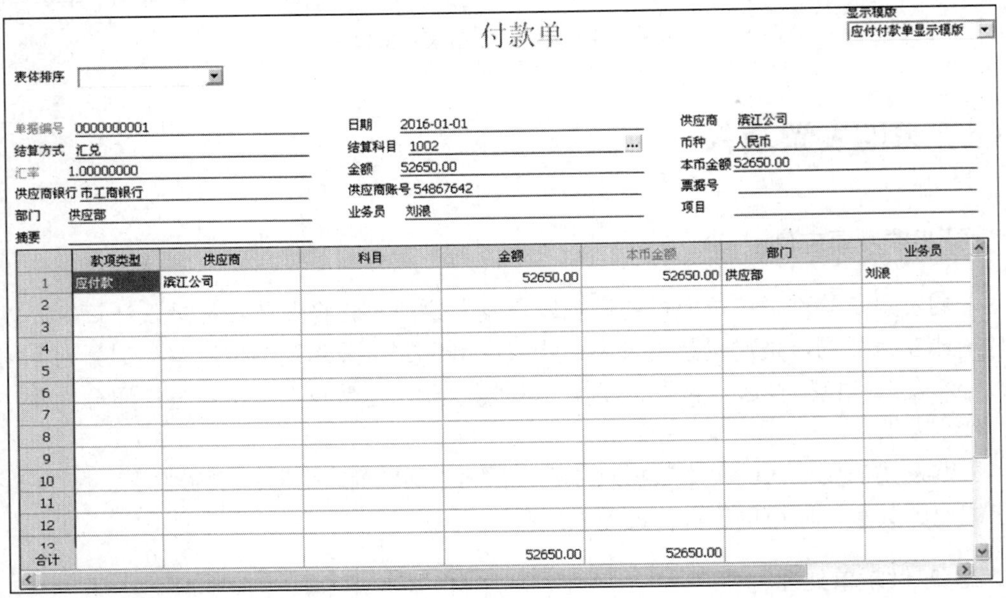

图 6.6　付款单录入窗口

付款结算主要是通过“单据结算”功能完成付款单的增、改、删和核销以及形成预付款操作的。

如果用户在收到采购发票时立即付款，则可使用“现付”功能来完成结算操作。用户只需在采购发票窗口中单击“现付”按钮，输入结算方式、金额即可。付款结算窗口如图 6.7 所示。

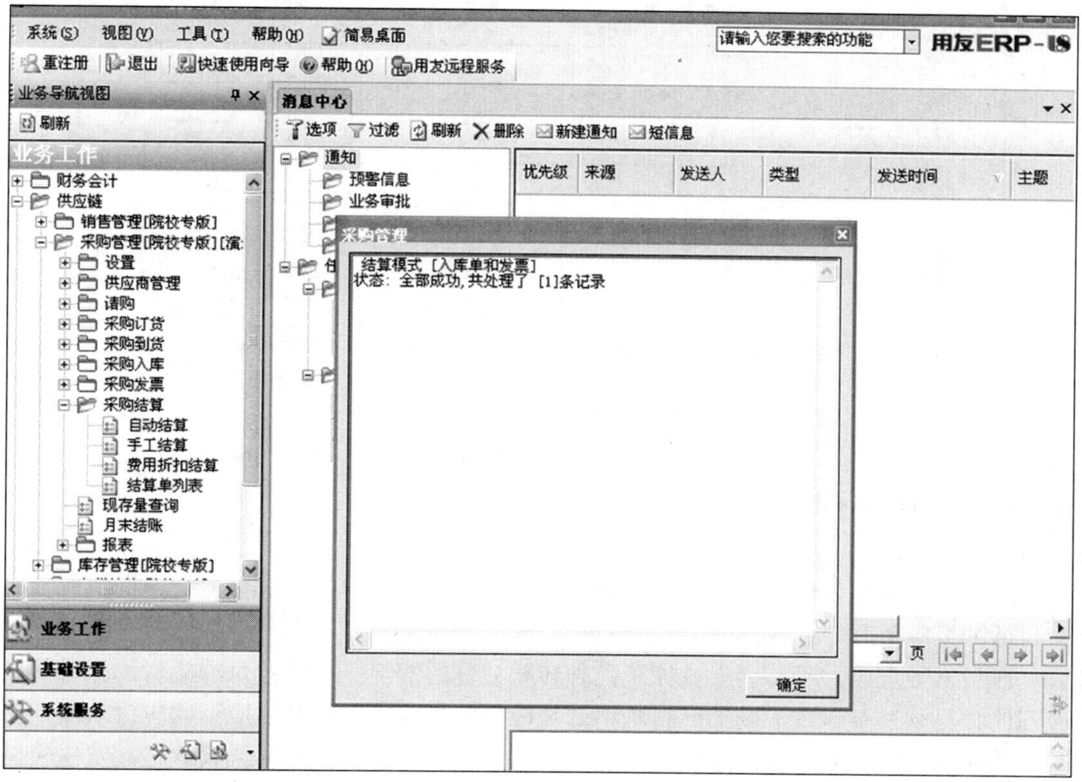

图 6.7　付款结算窗口

已进行结算的采购业务可在结算单明细列表中查询，若用户发现结算有误，可以在结算单明细列表中找到该结算单，将其删除。

6.3.5　生成记账凭证

采购结算完成后，还可以通过“业务”|“填制凭证”功能，对结算表生成记账凭证。但值得注意的是，目前主流、先进的财务软件（含用友软件）对所有应付款的制单都转移至应付款系统中进行。生成的记账凭证如图 6.8 所示。

应付款系统可根据采购发票、应付单、结算单等原始单据生成相应记账凭证，并传递到总账系统。这些凭证可以在总账系统中进行查询、审核和记账操作。

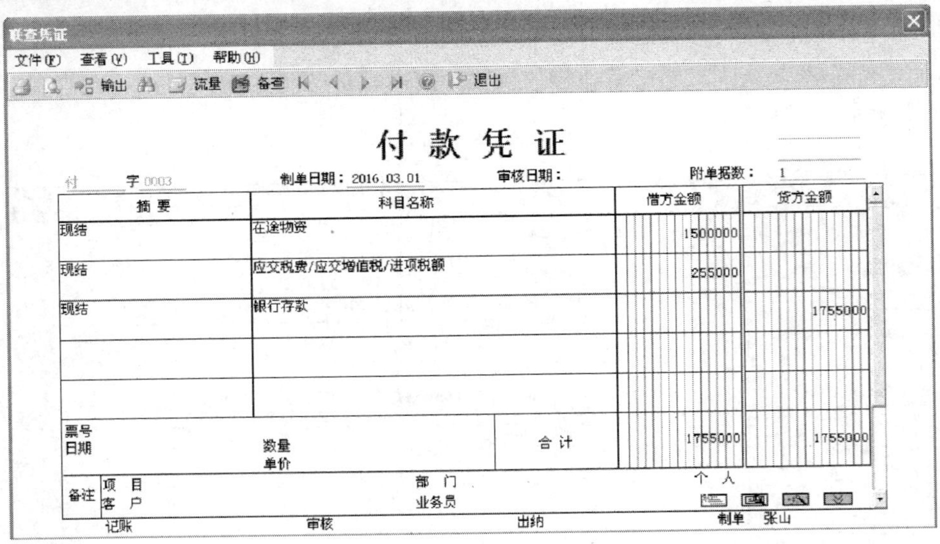

图 6.8 记账凭证

6.3.6 转账处理

应付款系统提供的“转账处理”功能是处理日常业务中涉及的预付款冲抵应付款、应付款冲抵应付款等业务。

在日常处理中，经常会发生如下几种转账处理的情况：一是预付冲应付，即将某供应商的预付款冲抵该供应商的应付款；二是应付冲应收，即将某供应商的应付款冲抵某客户的应收款；三是应付冲应付，即当一个供应商为另一个供应商代收款时，发生应付款冲抵应付款的情况。

6.3.7 采购结算与应付账款核销处理

采购结算又称采购报账，在手工业务中，采购业务员拿着经主管领导审批过的采购发票和仓库确认的入库单到财务部门，由财务人员确认采购成本。

采购结算是针对“一般采购”业务类型的入库单，根据发票确认其采购成本。采购系统在完成采购结算后，将“采购入库单”传递到库存管理系统，形成库存采购成本资料；将“采购发票”传递到应付款系统形成采购应付款资料。

采购结算从操作处理上分为自动结算、手工结算两种方式；从单据处理上分为正数入库单与负数入库单结算，正数发票与负数发票结算，正数入库单与正数发票结算，费用发票单独结算等方式。

应付账款的核销是指确定付款单与原始的采购发票、应付单之间的对应关系的操作，即需要指明每次付款是付哪几笔采购业务的款项。明确核销关系后，可以进行精确的账龄分析，更好地管理应付账款。系统可以完成如下情况的核销。

- 付款单的数额大于或等于采购发票的核销数额时，付款单与原有单据完全核销。

● 付款单的数额小于采购发票的核销数额时，在核销时使用预付款。

6.4　期末处理

6.4.1　账表管理

通过对采购明细表、采购统计表、采购余额表及采购分析表的对比分析，可以实现对采购管理的事中控制、事后分析功能。综合利用采购系统提供的各种账表及查询功能，可以全面提升企业的采购管理水平。

应付款系统账表查询的方法与其他各系统一致，只需在“统计分析”菜单中选择相应类型的账表，然后输入查询条件即可对供应商往来总账、供应商往来明细账、供应商往来余额表及供应商往来对账单进行查询。

6.4.2　月末结账与取消结账

1. 月末结账

月末结账是指逐月将每月的单据数据封存，并将当月的采购数据记入有关账表中。采购系统月末结账可以连续将多个月的单据进行结账，但不允许跨月结账。月末结账后，该月的凭证将不能修改、删除。

只有采购和应付款系统月末结账后，才能进行库存管理和核算的月末处理；如果采购要取消月末处理，必须先通知库存管理、存货核算系统取消月末结账。如果库存管理、存货核算系统的任何一个单元都不能取消月末结账，那么就不能取消采购系统的月末结账。

2. 取消结账

在执行了月末结账功能后，如果发现该月还需要处理有关业务，可以对采购系统和应付款系统取消结账。只需在月末结账窗口中，单击“取消结账”按钮即可。

任务实例 8　采购与应付业务处理

任务目标

① 掌握用友 ERP-U8 管理软件中采购与应付款系统的相关内容。
② 掌握采购与应付款系统初始化、日常业务处理的操作。
③ 理解采购系统、应付款系统与总账系统之间的数据传递关系。

任务内容

① 建账及初始设置。
② 采购业务处理。
③ 应付及付款业务处理。
④ 采购与应付款系统月末处理。
⑤ 账套数据备份。

任务准备

可以引入“任务处理 2”账套数据，也可以以单位名称“正元信息技术有限公司”另建一套账。

任务资料

1. 初始设置资料

（1）修改任务实例 2 中的凭证信息（见表 6.1）

表 6.1 凭证信息

凭证类别	限制类型	限制科目
收款凭证	借方必有	1001,1002
付款凭证	贷方必有	1001,1002
转账凭证	凭证必无	1001,1002

（2）修改任务实例 2 中的会计科目（见表 6.2）

表 6.2 会计科目

科目编码	科目名称	核算账类	受控系统
1122	应收账款	客户往来	应收系统
1123	预付账款	供应商往来	应付系统
1403	原材料	不设二级科目	
1002	银行存款	不设二级科目	
1405	库存商品	不设数量、项目核算	
220201	应付账款/应付款项	供应商往来	应付系统
220202	应付账款/暂估应付账款		
2203	预收账款	客户往来	应收系统
2221	应交税费		
222101	应交增值税		

续表

科目编码	科目名称	核算账类	受控系统
22210101	进项税额		
22210105	销项税额		
5001	生产成本	不设项目核算	
6001	主营业务收入	不设项目核算	
6401	主营业务成本	不设项目核算	

（3）存货分类设置（见表6.3）

表6.3　存货分类

存货分类编码	存货分类名称
01	原材料
02	产成品
03	外购品
04	应税劳务

（4）计量单位设置（见表6.4）

表6.4　计量单位

单位组编码	计量单位组名称	计量单位编码	计量单位名称	计量单位组类别
01	基本计量	01	盒	无换算
01	基本计量	02	台	无换算
01	基本计量	03	元	无换算

（5）存货档案设置（见表6.5）

表6.5　存货档案

存货编码	存货名称	主计量单位	存货分类	存货属性
011	芯片	盒	01	外购、生产耗用
012	硬盘	盒	01	外购、生产耗用
021	联想计算机	台	02	自制、销售（内销）
031	激光打印机	台	03	外购、销售（内销）
041	运费	元	04	应税劳务

（6）仓库档案设置（见表6.6）

表6.6　仓库档案

仓库编码	仓库名称	计价方式
1	原材料库	移动平均法
2	产成品库	全月平均法
3	外购品库	全月平均法

（7）收发类别设置（见表 6.7）

表 6.7　收发类别

类别编码	类别名称	收发标志
1	入库	收
11	采购入库	收
12	其他入库	收
2	出库	发
21	销售出库	发
22	其他出库	发
23	生产出库	发

（8）采购类型设置（见表 6.8）

表 6.8　采购类型

采购类型编码	采购类型名称	入库类别	是否默认
01	普通采购	采购入库	是

（9）存货系统科目设置

① 存货科目设置（见表 6.9）。

表 6.9　存货科目

仓库编码	仓库名称	存货分类编码	存货分类名称	存货科目编码	存货科目名称
1	原材料库	01	原材料	1403	原材料
2	产成品库	02	产成品	1405	库存商品
3	外购品库	03	外购品	1405	库存商品

② 对方科目设置（见表 6.10）。

表 6.10　对方科目

收发类别编码	收发类别名称	存货分类编码	存货分类名称	对方科目编码	对方科目名称
11	采购入库	01	原材料	1402	在途物资
21	销售出库	02	产成品	6401	主营业务成本
23	生产领料	01	原材料	5001	生产成本

③ 税金科目设置（见表 6.11）。

表 6.11　税金科目

存货编码	存货名称	科目编码	科目名称
011	芯片	22210101	进项税额
012	硬盘	22210101	进项税额

（10）采购系统初始设置

录入期初采购入库单：2015 年 12 月 28 日，收到下城公司发来的芯片 10 盒，单价 1 600 元，已验收入原材料库，尚未收到专用发票。进行采购期初记账。

（11）应付款系统初始设置（见表 6.12）

表 6.12　应付款系统初始设置

选 项 设 置	不根据信用额度自动报警
基本科目设置	应付科目为 220201，预付科目为 1123，采购科目为 1402，税金科目为 22210101
结算方式科目设置	现金结算对应科目 1001，支票结算、汇兑结算对应科目 1002
录入期初采购专用发票	2015 年 12 月 30 日，向滨江公司购入硬盘 60 盒，单价 750 元，计 45 000 元，增值税额 7 650 元，共计 52 650 元，材料未收到

（12）存货期初余额录入（见表 6.13）

表 6.13　存货期初余额

金额单位：元

仓　库	存 货 编 码	存 货 名 称	计 量 单 位	数　量	单　价	金　额
材料库	011	芯片	盒	120	1 590	190 800
材料库	012	硬盘	盒	180	750	135 000
成品库	021	联想计算机	台	200	5 000	1 000 000
外购品库	031	激光打印机	台	180	1 380	248 400

注意

- 库存管理系统期初数据从存货核算系统取数。
- 最好将销售初始放在这里做。
- 为了方便学生了解经济业务的连贯性，以下日常业务将涉及相同材料和供应商的业务放在一起处理。

2. 日常业务资料

康源科技有限公司（或正元信息技术有限公司）2016 年 1 月份发生下列经济业务。

① 1 月 1 日，收到下城公司 2015 年 12 月 28 日发来芯片的专用发票，芯片 10 盒，单价 1 600 元，税额 2 720 元，共计 18 720 元。

② 1 月 1 日，开出银行汇票，支付下城公司货款 18 720 元。

③ 1 月 2 日，供应部刘浪收到滨江公司发来的硬盘 60 盒，验收入原材料仓库。

④ 1 月 2 日，以汇兑方式清偿滨江公司货款 52 650 元。

⑤ 1 月 2 日，向下城公司订购芯片 16 盒，单价 1 575 元。

⑥ 1 月 3 日，供应部刘浪收到下城公司发来的芯片 16 盒，验收入原材料库。

⑦ 1 月 3 日，收到下城公司专用发票芯片 16 盒，单价 1 575 元，共 25 200 元，增值税 4 284 元，共计 29 484 元。另附运费发票一张，运费 800 元，税率 7%，运费需计入芯片成本。

⑧ 1 月 4 日，以汇兑方式汇给下城公司货款 30 284 元。

⑨ 1 月 4 日，供应部刘浪向萧山公司订购硬盘 20 盒，单价 750 元。

⑩ 1 月 5 日，供应部刘浪向萧山公司购进的硬盘到货入原材料库，并收到专用发票，当即开出 1230#转账支票付清货款（付款银行账号为 5632145）。

⑪ 1 月 5 日，供应部刘浪向滨江公司订购硬盘 50 盒，单价 730 元，并开出银行汇票预付货款 30 000 元。

⑫ 1 月 6 日，供应部刘浪向滨江公司订购的硬盘 50 盒已到货并验收入库。

⑬ 1 月 6 日，收到滨江公司专用发票，货款 36 500 元，税款 6 205 元，共计 42 705 元。

⑭ 1 月 7 日，以预付款 30 000 元冲应付款，以银行汇票结算方式汇给滨江公司余款 12 705 元。

⑮ 1 月 8 日，供应部刘浪向下城公司订购芯片 5 盒，单价 1 550 元。

⑯ 1 月 9 日，下城公司发来芯片 5 盒，验收入原材料库。部门：供应部；业务员：刘浪；入库类型：采购入库。

⑰ 1 月 10 日，收到下城公司的专用发票，货款 7 750 元，税款 1 317.5 元，共计 9 067.5 元。

3. 月末处理要求

1）刘浪进入采购系统进行月末结账（任务实例 10 完成后做）。

2）黄易进入应付款系统进行月末结账（任务实例 10 完成后做）。

3）张山对应付款系统传递到总账系统的凭证进行审核、记账。

4）将账套数据输出（备份）。

任务处理

1. 建账及初始设置

（1）资料①～⑨的设置

操作参见“任务处理 2”（此处略）。

提醒

不再另建账套时：

- 引入“任务处理 2”的账套准备，“任务处理 8”初始化资料只需在原来的基础上添加或修改。
- 科目表不需要设二级及以下科目。
- “应付账款”科目应设两个明细科目，一个受控于应付款系统，另一个不受控。

（2）采购系统初始设置

1）从企业门户进入采购系统。

2）单击“业务”|“入库”|“入库单”命令，进入“期初采购入库单”窗口。

3）单击“增加”按钮，输入入库日期、仓库、供货单位、部门等信息。

4）选择存货编码 011，输入数量“10”，暂估单价“1 600”，单击“保存”按钮。

5）录入完成后，单击“退出”按钮。

6）单击“设置”|“采购期初记账”命令，系统弹出“期初记账”信息提示对话框。单击“记账”按钮，记账完毕。

提醒

在日常业务处理前若发现期初记账有误，则可在期初记账窗口执行取消记账操作。只有采购系统执行期初记账功能后，库存管理系统和存货核算系统才能输入期初余额。

（3）应付款系统初始设置

1）从企业门户进入应付款系统，单击“设置”|“选项”命令，打开“账套参数设置”对话框，选择“权限与预警”选项卡，选择不根据信用额度自动报警，单击“确定”按钮。

2）单击“设置”|“初始设置”命令，进入“初始设置”窗口，进行以下档案设置。

基本科目设置：选择应付科目为 220201，预付科目为 1123，采购科目为 1402，税金科目为 22210101，其他可以暂时不设置。

结算方式科目设置：现金结算对应科目为 1001，现金支票和转账支票都对应科目 1002，汇兑结算对应科目 1002。

录入期初采购专用发票：单击“设置”|“期初余额”命令，进入“期初余额—查询”对话框，选择单据名称为“采购发票”、单据类型为“01 采购专用发票”，单击“确定”按钮，进入“期初余额明细表”窗口。单击“增加”按钮，进入“采购专用发票”窗口，录入开票日期、供应商名称、科目等相关信息。选择存货编码“012”，数量“60”，原币单价“750”，单击“保存”和“刷新”按钮即可。

提醒

- 若用户第一次进入应付款系统，则系统将自动出现该账套参数设置窗口，要求用户进行账套参数设置。
- 基本科目设置窗口中的应付科目和预付科目均要求为供应商往来科目。

（4）存货期初余额录入

1）张山进入存货核算系统，单击“初始设置”|“期初数据”|“期初余额”命令，打开“期初余额”窗口。选择仓库“原材料库”、存货分类“原材料”，然后单击“增加”按钮，输入相应的存货编码和存货名称，输入完毕后，依次输入各种存货，然后单击“记账”按钮。

2）张山进入库存管理系统，单击“初始设置”|“期初数据”|“期初结存”命令，选择仓库“原材料库”，单击“修改”、“取数”按钮，屏幕显示硬盘和芯片相关信息，然后单击“保存”按钮，最后单击“批审”按钮。依次选择不同的仓库，然后单击“对账”按钮，操作完毕。

2. 日常业务处理

① 1 月 1 日，收到下城公司 2015 年 12 月 28 日发来芯片的专用发票，芯片 10 盒，单价 1 600 元，增值税税额 2 720 元，共计 18 720 元。

任务分析：此业务为期初采购入库单已经录入，现在收到采购专用发票，办理采购结算。

1）由刘浪（或张山）在采购系统开出专用采购发票，并办理结算：单击“业务”|“发票”|“专用采购发票”命令，进入“采购专用发票”窗口。单击“增加”按钮，输入日期“2016-01-01”、供应商“下城公司”、部门“供应部”，录入存货编码“011”、数量“10”、原币单价“1 600”，单击“保存”按钮，然后单击“退出”按钮。

2）单击“业务”|“采购结算”|“自动结算”命令（选择日期 2015.01.01—2015.12.31，选择供应商为“下城公司”），打开“自动结算”对话框。正确输入过滤条件后，单击“确定”按钮，系统开始结算，结算完成后显示结算成功的信息，单击“确定”按钮即可。

提醒

- 若不能自动结算，可以手工结算，步骤为“选单—过滤（2015.01.01—2015.12.31）—选供应商‘下城公司’—按金额或数量模式分摊—结算”。
- 若制单有误，则在“统计分析”菜单中指向“单据查询”，单击“凭证查询”找到该错误凭证，然后单击“删除”按钮将其删除，最后重新生成一张凭证即可。

3）由黄易（或张山）在应付款系统审核应付单据，并进行发票制单：单击“日常处理”|“应付单据处理”|“应付单据审核”命令，打开“单据过滤条件”窗口。输入相应条件（单击“未审核”、“已整单报销”、“若已结账”，再单击“未完全报销”），单击“确定”按钮，进入“应付单据列表”窗口。选择相应的应付单据，双击，进入“采购专用发票”窗口。单击“审核”按钮，系统弹出“是否立即制单”信息提示对话框。单击“是”按钮，屏幕出现“填制凭证”窗口。输入“转”字和制单日期，单击“保存”按钮，屏幕显示“已生成”，操作完成。

②1 月 1 日，开出银行汇票，支付下城公司货款 18 720 元。

任务分析：此业务为付款制单，核销处理。

1）黄易在应付款系统录入付款单据，审核后制单：单击“日常处理”|“付款单据处理”|“付款单据录入”命令，打开“付款单”窗口。单击“增加”按钮，录入日期、供应商、结算方式“银行汇票”、金额“18720”，款项类型“应付款”。录入完毕后单击“保存”按钮，然后单击“审核”按钮，弹出“是否立即制单”信息提示对话框。单击“是”按钮，屏幕出现“填制凭证”窗口。输入“付”字，输入制单日期，单击“保存”按钮，屏幕显示“已生成”，操作完成。

2）黄易进行核销操作：单击“日常处理”|“核销处理”|“手工核销”命令，打开“核销条件”对话框。输入供应商名称“下城公司”，然后单击“确定”按钮，打开“单据核销”窗口。单击“分摊”按钮，然后单击“保存”按钮，操作完成。

③1 月 2 日，供应部刘浪收到滨江公司发来的硬盘 60 盒，验收入原材料仓库。

任务分析：此业务为期初采购专用发票已经录入，现在材料已验收入库。

1）刘浪进入采购系统开出到货单：单击“业务”|“到货”|“到货单”命令，进入“采购到货单”窗口。单击“增加”按钮，输入日期“2016-01-02”，供应商“滨江公

司”、部门“供应部”，录入存货编码“012”、数量“60”、原币单价“750”，单击“保存”、“审核”按钮，然后单击“退出”按钮。

2）张山在库存管理系统参照到货单生成采购入库单并审核：单击“日常业务”|“入库”|“采购入库单”命令，打开“采购入库单”窗口。单击“生单”按钮，打开“选择采购订单或采购到货单”对话框。单击“过滤”按钮，选择相应的采购到货单，“显示表体处打√”，仓库选择“原材料库”，单击“确定”按钮，生成采购入库单，单击“审核”按钮，审核完成。

3）单击“业务”|“采购结算”|“自动结算”命令（选择日期 2015.01.01—2016.12.31，选择供应商为“滨江公司”），打开“自动结算”对话框。正确输入过滤条件后，单击“确定”按钮，系统开始结算，结算完成后显示结算成功的信息，单击“确定”按钮即可。

4）黄易在存货核算系统进行正常单据记账，然后在财务核算功能中生成记账凭证：单击“业务核算”|“正常单据记账”命令，打开“正常单据记账条件”对话框。选择“原材料库”，然后单击“确定”按钮，选择相应的单据，单击“记账”按钮，记账完成。单击“财务核算”|“生成凭证”命令，打开“生成凭证”窗口。单击“选择”按钮，打开“查询条件”对话框。选择“采购入库单”选项，单击“确定”按钮，进入“选择单据”对话框。选择相应的单据，单击“确定”按钮，进入“生成凭证”窗口。借方科目选“原材料”，贷方科目选“在途物资”，然后单击“生成”按钮，生成凭证（建议在月末集中生成入库凭证，以下以此类推）。

提醒

采购系统暂不对采购入库单进行审核，而由库存管理系统进行审核。

④1 月 2 日，以汇兑方式清偿滨江公司货款 52 650 元。

任务分析：此业务为付款制单，核销处理。

1）黄易在应付款系统录入付款单据，审核后制单：单击“日常处理”|“付款单据处理”|“付款单据录入”命令，打开“付款单”窗口。单击“增加”按钮，录入日期、供应商、结算方式“汇兑”、金额“52 650”，款项类型“应付款”。录入完毕后单击“保存”按钮，然后单击“审核”按钮，弹出“是否立即制单”信息提示对话框。单击“是”按钮，屏幕出现“填制凭证”窗口。输入“付”字，输入制单日期，单击“保存”按钮，屏幕显示“已生成”，操作完成。

2）黄易进行核销操作：单击“日常处理”|“核销处理”|“手工核销”命令，打开“核销条件”对话框。输入供应商名称“滨江公司”，然后单击“确定”按钮，打开“单据核销”窗口。单击“分摊”按钮，然后单击“保存”按钮，操作完成。

⑤1 月 2 日，向下城公司订购芯片 16 盒，单价 1 575 元。

任务分析：此业务为录入采购订单。

由刘浪启动进入采购系统，单击“业务”|“订货”|“采购订单”命令，打开“采购订单”窗口。单击“增加”按钮，录入日期、存货编码“011”、数量“16”、原币单价“1 575”、供应商“下城公司”等信息，单击“保存”按钮，然后单击“审核”按钮。

提醒

对采购订单的修改，只需在订单录入窗口单击“修改”按钮，此业务不产生凭证。

⑥ 1 月 3 日，供应部刘浪收到下城公司发来的芯片 16 盒，验收入原材料库。

任务分析：此业务为录入材料到货单和入库单。

1）刘浪进入采购系统开出到货单：单击“业务”｜“到货”｜“到货单”命令，进入“采购到货单”窗口。单击“增加”按钮，输入日期“2016-01-03”，供应商“下城公司”、部门“供应部”，录入存货编码“011”、数量“16”、原币单价“1 575”，单击“保存”、“审核”按钮，然后单击“退出”按钮。

2）张山在库存管理系统参照到货单生成采购入库单并审核：单击“日常业务”｜“入库”｜“采购入库单”命令，打开“采购入库单”窗口。单击“生单”按钮，打开“选择采购订单或采购到货单”对话框。单击“过滤”按钮，选择相应的采购到货单，“显示表体处打 √”，仓库选择“原材料库”，单击“确定”按钮，生成采购入库单，单击“审核”按钮，审核完成。

3）黄易在存货核算系统进行正常单据记账，然后在财务核算功能中生成记账凭证：单击“业务核算”｜“正常单据记账”命令，打开“正常单据记账条件”对话框。选择“原材料库”，然后单击“确定”按钮，选择相应的单据，单击“记账”按钮，记账完成。单击“财务核算”｜“生成凭证”命令，打开“生成凭证”窗口。单击“选择”按钮，打开“查询条件”对话框。选择“采购入库单”选项，单击“确定”按钮，进入“选择单据”对话框。选择相应的单据，单击“确定”按钮，进入“生成凭证”窗口。借方科目选“原材料”，贷方科目选“在途物资”，然后单击“生成”按钮，生成凭证（建议在月末集中生成入库凭证，以下以此类推）。

⑦ 1 月 3 日，收到下城公司专用发票芯片 16 盒，单价 1 575 元，共 25 200 元，增值税 4 284 元，共计 29 484 元。另附运费发票一张，运费 800 元，税率 7%，运费需计入芯片成本。

任务分析：此业务为录入采购专用发票和运费发票，办理采购结算。

1）由刘浪（或张山）在采购系统开出专用采购发票，并办理结算：单击“业务”｜“发票”｜“专用采购发票”命令，进入“采购专用发票”窗口。单击“增加”按钮，输入日期“2016-01-03”、供应商“下城公司”、部门“供应部”，录入存货编码“011”、数量“16”、原币单价“1 575”，单击“保存”按钮，然后单击“退出”按钮。

2）刘浪在采购系统开出运费发票：单击“业务”｜“发票”｜“运费发票”命令，进入“采购运费发票”窗口。单击“增加”按钮，录入运费相关信息，然后单击“保存”按钮。

3）单击“业务”｜“采购结算”｜“自动结算”命令（选择日期 2015.01.01—2016.12.31，选择供应商为“下城公司”），打开“自动结算”对话框。正确输入过滤条件后，单击“确定”按钮，系统开始结算，结算完成后显示结算成功的信息，单击“确定”按钮即可。

提醒

- 若不能自动结算，可以手工结算，步骤为单击“业务”|“采购结算”|“手工结算”命令，进入“手工结算”窗口。单击“选单”按钮，打开“结算选单”窗口。单击“过滤”按钮（2015.01.01—2016.12.31），打开“条件输入”对话框。输入供应商名称“下城公司”等相应的条件后，单击“确定”按钮，进入“结算选单”窗口。选择相匹配的专用发票、运费发票和入库单，单击“确定”按钮，输入对应仓库和对应存货，然后单击“分摊”按钮，弹出“选择按金额分摊，是否开始计算”信息提示对话框。单击“确定”按钮，分摊完毕。单击“结算”按钮，结算完成。
- 若制单有误，则在“统计分析”菜单中指向“单据查询”，单击“凭证查询”找到该错误凭证，然后单击“删除”按钮将其删除，最后重新生成一张凭证即可。

4）黄易在应付款系统审核应付单据并进行发票制单，单击“日常处理”|“应付单据处理”|“应付单据审核”命令，打开“单据过滤条件”窗口。输入相应条件（单击“未审核”、“已整单报销”、“若已结账”，再单击“未完全报销”），单击“确定”按钮，进入“应付单据列表”窗口。选择相应的应付单据，双击，进入“采购专用发票”窗口。单击“审核”按钮，系统弹出“是否立即制单”信息提示对话框。单击“是”按钮，系统弹出“填制凭证”窗口。输入“转”字和制单日期，单击“保存”按钮，屏幕显示“已生成”，操作完成。

5）运费分摊计入采购成本后结转原材料账户（直接在总账中输入该凭证）。

⑧1月4日，以汇兑方式汇给下城公司货款30 284元。

任务分析：此业务为付款制单，核销处理。

1）黄易在应付款系统录入付款单据，审核后制单：单击“日常处理”|“付款单据处理”|“付款单据录入”命令，打开“付款单”窗口。单击“增加”按钮，录入日期、供应商、结算方式“汇兑”、金额“30 284”，款项类型“应付款”。录入完毕后单击“保存”按钮，然后单击“审核”按钮，弹出“是否立即制单”信息提示对话框。单击“是”按钮，屏幕出现“填制凭证”窗口。输入“付”字，输入制单日期，单击“保存”按钮，屏幕显示“已生成”，操作完成。

2）黄易进行核销操作：单击“日常处理”|“核销处理”|“手工核销”命令，打开“核销条件”对话框。输入供应商名称“下城公司”，然后单击“确定”按钮，打开“单据核销”窗口。单击“分摊”按钮，然后单击“保存”按钮，操作完成。

⑨1月4日，供应部刘浪向萧山公司订购硬盘20盒，单价750元。

任务分析：此业务为增加供应商，同时录入采购订单。

1）刘浪进入采购系统，单击“设置”|“编码档案”|“供应商档案”命令，打开“供应商档案”窗口。单击“增加”按钮，增加供应商“萧山公司”（编码“005”，税号“210191256786543”，开户行“市工商银行”，银行账号“5632145”，其他略）。

2）由刘浪启动进入采购系统，单击“业务”|“订货”|“采购订单”命令，打开

“采购订单”窗口。单击“增加”按钮，录入日期、存货编码“012”、数量“20”、原币单价“750”、供应商“萧山公司”等信息，单击“保存”按钮，然后单击“审核”按钮。

⑩ 1 月 5 日，供应部刘浪向萧山公司购进的硬盘到货入原材料库，并收到专用发票，当即开出 1230#转账支票付清货款（付款银行账号为 5632145）。

任务分析：此业务为材料入库，现付处理。

1）刘浪进入采购系统开出到货单：单击“业务”｜“到货”｜“到货单”命令，进入“采购到货单”窗口。单击“增加”按钮，输入日期，供应商“萧山公司”，部门“供应部”，录入存货编码“012”，数量“20”，原币单价“750”，单击“保存”按钮，然后单击“退出”按钮。

2）张山在库存管理系统参照到货单生成采购入库单并审核：单击“日常业务”｜“入库”｜“采购入库单”命令，打开“采购入库单”窗口。单击“生单”按钮，打开“选择采购订单或采购到货单”对话框。单击“过滤”按钮，选择相应的采购到货单，“显示表体处打 √”，仓库选择“原材料库”，单击“确定”按钮，生成采购入库单，单击“审核”按钮，审核完成。

3）黄易在存货核算系统进行正常单据记账，然后在财务核算功能中生成记账凭证：单击“业务核算”｜“正常单据记账”命令，打开“正常单据记账条件”对话框。选择“原材料库”，然后单击“确定”按钮，选择相应的单据，单击“记账”按钮，记账完成。单击“财务核算”｜“生成凭证”命令，打开“生成凭证”窗口。单击“选择”按钮，打开“查询条件”对话框。选择“采购入库单”选项，单击“确定”按钮，进入“选择单据”对话框。选择相应的单据，单击“确定”按钮，进入“生成凭证”窗口。借方科目选“原材料”，贷方科目选“在途物资”，然后单击“生成”按钮，生成凭证。

4）刘浪开出专用发票，保存后进行现付处理，现付完成后进行结算：单击“业务”｜“发票”｜“专用采购发票”命令，进入“采购专用发票”窗口。单击“增加”按钮，输入发票信息：日期、供应商“萧山公司”、部门“供应部”，录入存货编码“012”、数量“20”、原币单价“750”，单击“保存”按钮，单击“现付”按钮，出现“采购现付”对话框。录入结算方式“转账支票”、结算金额“17 550”、票据号“1230#”、银行账号等信息，单击“确定”按钮，“采购专用发票”窗口出现“已现付”标记。

单击“业务”｜“采购结算”｜“自动结算”命令，打开“自动结算”对话框。正确输入过滤条件后，单击“确定”按钮，系统开始结算，结算完成后显示结算成功的信息，单击“确定”按钮即可。（也可手工结算，操作步骤同业务⑦中“提示”）

5）黄易在应付款系统审核应付单据并进行现结制单：单击“日常处理”｜“应付单据处理”｜“应付单据审核”命令，打开“单据过滤条件”对话框。选择“包含已现结发票”（选择已审核或未审核）复选框，单击“确定”按钮，进入“应付单据列表”窗口。选择相应的单据，双击打开，进入“采购专用发票”窗口。单击“审核”按钮（若无凭证出来则单击“弃审”），系统弹出“是否立即制单”信息提示对话框。单击“确定”按钮，弹出“填制凭证”窗口。输入正确的凭证信息，单击“保存”按钮，凭证保存成功。

⑪ 1 月 5 日，供应部刘浪向滨江公司订购硬盘 50 盒，单价 730 元，并开出银行汇票预付货款 30 000 元。

任务分析：此业务为录入采购订单，预付货款。

1）刘浪在采购系统录入采购订单并审核。

由刘浪启动进入采购系统，单击“业务”|“订货”|“采购订单”命令，打开“采购订单”窗口。单击“增加”按钮，录入日期、存货编码“012”、数量“50”、原币单价“730”、供应商“滨江公司”等信息，单击“保存”按钮，然后单击“审核”按钮。

2）黄易在应付款系统录入付款单（款项类型选择“预付款”），审核后制单：单击“日常处理”|“付款单据处理”|“付款单据录入”命令，打开“付款单”窗口。单击“增加”按钮，录入日期、供应商、结算方式“银行汇票”、金额“30 000”、款项类型“预付款”，录入完毕后，单击“保存”按钮，然后单击“审核”按钮，弹出“是否立即制单”信息提示对话框。单击“是”按钮，出现“填制凭证”窗口。输入相应的数据，单击“保存”按钮，制单完成。

⑫ 1月6日，供应部刘浪向滨江公司订购的硬盘50盒已到货并验收入库。

任务分析：此业务为刘浪开出到货单，张山开出入库单。

1）刘浪进入采购系统开出到货单：单击“业务”|“到货”|“到货单”命令，进入“采购到货单”窗口。单击“增加”按钮，输入日期“2016-01-06”，供应商“滨江公司”、部门“供应部”，录入存货编码“012”、数量“50”、原币单价“730”，单击“保存”、“审核”按钮，然后单击“退出”按钮。

2）张山在库存管理系统参照到货单生成采购入库单并审核：单击“日常业务”|“入库”|“采购入库单”命令，打开“采购入库单”窗口。单击“生单”按钮，打开“选择采购订单或采购到货单”对话框。单击“过滤”按钮，选择相应的采购到货单，“显示表体处打√”，仓库选择“原材料库”，单击“确定”按钮，生成采购入库单，单击“审核”按钮，审核完成。

3）黄易在存货核算系统进行正常单据记账，然后在财务核算功能中生成记账凭证：单击“业务核算”|“正常单据记账”命令，打开“正常单据记账条件”对话框。选择“原材料库”，然后单击“确定”按钮，选择相应的单据，单击“记账”按钮，记账完成。单击“财务核算”|“生成凭证”命令，打开“生成凭证”窗口。单击“选择”按钮，打开“查询条件”对话框。选择“采购入库单”选项，单击“确定”按钮，进入“选择单据”对话框。选择相应的单据，单击“确定”按钮，进入“生成凭证”窗口。借方科目选“原材料”，贷方科目选“在途物资”，然后单击“生成”按钮，生成凭证（建议在月末集中生成入库凭证，以下以此类推）。

⑬ 1月6日，收到滨江公司专用发票，货款36 500元，税款6 205元，共计42 705元。

任务分析：此业务为录入专用发票，办理采购结算。

1）由刘浪（或张山）在采购系统开出专用采购发票，并办理结算：单击“业务”|“发票”|“专用采购发票”命令，进入“采购专用发票”窗口。单击“增加”按钮，输入日期“2016-01-06”、供应商“滨江公司”、部门“供应部”，录入存货编码“012”、数量“50”、原币单价“730”，单击“保存”按钮，然后单击“退出”按钮。

单击“业务”|“采购结算”|“自动结算”命令（选择日期2015.01.01—2016.12.31，选择供应商为“滨江公司”），打开“自动结算”对话框。正确输入过滤条件后，单击“确定”按钮，系统开始结算，结算完成后显示结算成功的信息，单击“确定”按钮即可。

2）由黄易（或张山）在应付款系统审核应付单据，并进行发票制单：单击“日常处理”｜“应付单据处理”｜“应付单据审核”命令，打开“单据过滤条件”窗口。输入相应条件（单击“未审核”、“已整单报销”、“若已结账”命令，再单击“未完全报销”命令），单击“确定”按钮，进入“应付单据列表”窗口。选择相应的应付单据，双击，进入“采购专用发票”窗口。单击“审核”按钮，屏幕弹出“是否立即制单”信息提示对话框。单击“是”按钮，屏幕出现“填制凭证”窗口。输入“转”字和制单日期，单击“保存”按钮，屏幕显示“已生成”，操作完成。

⑭ 1 月 7 日，以预付款 30 000 元冲抵应付款，以银行汇票结算方式汇给滨江公司余款 12 705 元。

任务分析：此业务为以预付款冲应付款，办理余款结算。

1）黄易在应付款系统录入付款单据，审核后制单：单击“日常处理”｜“付款单据处理”｜“付款单据录入”命令，打开“付款单”窗口。单击“增加”按钮，录入日期、供应商、结算方式“银行汇票”、金额“12 705”，款项类型“应付款”。录入完毕后单击“保存”按钮，然后单击“审核”按钮，弹出“是否立即制单”信息提示对话框。单击“是”按钮，屏幕出现“填制凭证”窗口。输入“付”字，输入制单日期，单击“保存”按钮，屏幕显示“已生成”，操作完成。

2）预付冲应付转账及核销：黄易进入应付款系统，单击“日常处理”｜“转账”｜“预付冲应付”命令，打开“预付冲应付”对话框。选择“预付款”选项卡，输入供应商“滨江公司”，单击“过滤”按钮，输入转账金额“30 000”；单击“应付款”选项卡，单击“过滤”按钮，输入转账金额“30 000”，单击“确定”按钮，系统弹出“是否立即制单”信息提示对话框。单击“是”按钮，生成相应的凭证，转账操作完成

3）黄易进行核销操作：单击“日常处理”｜“核销处理”｜“手工核销”命令，打开“核销条件”对话框。输入供应商名称“滨江公司”，然后单击“确定”按钮，打开“单据核销”窗口。单击“分摊”按钮，然后单击“保存”按钮，操作完成。

⑮ 1 月 8 日，供应部刘浪向下城公司订购芯片 5 盒，单价 1 550 元。

任务分析：此业务为录入采购订单并审核。

由刘浪启动进入采购系统，单击“业务”｜“订货”｜“采购订单”命令，打开“采购订单”窗口。单击“增加”按钮，录入日期、存货编码“011”、数量“5”、原币单价“1 550”、供应商“下城公司”等信息，单击“保存”按钮，然后单击“审核”按钮。

⑯ 1 月 9 日，下城公司发来芯片 5 盒，验收入原材料库。部门：供应部；业务员：刘浪；入库类型：采购入库。

任务分析：此业务为录入采购到货单和采购入库单。

1）刘浪进入采购系统开出到货单：单击“业务”｜“到货”｜“到货单”命令，进入“采购到货单”窗口。单击“增加”按钮，输入日期“2016-01-09”，供应商“下城公司”、部门“供应部”，录入存货编码“011”、数量“5”、原币单价“1 550”，单击“保存”、“审核”按钮，然后单击“退出”按钮。

2）张山在库存管理系统参照到货单生成采购入库单并审核：单击“日常业务”｜“入库”｜“采购入库单”命令，打开“采购入库单”窗口。单击“生单”按钮，打开“选择采购订单或采购到货单”对话框。单击“过滤”按钮，选择相应的采购到货单，“显示表

体处打 √”，仓库选择“原材料库”，单击“确定”按钮，生成采购入库单，单击“审核”按钮，审核完成。

3）黄易在存货核算系统进行正常单据记账，然后在财务核算功能中生成记账凭证：单击“业务核算”|“正常单据记账”命令，打开“正常单据记账条件”对话框。选择“原材料库”，然后单击“确定”按钮，选择相应的单据，单击“记账”按钮，记账完成。单击“财务核算”|“生成凭证”命令，打开“生成凭证”窗口。单击“选择”按钮，打开“查询条件”对话框。选择“采购入库单”选项，单击“确定”按钮，进入“选择单据”对话框。选择相应的单据，单击“确定”按钮，进入“生成凭证”窗口。借方科目选“原材料”，贷方科目选“在途物资”，然后单击“生成”按钮，生成凭证（建议在月末集中生成入库凭证）。

⑰ 1 月 10 日，收到下城公司的专用发票，货款 7 750 元，税款 1 317.5 元，共计 9 067.5 元。

任务分析：此业务为开出专用采购发票，并办理采购结算。

1）由刘浪（或张山）在采购系统开出专用采购发票，并办理结算：单击“业务”|“发票”|“专用采购发票”命令，进入“采购专用发票”窗口。单击“增加”按钮，输入日期“2016-01-10”、供应商“下城公司”、部门“供应部”，录入存货编码“011”、数量“5”、原币单价“1 550”，单击“保存”按钮，然后单击“退出”按钮。

2）单击“业务”|“采购结算”|“自动结算”命令（选择日期 2015.01.01—2016.12.31，选择供应商“下城公司”），打开“自动结算”对话框。正确输入过滤条件后，单击“确定”按钮，系统开始结算，结算完成后显示结算成功的信息，单击“确定”按钮即可。

3）由黄易（或张山）在应付款系统审核应付单据，并进行发票制单：单击“日常处理”|“应付单据处理”|“应付单据审核”命令，打开“单据过滤条件”窗口。输入相应条件（单击“未审核”|“已整单报销”|“若已结账”命令，再单击“未完全报销”命令），单击“确定”按钮，进入“应付单据列表”窗口。选择相应的应付单据，双击，进入“采购专用发票”窗口。单击“审核”按钮，屏幕弹出“是否立即制单”信息提示对话框。单击“是”按钮，屏幕出现“填制凭证”窗口。输入“转”字和制单日期，单击“保存”按钮，屏幕显示“已生成”，操作完成。

3. 月末处理

将账套数据输出（备份）。

提醒

月末处理待任务实例 8 ~ 10 完成后依次处理，操作步骤见任务实例 10。

任务测评

采购与应付款系统生成的凭证如表 6.14 所示。

表 6.14 采购与应付款系统生成凭证一览表

业务号	凭证类型	会计科目	借方金额（元）	贷方金额（元）	辅助信息
1	转	在途物资/芯片 应交税费/增值税/进项税 应付账款/下城公司	16 000.00 2 720.00	 18 720.00	 供应商往来
2	付	应付账款/下城公司 银行存款	18 720.00	 18 720.00	供应商往来
3	转	原材料/硬盘 在途物资/硬盘	45 000.00	 45 000.00	
4	付	应付账款/滨江公司 银行存款	52 650.00	 52 650.00	供应商往来
6	转	原材料/芯片 在途物资/芯片	25 200.00	 25 200.00	
7	转	在途物资/芯片 应交税费/增值税/进项税 应付账款/下城公司	25 200.00 4 284.00	 29 484.00	 供应商往来
7	转	在途物资/芯片 应交税费/增值税/进项税 应付账款/下城公司	744.00 56.00	 800.00	 供应商往来
7	转	原材料/芯片 在途物资/芯片	744.00	 744.00	
8	付	应付账款/下城公司 银行存款	30 284.00	 30 284.00	 供应商往来
10	付	原材料/硬盘 应交税费/增值税/进项税 银行存款	15 000.00 2 550.00	 17 550.00	
10（或）	转 付	原材料/硬盘 在途物资/硬盘 在途物资/硬盘 应交税费/增值税/进项税 银行存款	15 000.00 15 000.00 2 550.00	 15 000.00 17 550.00	
11	付	预付账款/滨江公司 银行存款	30 000.00	 30 000.00	供应商往来
12	转	原材料/硬盘 在途物资/硬盘	36 500.00	 36500.00	
13	转	在途物资/硬盘 应交税费/增值税/进项税 应付账款/滨江公司	36 500.00 6 205.00	 42 705.00	 供应商往来
14	转	应付账款/滨江公司 预付账款/滨江公司	30 000.00 –30 000.00		供应商往来 供应商往来
14	付	应付账款/滨江公司 银行存款	12 705.00	 12 705.00	供应商往来
16	转	原材料/芯片 在途物资/芯片	7 750.00	 7 750.00	
17	转	在途物资/芯片 应交税费/增值税/进项税 应付账款/下城公司	7 750.00 1 317.50	 9 067.50	 供应商往来

学习任务7

销售与应收款系统管理

【学习目标】

- 系统学习和了解销售与应收款系统的功能和业务处理流程
- 理解销售与应收款系统与其他系统之间的数据传递关系
- 掌握销售与应收款系统的初始设置
- 掌握销售与应收款系统的日常业务处理

7.1 系统概述

7.1.1 销售与应收款系统功能

1. 系统初始设置

销售与应收款系统初始设置的主要作用是建立客户资料及设置与销售业务有关的公共码表。有一些公共码表（如销售部门、销售人员等）除了可以方便、快速地输入外，更主要的是作为进行各种数据分类统计的分类依据；另一些码表则是供业务处理使用，如税率、销售方式、结算方式和付款条件等。如果销售与应收系统不与存货系统集成运行，则一般还应有产品代码等设置。如果需要进行产品代码设置，则应与存货系统的产品代码保持一致，以使各系统输出的信息具有一致性。

另外，为了与账务处理、存货等系统集成运行，在初始设置中还需要设置这些系统的路径，以便相互间调用和传递数据使用。

2. 销售业务处理

销售业务处理主要指销售订单、销售发票的输入和存货结算及退货处理。根据销售方式的不同，用户可以从录入销售订单开始，也可以从录入销售发票或收款单开始销售业务。一般为了方便用户使用，保持数据一致性，销售订单、销售发票和收款单应该相互生成。

3. 统计报表

统计报表功能可以输出用户需要的各种统计报表。对于常规报表，系统一般设置模板供用户使用。由于销售与应收款系统的报表主要供企业内部管理使用，因此对系统内置的模板可以进行少量的修改和项目增减。由于系统不可能在每个系统中都设置完善的报表设置功能，因此比较理想的处理方式是在系统中设置标准数据输出功能，该功能可以输出 Excel 等表处理软件可以接受的数据格式。使用这一功能，用户可以在 Excel 中编制自己需要的各种报表，并可进行各种数据分析。

4. 转账处理

转账处理的基本目的是根据输入的业务数据生成记账凭证，以便进行有关的账务处理。由于销售与应收的会计核算科目与结算和交易方式有明显的对应关系，因此记账凭证设置一般在结算方式、交易方式中设置对应科目来完成；记账凭证一般在业务确认处理中自动生成并进行确认；在与账务系统集成运行时，生成的记账凭证一般实时传递到账务系统。

7.1.2 销售与应收款系统的业务流程

企业的销售活动一般是从与客户签订合同开始的。合同签订后根据合同收取定金（或预收款）并由计划部门安排生产，待规定交货期按合同结算并开出提货单供客户提货；或者按合同金额收款并开出收款凭证和提货单。如果是采用延期付款方式进行的销售，则需用户开具商业票据或记录客户的有关信息及合同付款期以备日后进行结算。在进行业务处理的同时根据有关单据登记产品销售收入、销售成本、属性费用、销售税金及附加和应收账款等明细账。必要时根据销售记录编制销售收入汇总表、销售费用汇总表、销售税金及附加汇总表和应收账款账龄分析表等。

7.1.3 销售与应收款系统与其他系统的主要关系

首先由销售系统根据日常销售业务生成销售订单、出库单、发票并对其进行审核。审核完毕后，一方面，销售系统将销售出库单传递至库存管理系统，由仓库部门对其进行审核，并将已审核的出库单传递至存货核算系统进行记账和制单；另一方面，将销售发票传递至应收款系统，由应收款系统对其进行收款结算和制单并向总账系统传递凭证。

7.2 初始设置

1. 初始建账

初始建账设置的作用是为系统建立各种已清空的数据库文件和对系统需要进行的客户代码等代码设置设定部门规则。如果销售与应收款系统和账务处理、存货系统等集成运行，则这些系统所在的路径也在这一功能中进行设置。由于这一功能将清空所有的数据库，所以该功能只在系统首次使用时调用一次。

2. 系统初始设置

销售与应收款系统初始设置是在“启动与注册”销售与应收款系统后，在进行销售与应收业务处理前，根据核算要求和实际业务情况进行的有关设置，以便系统根据设定的选项进行相应业务的处理，主要包括账套参数的设置、基础信息设置、初始设置等。

- 账套参数的设置包括公用参数的设置及说明、主要参数说明，以及设置应收账款的核销方式、控制科目依据、产品销售科目的依据。
- 销售系统的基础信息设置包括确定分类体系，设置编码档案、开户银行、销售类型、付款条件、发运方式、结算方式、币种、费用项目及成套件等。
- 应收款系统的初始设置包括基本科目、控制科目、产品科目、结算方式科目、坏账准备基础信息和账龄区间设置。

在应收款系统中，基础信息的设置方法与系统控制台，总账、销售等系统的设置方法完全一致，而且各系统的基础信息是共享的，相同的基础信息不必重复设置。应收账款初始设置界面如图 7.1 所示。

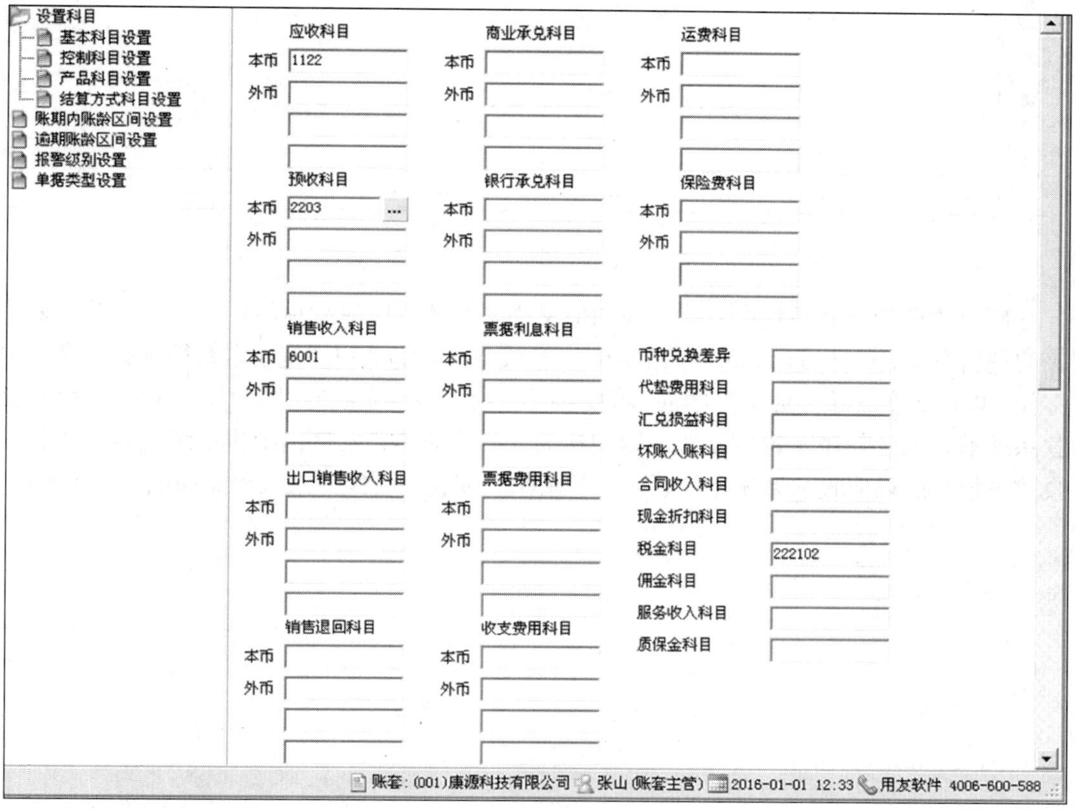

图 7.1　应收账款初始设置界面

3. 录入期初余额

销售系统初始数据录入主要包括期初发货单（见图 7.2）和日常委托代销发货业务开始前发生且未完全结算的委托代销发货单。期初尚未结算的销售发票、代垫费用单等在应收款系统中录入。

期初发货单

显示模版 发货单显示模版

表体排序

合并显示 □

发货单号 0000000001　　发货日期 2015-12-31　　业务类型 普通销售

销售类型 批发　　订单号　　发票号

客户简称 宁波公司　　销售部门 销售一部　　业务员 周记

发货地址　　发运方式　　付款条件

税率 17.00　　币种 人民币　　汇率 1.00000000

备注

	仓库名称	存货编码	存货名称	规格型号	主计量	数量	报价	含税单价	无税单价	无税
1	产成品	021	联想计算机		台	10.00	6000.00	7020.00	6000.00	
2										
3										
4										
5										
6										
7										
8										
9										
10										
11										
12										
13										
合计						10.00				

制单人 周记　　审核人　　关闭人

图 7.2　期初发货单

应收款期初余额是指企业已形成的但又尚未结算的应收款项的录入，即录入尚未结算的销售发票、代垫费用、预收款等应收、预收单据。它是初次使用本系统时必须进行的工作，以达到实现手工业务延续的目的。但是，由于两个系统同时使用，企业在应用应收款系统前，已经使用了销售系统，则期初尚未结算的销售发票由销售系统自动传递到应收款系统，所以应收款系统无须录入期初余额。期初销售发票录入界面如图 7.3 所示。

图 7.3　期初销售发票录入界面

7.3　日常业务处理

7.3.1　销售订单录入

销售订单是反映由购销双方确认的客户要货要求的单据。销售订单应该包括销售业务所应有的全部基本数据。这些数据包括订单日期、订单号、客户名称、销售部门、业务员、付款条件、存货名称、计量单位、数量、单价等。在输入过程中凡是可以使用系统提供的菜单选择输入功能的项目都应该使用选择输入，以减少输入错误。销售订单输入后要进行确认，只有经过确认的销售订单才可以据此由系统自动生成相应的销售发票。销售订单录入界面如图 7.4 所示。

7.3.2　发货单录入

发货单是普通销售发货业务的执行载体。发货单由销售部门根据销售订单生成，经审核后由库存管理系统自动生成销售出库单，销售出库单经库存管理系统审核后，在存货核算系统进行制单操作。发货单除了需要输入销售订单的内容外还需输入发货日期、发货单号、发货地址、发运方式、仓库名称等。发货单录入界面如图 7.5 所示。

图 7.4　销售订单录入界面

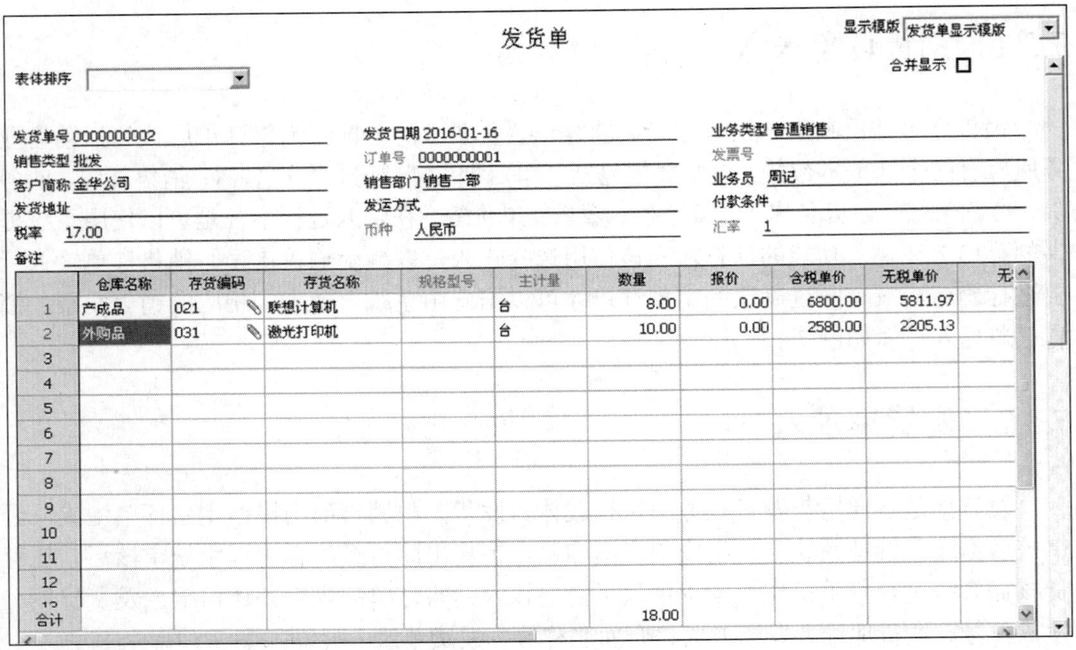

图 7.5　发货单录入界面

7.3.3　销售发票录入

销售发票是指供货单位给客户开具的增值税专用发票、普通发票及其所附清单等原始销售票据，一般包括产品或服务的说明，客户名称、地址，以及存货的名称、单价、数量、总价、税额等资料。销售发票可以直接填制，也可以通过复制销售订单或销售发货单生成。

销售专用发票录入界面如图 7.6 所示。

图 7.6　销售专用发票录入界面

7.3.4　应收单处理

销售发票与应收单是应收账款日常核算的原始凭据。增加应收款是本系统业务处理的起点。如果同时使用应收款系统和销售系统，则销售发票和代垫费用产生的应收单由销售系统录入，在应收款系统中可以对这些单据进行查询、核销和制单等操作。

如果没有使用销售系统，则各类发票和应收单均应在应收款系统中录入。应收单录入界面如图 7.7 所示。

图 7.7　应收单录入界面

7.3.5　转账处理

在日常业务中，经常会发生以下几种转账处理的情况。

- 预收冲应收：某客户有预收款时，可用该客户的一笔预收款冲一笔应收款。“预收冲应收”对话框如图 7.8 所示。

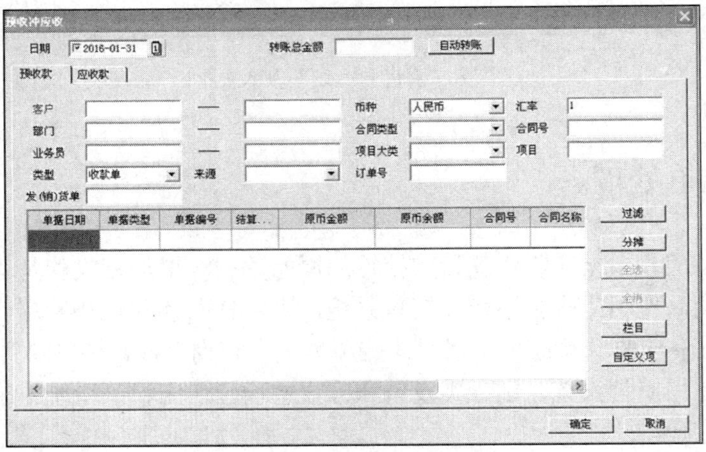

图 7.8 “预收冲应收”对话框

- 应收冲应付：若某客户既是销售客户又是供应商，则可能发生应收款冲应付款的情况。
- 红字单据冲蓝字单据：当发生退货时，用红字发票冲蓝字发票。
- 应收冲应收：当一个客户为另一个客户代付款时，发生应收冲应收情况。“应收冲应收”对话框如图 7.9 所示。

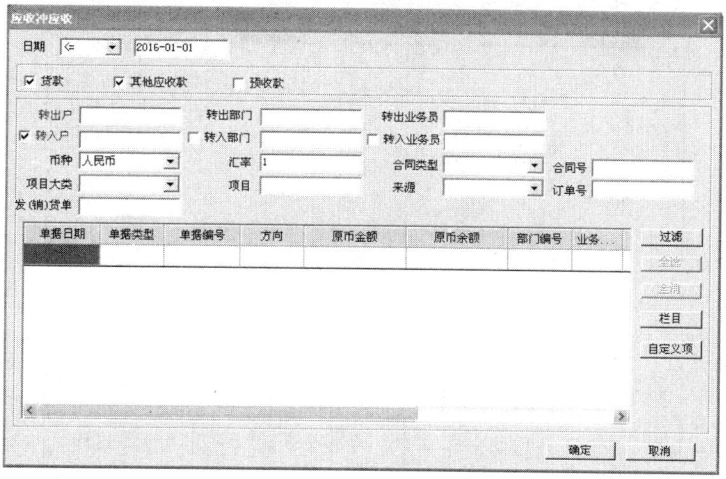

图 7.9 “应收冲应收”对话框

7.3.6　坏账处理

坏账处理包括坏账发生、坏账收回和坏账计提。

系统提供的计提坏账的方法主要有销售收入百分比法、应收账款百分比法和账龄分析法。不管采用什么方法计提坏账，初次计提时，如果没有进行预先的设置，首先应进行初始设置。

应收账款的余额默认为本会计年度最后一天所有未结算完的发票和应收单余额之和减去预收款数额。外币账户用其本位币余额，可以根据实际情况进行修改。销售总额默认为本会计年度发票总额，可以根据实际情况进行修改。账龄分析法各区间余额由系统生成（本会计年度最后一天的所有未结算完的发票和应收单余额之和减去预收款数额），可以根据实际情况进行修改。“坏账发生”、“坏账收回”对话框和“应收账款百分比法”窗口分别如图 7.10～图 7.12 所示。

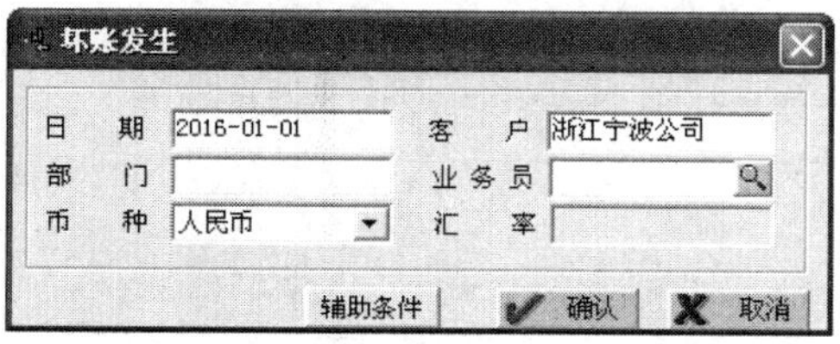

图 7.10 “坏账发生”对话框

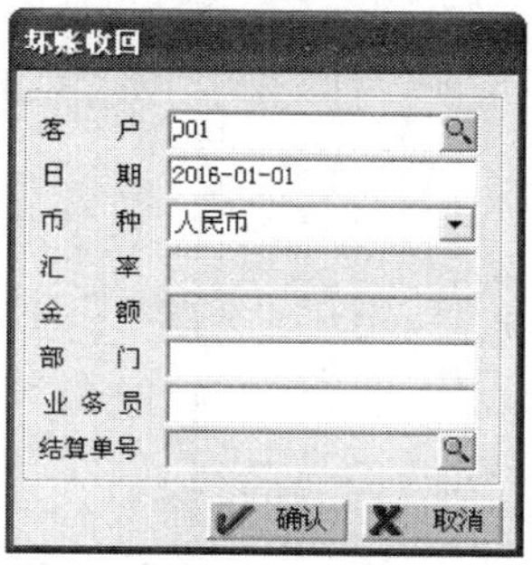

图 7.11 “坏账收回”对话框

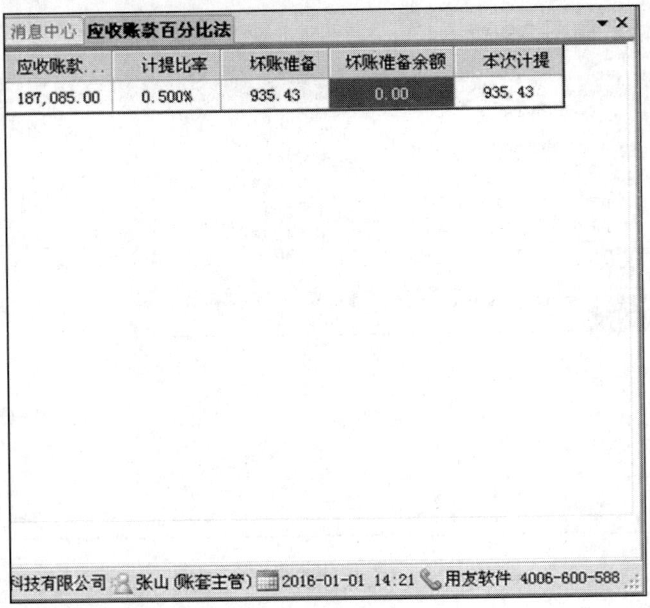

图 7.12 “应收账款百分比法”窗口

7.3.7 生成记账凭证

制单处理分为立即制单和批量制单。

立即制单是在单据处理、转账处理、票据处理及坏账处理等功能操作中，系统询问是否立即制单，若选择“是”，便立即生成凭证。

批量制单是在所有业务发生完成后，使用制单功能进行批处理制单。制单时先进行制单查询（见图 7.13），后进行应收制单（见图 7.14）。

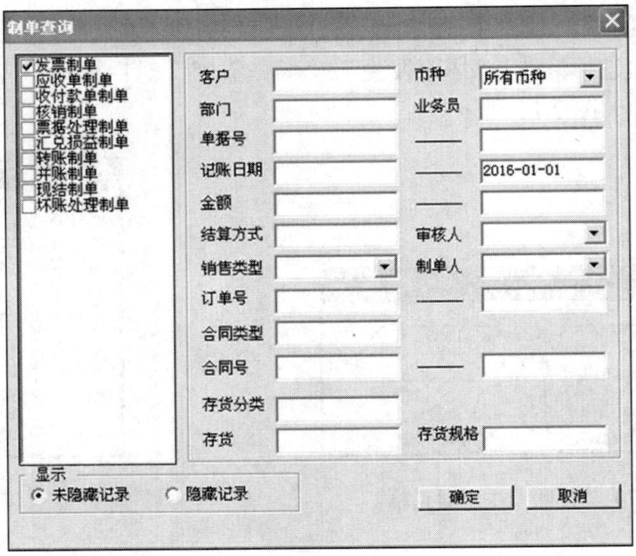

图 7.13 “制单查询”对话框

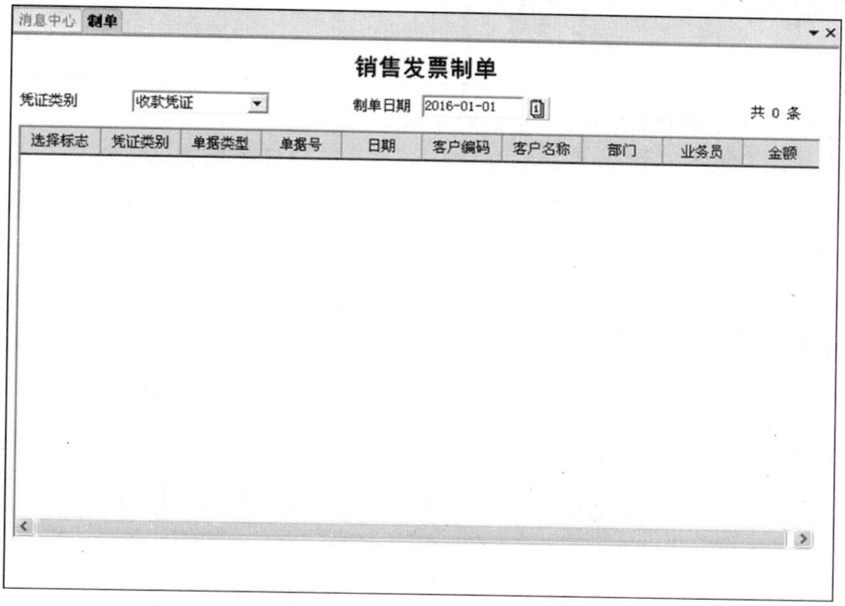

图 7.14 “应收制单”窗口

7.4　期末处理

7.4.1　账表管理

通过对销售明细表、销售统计表、销售余额表及销售分析表的对比与分析，可以实现对销售管理的事中控制和事后分析。综合利用销售系统提供的各种账表及查询功能，可以全面提升企业的销售管理水平。

客户往来账表查询主要包括对客户往来总账、客户往来明细账、客户往来余额表及客户往来对账单进行查询。通过对客户往来账表的查询，可以了解在一定月份期间所发生的应收款明细、总额及余额情况，据此可以进行账龄分析。

7.4.2　月末结账

月末结账是指逐月将每月的单据数据封存，并将当月的销售数据记入有关账表中。销售系统月末结账可以连续将多个月的单据进行结账，但不允许跨月结账。月末结账后，该月的凭证将不能修改、删除。

销售系统结账后可以进行应收款系统结账工作。只有销售系统月末结账后，才能进行库存管理和存货核算系统的月末处理。如果销售系统要取消月末处理，必须先通知库存管理、存货核算系统中的一个单元取消月末结账，要求它们的系统取消月末结账。如果库存管理、存货核算系统的任何一个单元都不能取消月末结账，那么就不能取消销售系统的月末结账。

提醒

- 如果上月没有结账，则本月不能结账。
- 本月的单据在结账前应该全部审核；本月的结算单据在结账前应全部核销。
- 应收款系统与销售系统集成使用，在销售系统结账后，才能对应收款系统进行结账处理。
- 如果结账期间是本年度最后一个期间，则本年度进行的所有核销、坏账、转账等处理必须制单，否则不能向下一个年度结转，而且对于本年度外币余额为 0 的单据，必须将本币余额结转为 0，即必须执行汇兑损益。
- 只有应收款系统结账后，总账系统才能结账。

任务实例 9　销售与应收业务处理

任务目的

① 掌握用友 ERP-U8 管理软件中销售与应收款系统的相关内容。
② 掌握应收款系统初始化、日常业务处理及期末处理的操作。
③ 掌握企业日常销售业务处理的方法。
④ 理解销售系统与其他系统间的数据传递关系。
⑤ 理解应收款在总账系统核算与在应收款系统核算的区别。

任务内容

① 销售与应收款系统初始设置。
② 销售业务处理。
③ 应收款及收款业务处理。
④ 销售与应收款系统月末处理。
⑤ 账套数据备份。

任务准备

引入“任务处理 8”账套数据。

任务资料

1. 初始设置资料

（1）销售类型（见表 7.1）

表 7.1　销售类型

销售类型编码	销售类型名称	出库类别	是否是默认值
1	批发	销售出库	是
2	零售	销售出库	否
3	委托代销	其他出库	否

（2）费用项目分类及费用项目（见表 7.2）

表 7.2　费用项目分类及费用项目

费用项目分类编码	费用项目分类名称	费用项目编码	费用项目名称
1	运费	11	代垫费用

（3）本企业开户银行

编码：01；银行账号：111111111111；账户名称：康源科技有限公司；开户银行：市工商银行；所属银行：中国工商银行。

（4）销售系统初始设置

录入期初发货单：2015 年 12 月 28 日，销售一部周记向宁波公司出售联想计算机 10 台，不含税单价 6 000 元，由产成品库发货，尚未开票。

（5）应收款系统初始设置（见表 7.3）

表 7.3　应收款系统初始设置

选项设置	坏账处理方式选择应收余额百分比法；不根据信用额度自动报警
基本科目设置	应收科目为 1122，预收科目为 2203，销售收入科目为 6001，税金科目为 22210102
结算方式科目设置	现金结算对应 1001，支票结算、汇票结算、汇兑结算对应 1002
坏账准备设置	提取比率为 0.5%，坏账准备期初余额为 0，坏账准备科目为 1231，对方科目为 6701

（6）应收款系统期初余额

录入期初销售专用发票：①2015 年 12 月 28 日，销售一部周记向温州公司出售联想计算机 10 台，不含税单价 7 000 元，由产成品库发货；②2015 年 12 月 29 日，销售二部李洋向金华公司出售联想计算机 20 台，不含税单价 6 500 元，由产成品库发货。

2. 日常业务资料

康源科技有限公司 2016 年 1 月份发生下列经济业务。

① 1 月 11 日，开出 2015 年 12 月月末销售给宁波公司的 10 台联想计算机的销售专用发票，单价 6 000 元。

② 1 月 12 日，收到宁波公司汇来的货款 70 200 元。

③ 1 月 12 日，客户绍兴公司欲购激光打印机 30 台，向销售一部询问激光打印机价格情况，周记报价 2 250 元/台（不含税），填制并审核报价单。绍兴公司要求订购 30 台，并要求 2015 年 1 月 12 日发货，经协商每台价格为 2 200 元（不含税，下同），填制并审核销售订单。

④ 1 月 13 日，从外购品库发出绍兴公司的激光打印机 30 台，参照销售订单生成并

审核发货单。另代垫运费 1 000 元，开出 2136#转账支票付讫。

⑤ 1 月 13 日，根据销售给绍兴公司 30 台激光打印机的发货单开出销售专用发票并进行审核。

⑥ 1 月 13 日，金华公司向销售一部周记订购联想计算机 5 台，无税单价 5 900 元，激光打印机 20 台，无税单价 2 250 元，要求 1 月 14 日发货。

⑦ 1 月 13 日，收到金华公司汇来预付款 50 000 元。

⑧ 1 月 14 日，根据约定向金华公司发出联想计算机 5 台、激光打印机 20 台，代垫运费 1 500 元，以现金付讫。

⑨ 1 月 14 日，开出销售给金华公司的销售专用发票并审核。

⑩ 1 月 14 日，金华公司预收货款 50 000 元冲应收账款。

⑪ 1 月 15 日，收到金华公司汇来的货款 38 665 元。

⑫ 1 月 15 日，与温州公司签订协议，委托温州公司代销激光打印机，从外购品库发出 20 台，按成本价填制委托代销商品发货单。

⑬ 1 月 18 日，收到温州公司代销清单，激光打印机 20 台已销售，结算价格为 2 180 元/台。

⑭ 1 月 18 日，宁波公司向销售一部订购联想计算机 15 台，协议无税价格 5 800 元/台，要求 1 月 19 日发货。

⑮ 1 月 19 日，根据约定向宁波公司发出联想计算机 15 台，代垫运费 2 000 元，开出 2143#转账支票付讫。

⑯ 1 月 20 日，开出销售给宁波公司的 15 台联想计算机的销售专用发票。

⑰ 1 月 20 日，零售给昆仑公司（编码“006”，税号“100691256786543”，开户行“市工商银行”，银行账号“4862145”，其他略）联想计算机 3 台，含税单价 7 000 元，货款已以现金形式收取。

3. 月末处理要求

① 周记进行销售系统月末结账。（任务实例 10 完成后做）。

② 黄易进行应收款系统月末结账。（任务实例 10 完成后做）。

③ 张山对应收款系统传递到总账系统的凭证进行审核、记账。

④ 将账套数据输出（备份）。

任务处理

1. 初始资料设置

（1）销售类型

单击企业应用平台中的“基础设置”命令，打开“基础档案”对话框。双击“业务”|“销售类型”选项，打开“销售类型”窗口。单击“增加”按钮，输入销售类型信息。

（2）费用项目

单击企业应用平台中的“基础设置”命令，打开“基础档案”对话框。双击“业务”|

“费用项目分类”选项，输入分类编码“1”、分类名称“运费”。单击“增加”按钮，输入费用项目信息。打开“费用项目”窗口，输入费用项目编码“11”、费用项目名称“代垫运费”，单击“保存”、“退出”按钮。

（3）本企业开户银行

单击企业应用平台中的“基础设置”命令，打开“基础档案”对话框。双击“收付结算”|“本单位开户银行”选项，单击“增加”按钮，输入开户银行信息。

（4）销售系统初始设置

张山进入销售系统，单击“设置”|“期初录入”|“期初发货单”命令，打开“期初发货单”窗口，单击“增加”按钮，输入期初发货单相关信息，单击“审核”按钮。

提醒

- 期初发货单是指建账日前，已经发货、出库，但尚未开发票的业务，因此期初发货单录入并审核完并不会生成期初销售出库单。
- 如果按订货客户的要求，需要指定日期发货，在存货还未出库的情况下，就录了期初发货单，导致操作错误，则关闭该张期初发货单，然后在当月开一张正常的销售发货单，再根据发货单生成发票、出库单即可。

（5）应收款系统初始设置

1）张山进入企业应用平台，打开应收款系统，单击“设置”|“选项”命令，打开“账套参数设置”对话框。单击“编辑”按钮，将坏账处理方式改为“应收款余额百分比法”。单击“设置”|“初始设置”命令，输入应收科目为“1122”，预收科目为“2203”，销售收入科目为“6001”，税金科目为“22210105”。结算方式科目设置：现金结算对应1001，支票结算、银行汇票结算、汇兑结算对应1002。

2）坏账准备设置：提取比率为0.5%，坏账准备期初余额为0，坏账准备科目为1231，对方科目为660208。

（6）应收款系统期初余额

张山进入企业应用平台，打开应收款系统，单击“设置”|“期初余额”命令，打开“期初余额—查询”窗口，单击“增加”按钮，选择“销售专用发票”单据类别，输入期初发票内容。

提醒

- 应收款系统与总账系统的期初余额的差额应为0，即两个系统的客户往来科目的期初余额应完全一致。
- 录入应收款系统期初余额时，输入科目后，才能和总账系统对账。
- 应付款系统与应收款系统的初始设置方法相同。
- 应收款系统的核销方式一经确定，便不允许调整。如果当年已计提过坏账准备，则坏账处理方式不允许修改，只能在下一年度修改。

2. 日常业务处理

康源科技有限公司 2016 年 1 月份发生下列经济业务。

①1 月 11 日，开出 2015 年 12 月月末销售给宁波公司的 10 台联想计算机的销售专用发票，单价 6 000 元。

任务分析：此业务为开出销售专用发票，复核并制单。

1）周记在销售系统开出销售专用发票并复核：单击“销售开票”｜“销售专用发票”命令，打开“销售专用发票”窗口。单击“增加”按钮（或单击“生单”根据发货单生成也可以），输入专用发票相关信息并复核。

2）夏天在应收款系统审核销售专用发票并制单：单击“日常处理”｜“应收单据处理”｜“应收单据审核”命令，打开“单据过滤条件”对话框。单击“确定”按钮，打开“应收单据列表”窗口。选择相应的销售专用发票，打开销售专用发票窗口。单击“审核”按钮，弹出“是否立即制单”提示对话框。单击“确定”按钮，生成凭证。

3）单击“存货核算”｜“业务核算”｜“正常单据记账”命令，对销售出库单或销售发票进行记账。

4）单击“财务核算”｜“生成凭证”｜“选择”命令，选择单据后，单击“确定”按钮。

提醒

- “正常单据记账”时如果在“存货核算”｜“选项录入”｜“销售成本核算方式”下勾选“销售出库单”，则对销售出库单记账；如果勾选“销售发票”，则对销售发票记账。
- 存货计价方式选择全月平均时，应在“存货核算”｜“业务核算”｜“期末处理”后，由系统回填销售出库单的单价进行出库成本核算，所以结转销售成本的凭证应在存货核算系统进行期末处理后再生成。
- 执行生成凭证的操作员，必须在总账系统拥有制单的权限。
- 制单日期应大于或等于所选的单据的最大日期，但小于当前业务日期。同时，制单日期应满足总账系统中的制单序时要求。

② 1 月 12 日，收到宁波公司汇来的货款 70 200 元。

任务分析：此业务为填制收款单，审核后制单并进行核销处理。

1）夏天在应收款系统填制收款单，审核后制单：单击“日常处理”｜“收款单据处理”｜“收款单据录入”命令，打开“收款单”窗口。单击“增加”按钮，录入日期、客户、结算方式、金额“70 200”、款项类型“应收款”等信息，单击“保存”和“审核”按钮，系统弹出“是否立即制单”信息提示对话框。单击“是”按钮，弹出“填制凭证”窗口，生成收款凭证。

2）进行款项核销处理：单击上方的“核销”按钮，选择“同币种核销”，弹出“单据核销”窗口，窗口上方显示的单据是收款单，窗口下方显示的单据是应收单，在应收单中输入本次的结算金额即本次实收金额“70 200”后，单击“保存”按钮。该操作也可以通过“日常处理”｜“核销处理”｜“手工核销”或“自动核销”处理。

提醒

- 录入收款单据内容时，结算方式、结算科目及金额不能为空。
- 系统自动生成结算单据后不能进行修改。
- 对于已核销的收款单据，只有取消核销后才能进行修改和删除。

③ 1 月 12 日，客户绍兴公司欲购激光打印机 30 台，向销售一部询问激光打印机价格情况，周记报价 2 250 元/台（不含税），填制并审核报价单。绍兴公司要求 2016 年 1 月 13 日发货，经协商每台价格为 2 200 元（不含税，下同），填制并审核销售订单。

任务分析：此业务为填制销售报价单并审核，填制销售订单并审核。

1）填制销售报价单并审核：周记进入销售系统，单击“销售报价”｜“销售报价单”命令，打开“销售报价单”窗口。单击“增加”按钮，填入销售报价单相关信息，填制完成后保存并审核。

2）填制销售订单并审核：单击“销售订货”｜“销售订单”命令，打开“销售订单”窗口。单击“增加”按钮，填入销售订单的相关信息，填制完成后保存并审核。

④ 1 月 13 日，从外购品库发出绍兴公司的激光打印机 30 台，参照销售订单生成并审核发货单。另代垫运费 1 000 元，开出 2136#转账支票付讫。

任务分析：此业务为开出并审核发货单、代垫费用单，审核应收单并立即制单。

1）周记开出并审核发货单：单击“销售发货”｜“发货单”命令，打开“发货单”窗口。单击“增加”按钮，打开“选择订单”对话框。单击“显示”按钮，选择销售给绍兴公司的订单，再选择存货“激光打印机”，然后单击“确定”按钮，发货单填制完毕，然后保存并审核。

2）周记开出并审核代垫费用单：单击“代垫费用”｜“代垫费用单”命令，打开“代垫费用单”窗口。单击“增加”按钮，输入代垫费用的相关信息，然后保存并审核。

3）夏天进入应收款系统审核应收单并立即制单，贷方科目为银行存款：单击“日常处理”｜“应收单据处理”｜“应收单据审核”命令，打开“单据过滤条件”对话框。单击“确定”按钮，打开“应收单据列表”窗口。选择“其他应收单、绍兴公司”，打开“应收单”窗口。单击“审核”按钮，弹出“是否立即制单”提示对话框。单击“确定”按钮，打开“填制凭证”窗口。在凭证的贷方录入银行存款科目，然后生成凭证。

⑤ 1 月 13 日，根据销售给绍兴公司 30 台激光打印机的发货单开出销售专用发票并进行审核。

任务分析：此业务为开出销售专用发票并复核制单。

1）周记在销售系统开出销售专用发票并复核：单击 “销售开票”｜“销售专用发票”命令，打开“销售专用发票”窗口。单击“增加”按钮（或单击“生单”根据发货单生成也可以），输入专用发票相关信息并复核。

2）夏天在应收款系统审核销售专用发票并制单：单击“日常处理”｜“应收单据处

理”｜“应收单据审核”命令，打开“单据过滤条件”对话框。单击“确定”按钮，打开“应收单据列表”窗口。选择相应的销售专用发票，打开销售专用发票窗口。单击“审核”按钮，弹出“是否立即制单”信息提示对话框。单击“确定”按钮，生成凭证。

单击“库存管理”｜“库存业务”｜“销售出库单”命令，对生成的出库单进行审核，以减少库存数量。

单击“存货核算”｜“业务核算”｜“正常单据记账”命令，选择“销售出库单”或“销售发票”记账。

3）夏天进入应收款系统审核应收单并立即制单，贷方科目为银行存款：单击“日常处理”｜“应收单据处理”｜“应收单据审核”命令，打开“单据过滤条件”对话框。单击“确定”按钮，打开“应收单据列表”窗口。选择“其他应收单、绍兴公司”，打开“应收单”窗口。单击“审核”按钮，弹出“是否立即制单”信息提示对话框。单击“确定”按钮，打开“填制凭证”窗口。在凭证的贷方录入银行存款科目，然后生成凭证。

提醒

出库单的生成方式有两种选择，一是在“销售系统”｜“销售选项”中勾选“销售生成出库单”，二是在“库存管理系统”｜“初始设置”｜“选项”中勾选“库存生成出库单”。

如果选择“销售生成出库单”，库存管理系统依据审核后的发货单自动生成销售出库单，操作员只要进入库存管理系统查找销售出库单直接审核即可。

如果选择“库存生成出库单”，操作员需要进入库存管理系统参照发货单或发票生成销售出库单并进行审核。

⑥ 1 月 13 日，金华公司向销售一部周记订购联想计算机 5 台，无税单价 5 900 元，激光打印机 20 台，无税单价 2 250 元，要求 1 月 14 日发货。

任务分析：此业务为填制销售订单并审核。

周记填制销售订单并审核：单击“销售订货”｜“销售订单”命令，打开“销售订单”窗口。单击“增加”按钮，填入销售订单的相关信息，填制完成后保存并审核。

⑦ 1 月 13 日，收到金华公司汇来预付款 50 000 元。

任务分析：此业务为录入收款单，审核后立即制单。

夏天在应收款系统录入收款单，审核后立即制单：单击“日常处理”｜“收款单据处理”｜“收款单据录入”命令，打开“收款单”窗口。单击“增加”按钮，录入日期、客户、结算方式、金额“50 000”、款项类型“预收款”等信息，单击“保存”和“审核”按钮，系统弹出“是否立即制单”信息提示对话框。单击“是”按钮，弹出“填制凭证”窗口，生成收款凭证。

⑧ 1 月 14 日，根据约定向金华公司发出联想计算机 5 台、激光打印机 20 台，代垫运费 1 500 元，以现金付讫。

任务分析：此业务为开出并审核发货单、代垫费用单，审核应收单并立即制单。

1）周记开出并审核发货单：单击“销售发货”｜“发货单”命令，打开“发货单”

窗口。单击“增加”按钮，打开“选择订单”对话框。单击“显示”按钮，选择销售给金华公司的订单，再选择存货“激光打印机和联想计算机”，然后单击“确定”按钮，发货单填制完毕，保存并审核。

2）到库存管理系统审核自动生成的销售出库单。单击“库存管理”|“库存业务”|“销售出库单”命令，对生成的出库单进行审核，以减少库存数量。

3）周记开出并审核代垫费用单：单击“代垫费用”|“代垫费用单”命令，打开“代垫费用单”窗口。单击“增加”按钮，输入代垫费用的相关信息，然后保存并审核。

4）夏天进入应收款系统审核应收单并立即制单，贷方科目为现金：单击“日常处理”|“应收单据处理”|“应收单据审核”命令，打开“单据过滤条件”对话框。单击“确定”按钮，打开“应收单据列表”窗口。选择“其他应收单、金华公司”，打开“应收单”窗口。单击“审核”按钮，弹出“是否立即制单”信息提示对话框。单击“确定”按钮，打开“填制凭证”窗口。在凭证的贷方录入银行存款科目，然后生成凭证。

⑨ 1 月 14 日，开出销售给金华公司的销售专用发票并审核。

任务分析：此业务为开出销售专用发票，复核并制单。

1）周记在销售系统开出销售专用发票并复核：单击 “销售开票”|“销售专用发票”命令，打开“销售专用发票”窗口。单击“增加”按钮（或单击“生单”根据发货单生成也可以），输入专用发票相关信息并复核。

2）夏天在应收款系统审核销售专用发票并制单：单击“日常处理”|“应收单据处理”|“应收单据审核”命令，打开“单据过滤条件”对话框。单击“确定”按钮，打开“应收单据列表”窗口。选择相应的销售专用发票，打开销售专用发票窗口。单击“审核”按钮，弹出“是否立即制单”信息提示对话框。单击“确定”按钮，生成凭证。

单击“存货核算”|“业务核算”|“正常单据记账”命令，选择“销售出库单”或“销售发票”记账。

⑩ 1 月 14 日，金华公司预收货款 50 000 元冲抵应收账款。

任务分析：此业务为办理预收冲应收手续并制单。

夏天在应收款系统办理预收冲应收手续并制单：单击“转账”|“预收冲应收”命令，打开“预收冲应收”对话框。选择客户“金华公司”，单击“过滤”按钮，录入转账金额“50 000”。再打开“应收款”选项卡，单击“过滤”按钮，录入转账金额“50 000”，单击“确定”按钮，系统弹出“是否立即制单”信息提示对话框。单击“是”按钮，生成一张转账凭证。

提醒

- 每笔应收款的转账金额不能大于其余额。
- 应收款的转账金额合计应等于预收款的转账金额的合计。
- 在初始设置时，如果将应收科目和预收科目设置为同一科目，将无法通过预收冲应收功能生成凭证。

⑪ 1 月 15 日，收到金华公司汇来的货款 38 665 元。

任务分析：此业务为填制收款单，审核后制单并进行核销处理。

1）夏天在应收款系统录入收款单，审核后立即制单：单击“日常处理”|“收款单据处理”|“收款单据录入”命令，打开“收款单”窗口。单击“增加”按钮，录入日期、客户、结算方式、金额“38 665”、款项类型“预收款”等信息，单击“保存”按钮和“审核”按钮，系统弹出“是否立即制单”信息提示对话框。单击“是”按钮，弹出“填制凭证”窗口，生成收款凭证。

2）进行核销处理：单击“日常处理”|“核销处理”|“自动核销”命令，打开“核销条件”对话框。选择客户“金华公司”，单击“确定”按钮，核销完成。

⑫ 1 月 15 日，与温州公司签订协议，委托温州公司代销激光打印机，从外购品库发出 20 台，按成本价填制委托代销商品发货单。

任务分析：此业务为开出委托代销发货单。

周记在销售系统开出委托代销发货单：单击“业务”|“委托代销”|“委托代销发货单”命令，打开“委托代销发货单”窗口。单击“增加”按钮，输入相关信息，发货单填制完毕，然后保存并审核后再到库存管理系统审核自动生成的销售出库单。

提醒

处理委托代销业务前，需要在销售系统“销售选项”|“业务控制”下勾选“有委托代销业务”，在库存管理系统“库存选项”|“通用设置”下勾选“有委托代销业务”。

⑬ 1 月 18 日，收到温州公司代销清单，激光打印机 20 台已销售，结算价格为 2 180 元/台。

任务分析：此业务为填制委托代销结算单，审核后系统自动生成销售专用发票，审核销售专用发票并生成凭证。

1）周记在销售系统填制委托代销结算单，审核后系统自动生成销售专用发票，由周记进行复核：单击“业务”|“委托代销”|“委托代销结算单”命令，打开“委托代销结算单”窗口。单击“增加”按钮，打开“选择委托代销发货单”对话框。单击“显示”按钮，选择相应的客户和存货，然后单击“确定”按钮，输入数量“20”、无税价格“2 180”，然后单击“保存”按钮并审核，弹出“选择发票类型”窗口。选择“专用发票”，然后单击“确定”按钮。

2）夏天在应收款系统审核销售专用发票并制单：单击“日常处理”|“应收单据处理”|“应收单据审核”命令，打开“单据过滤条件”对话框。单击“确定”按钮，打开“应收单据列表”窗口。选择相应的销售专用发票，打开销售专用发票窗口。单击“审核”按钮，弹出“是否立即制单”提示对话框。单击“确定”按钮，生成凭证。（如果当时未产生凭证，则到凭证处理处制单）

⑭ 1 月 18 日，宁波公司向销售一部订购联想计算机 15 台，协议无税价格 5 800 元/台，要求 1 月 19 日发货。

任务分析：此业务为填制销售订单并审核。

周记在销售系统填制销售订单并审核：单击“销售订货”｜“销售订单”命令，打开“销售订单”窗口。单击“增加”按钮，填入销售订单的相关信息，填制完成后保存并审核。

⑮ 1 月 19 日，根据约定向宁波公司发出联想计算机 15 台，代垫运费 2 000 元，开出 2143#转账支票付讫。

任务分析：此业务为开出并审核发货单、代垫费用单，审核应收单并立即制单。

1）周记开出并审核发货单：单击“销售发货”｜“发货单”命令，打开“发货单”窗口。单击“增加”按钮，打开“选择订单”对话框。单击“显示”按钮，选择销售给宁波公司的订单，再选择存货“联想计算机”，然后单击“确定”按钮，发货单填制完毕，保存并审核后再到库存管理系统审核自动生成的销售出库单。

2）周记开出并审核代垫费用单：单击“代垫费用”｜“代垫费用单”命令，打开“代垫费用单”窗口。单击“增加”按钮，输入代垫费用的相关信息，然后保存并审核。

3）夏天进入应收款系统审核应收单并立即制单：单击“日常处理”｜“应收单据处理”｜“应收单据审核”命令，打开“单据过滤条件”对话框。单击“确定”按钮，打开“应收单据列表”窗口。选择“其他应收单、宁波公司”，打开“应收单”窗口。单击“审核”按钮，弹出“是否立即制单”信息提示对话框。单击“确定”按钮，打开“填制凭证”窗口。在凭证的贷方录入银行存款科目，然后生成凭证。

⑯ 1 月 20 日，开出销售给宁波公司的 15 台联想计算机的销售专用发票。

任务分析：此业务为开出销售专用发票，复核并制单。

1）周记在销售系统开出销售专用发票并复核：单击“供应链”｜“销售开票”｜“销售专用发票”命令，打开“销售专用发票”窗口。单击“增加”按钮（或单击“生单”根据发货单生成也可以），输入专用发票相关信息并复核。

2）夏天在应收款系统审核销售专用发票并制单：单击“日常处理”｜“应收单据处理”｜“应收单据审核”命令，打开“单据过滤条件”对话框。单击“确定”按钮，打开“应收单据列表”窗口。选择相应的销售专用发票，打开“销售专用发票”窗口。单击“审核”按钮，弹出“是否立即制单”信息提示对话框。单击“确定”按钮，生成凭证。

⑰ 1 月 20 日，零售给昆仑公司（编码“006”，税号“100691256786543”，开户行“市工商银行”，银行账号“4862145”，其他略）联想计算机 3 台，含税单价 7 000 元，货款已以现金形式收取。

任务分析：此业务为填制发货单、普通销售发票，进行现结处理，审核后立即制单。

1）要建立昆仑公司的客户档案。

2）周记开出并审核发货单：单击“销售发货”｜“发货单”命令，打开“发货单”窗口。单击“增加”按钮，选择存货“联想计算机”，输入其他信息，单击“确定”按钮，发货单填制完毕，保存并审核后再到库存管理系统审核自动生成的销售出库单。

3）周记填制普通销售发票，进行现结处理后复核：单击“业务”｜“开票”｜“销售普通发票”命令，打开“销售普通发票”窗口。单击“增加”按钮，输入普通发票相关信息。然后单击“现结”，打开“销售现结”窗口。输入结算方式“现金”、结算金额“21 000”、票据号、银行账号等信息，单击“确定”按钮，然后单击“复核”按钮。

4）夏天在应收款系统进行应收单据审核，查询时过滤条件应包括已现结发票，审核后立即制单：单击“日常处理”|“应收单据处理”|“应收单据审核”命令，打开“单据过滤条件”对话框。选中“包含已现结发票”复选框，单击“确定”按钮，打开“应收单据列表”窗口。选择“销售普通发票”、“昆仑公司”，打开“销售普通发票”窗口。单击“审核”按钮，弹出“是否立即制单”信息提示对话框。单击“确定”按钮，打开“填制凭证”窗口生成凭证。

5）张山在库存管理系统根据发货单生成销售出库单并审核：单击“日常业务”|“出库”|“销售出库单”命令，打开“销售出库单”窗口。单击“生单”按钮，选择相应的发货单，生成销售出库单并审核。（如果设置的出库单生成方式为“库存生成销售出库单”则按此方法生成出库单；如果出库单的生成方式为“销售生成出库单”，那么销售发货单填制审核完毕后，在库存管理系统自动生单，只需查找到销售出库单直接审核即可）

6）黄易在存货核算系统对销售出库单进行记账：单击“业务核算”|“正常单据记账”命令，打开“正常单据记账条件”对话框。选择“产成品库”，然后单击“确定”按钮，选择相应的单据，单击“记账”按钮，记账完成。

提醒

- 如果应收款系统与销售系统集成使用，销售发票在销售系统中录入并审核，应收款系统可对这些销售发票进行查询、核销、制单等操作。
- 如果没有使用销售系统，则需在应收款系统中录入并审核销售发票，以形成应收款，并对这些发票进行查询、核销、制单等操作。

3. 月末处理

将账套数据输出（备份）。

提醒

月末处理操作待任务实例 10 完成后依次处理。

任务测评

销售与应收款系统生成的凭证如表 7.4 所示。

表 7.4　销售与应收款系统生成凭证一览表

业务号	凭证类型	会计科目	借方金额（元）	贷方金额（元）	辅助信息
1	转	应收账款/宁波公司	70 200.00		客户往来
		应交税费/增值税/销项税		10 200.00	
		主营业务收入		60 000.00	
2	收	银行存款	70 200.00		
		应收账款/宁波公司		70 200.00	客户往来

续表

业务号	凭证类型	会计科目	借方金额（元）	贷方金额（元）	辅助信息
4	付	应收账款/绍兴公司 银行存款	1 000.00	 1 000.00	客户往来
5	转	应收账款/绍兴公司 应交税费/增值税/销项税 主营业务收入	772 20.00	 112 20.00 660 00	客户往来
7	收	银行存款 预收账款/金华公司	50 000.00	 50 000.00	 客户往来
8	付	应收账款/金华公司 库存现金	1 500.00	 1 500.00	客户往来
9	转	应收账款/金华公司 应交税费/增值税/销项税 主营业务收入	87 165.00	 12 665.00 74 500.00	客户往来
10	转	预收账款/金华公司 应收账款/金华公司		–50 000.00 50 000.00	客户往来 客户往来
11	收	银行存款 应收账款/金华公司	38 665.00	 38 665.00	 客户往来
12	转	发出商品/激光打印机 库存商品/激光打印机	27 600.00	 27 600.00	如果此时不能产生则月底转销售成本时产生
13	转	应收账款/温州公司 应交税费/增值税/销项税 主营业务收入	51 012.00	 7 412.00 43 600.00	客户往来
15	付	应收账款/宁波公司 银行存款	2 000.00	 2 000.00	客户往来
16	转	应收账款/宁波公司 应交税费/增值税/销项税 主营业务收入	101 790.00	 14 790.00 87 000.00	客户往来
17	收	库存现金 应交税费/增值税/销项税 主营业务收入	21 000.00	 3 051.28 17 948.72	

学习任务8

库存管理与存货核算系统管理

【学习目标】

- 系统学习和了解库存管理与存货核算系统的主要功能和业务处理流程
- 熟悉库存管理与存货核算系统的初始设置
- 掌握库存管理与存货核算系统的日常业务处理
- 掌握库存管理与存货核算系统的期末处理
- 全面理解供应链各系统集成使用情况下系统间的数据传递关系

8.1 系统概述

8.1.1 库存管理与存货核算系统功能

库存管理系统是物流方面的管理，是以实物单位计量的。它反映的是采购增加了多少实物单位的存货，销售减少了多少实物单位的存货，库存剩余了多少实物单位的存货。

库存管理的主要功能是有效管理库存商品，对存货进行出入库管理，实行有效的库存控制，实时地进行库存账表查询及统计分析，能够满足采购入库、销售出库、产成品入库、材料出库及其他出入库业务的需要，并且提供仓库货位管理、批次管理、保质期管理、不合格产品管理、现存量管理、条形码管理等业务的全面功能应用。

存货核算系统是从资金角度管理的出入库业务，核算企业的入库成本、出库成本及结余成本。两个系统可以统称为存货管理。所以它们的主要功能可以概括为以下几个方面。

1. 系统初始设置

系统初始设置包括库存系统参数的定义、存货分类体系及基础档案的建立、库存期初余额的录入。库存参数定义的意义十分重要，它决定整个库存管理系统的业务处理流程；存货分类体系和基础档案包括存货分类定义、存货档案录入、仓库定义、货位定义、收发类别定义等。

在初次启动库存管理系统时录入存货的期初数据。期初数据的录入主要包括期初存货的数量、金额、仓库、货位、入库时间、批号等信息。存货的期初数据录入以后必须要和其他模块进行对账，以保证相同数据在不同模块的衔接性。

企业可以根据自己的需要建立系统应用环境，将存货核算系统变成适合本单位实际需要的专用系统。

2. 日常收发存业务处理

库存管理系统的主要功能是对采购系统、销售系统及库存管理系统填制的各种出入库单据进行审核，并对存货的出入库数据进行管理。

除管理采购业务、销售业务形成的入库业务外，还可以处理仓库间的调拨业务、盘点业务、组装拆卸业务、形态转换业务等。

3. 库存控制

库存管理系统支持批次跟踪，保质期管理，委托代销商品管理，不合格品管理，现存量（可用量）管理，安全库存管理，对超储、短缺、呆滞积压、超额领料等情况进行报警。

4. 存货出入库成本的核算

存货核算系统可以对普通采购业务、暂估入库业务、普通销售业务及其他业务进行成本核算。

存货核算系统提供了按仓库、部门、存货 3 种成本核算法，并提供了先进先出、后进先出、移动平均、全月平均、个别计价、计划价和售价 6 种计价方法。在实际应用时，可以根据实际需要选择不同的核算方法和计价方法。

5. 暂时入库业务处理

暂时入库是指外购入库的存货发票未到，在无法确定其准确入库成本时，财务人员暂时按估计价格入账，待发票到达后，用红字予以冲回或调整其入库成本的业务。系统提供了月初回冲、单到回冲、单到补差 3 种常用的暂估处理方式。系统将根据选择的暂估处理方式自动进行暂估入库业务的处理。

出入库成本的调整在出入库单据录入发生错误时，一般需要修改出入库单据。但遇到只需要调整金额而不需要调整数量的情况，可以通过系统提供的入库调整单和出库调整单进行出入库成本的调整。

6. 账表查询及统计分析

库存管理系统可以提供出入库流水账、库存台账、受托代销商品备查簿、委托代销商品备查簿、呆滞积压存货备查簿供用户查询，同时提供各种统计汇总表。

存货核算系统提供按仓库、存货或收发类别等多种口径统计，具有强大而丰富的综合统计查询功能，可灵活输出各类报表，可按照指定存货和指定仓库出存货明细账、总账、差异明细账等。

8.1.2 库存管理与存货核算系统的业务流程

库存管理与存货核算系统的业务流程分为以下几个环节。

1. 各种入库单和出库单的录入

库存管理与存货核算系统的数据处理起点是各种入库单和出库单。入库单包括采购入库单、产成品入库单、其他入库单。出库单包括销售出库单、材料出库单、其他出库单。这些出入库单据可在此录入，也可以分别在采购、销售系统中录入并转入本系统。

2. 出入库成本的确定

出入库成本的确定对存货的核算非常重要。

入库成本为存货的实际成本或计划成本。在实际成本法下，入库成本以采购发票上的金额为准，对于货先到票未到的存货，可先暂估入库。

出库成本可分别按照先进先出、加权平均、移动加权平均、个别计价的方法进行计算。

3. 各种账簿及报表的输出

根据录入的出入库数据进行各种统计分析或其他处理，形成出入库流水账、收发存汇总表、库存资金占用分析表、库存台账等账簿或报表。

4. 向其他系统传递数据

在出入库成本确定的基础上，根据不同的出入库业务，生成相应的凭证后传递到账务处理系统，以进行会计核算。对于材料出库，出库成本也可以传递到成本核算系统，以进行成本核算。

5. 期末盘点

根据实际的库存，输入盘点单，系统自动与库存台账进行核对，以形成盘盈或盘亏单。

8.1.3 库存管理系统、存货核算系统和其他系统的关系

1. 库存管理系统与存货核算系统的关系

库存管理系统为存货核算系统提供各种出入库单据。所有出入库单均由库存管理系统填制，存货核算系统可对采购系统生成的采购入库单记账，核算出入库的成本，对采购暂估入库单进行暂估报销处理。存货核算系统可根据库存管理系统生成的各种出入库单据进行记账核算。

2. 库存管理与存货核算系统和其他系统的关系

库存管理与存货核算系统既可以和采购、销售、存货核算系统集成使用，也可以单

独使用。库存管理系统可以将存货核算系统中材料出库单的出库成本自动读取出来，作为成本核算时的材料成本。库存管理系统完成成本计算后，存货核算系统可以从库存管理系统读取其计算的产成品成本，并且分配到未记账的产成品入库单中，作为产成品入库单的入库成本。

8.2　系统初始设置

库存管理与存货核算系统的初始设置与其他系统一样，都是为用户在计算机上处理存货管理业务准备一个适宜的运行环境，并在经济业务发生某些变化时，对已有的设置进行修改以便适应这些变化。系统的初始设置主要有以下几个方面。

1. 初始建账

初始建账时，用户要输入一些重要参数。这些参数中的一部分用来决定要建立数据库文件的结构，另一部分用来决定系统将来的工作方式。这些工作方式包括存货核算方式、暂估回冲方式、零出库成本选择、有无成套件管理、存货有无辅助单位管理、有无受托代销业务、是否允许零出库等。

2. 各种基础档案设置

各种基础档案指的是存货档案、仓库档案、供应商档案、客户档案、部门档案和人员档案。如果该系统与采购与应付款系统、销售与应收款系统集成使用，则这些基础档案应在采购与应付款系统事先设好。在采购与应付款系统和销售与应收款系统中，对它们初始化设置的论述已包含了库存与存货的初始化说明，所以在此不再重复。

3. 出入库类型设置

出入库类型设置主要是指对各种出入库业务类型进行设置，以便系统对不同的出入库业务做不同的处理，主要设置类型编码、类型名称。出入库类型有采购入库、产成品入库、退货入库、委托代销入库、调拨入库、其他入库、销售出库、材料出库、退货出库、调拨出库、其他出库等。

4. 成套件设置

成套件设置是指设置一种存货的部件及部件的数量。例如，一台计算机由一个显示器、一个键盘和一台主机组成。成套件的管理对许多企业而言非常重要。

5. 期初数据录入

在完成库存管理与存货核算系统的参数设置后，可以根据企业的实际情况录入有关的期初数据并进行期初记账。初次使用时应先输入全部存货的期初余额，以保证其数据的连贯性。如果是第一次使用库存管理系统，必须使用此功能输入各存货期初数据。如果系统中已有上年的数据，在进行上年结算后，上年各存货结存将自动结转至本年。

如果库存管理系统和存货核算系统同时使用，第一次录入期初数据前，应将库存的结存数与存货核算的结存数核对一致后，统一录入。通常库存管理系统中的期初数据是与存货核算系统共用的。

向库存管理系统中录入的期初数据一般包括存货编码或名称、计量单位、数量、单价、入库日期、供货单位和失效日期等内容。

当有关的期初数据录入完毕后，必须进行期初记账，将录入的各存货的期初数据记入库存台账、批次台账等账簿中。只有在期初数据记账后才能开始处理日常业务。

如果第一次使用库存管理系统，没有期初数据，可以不录入，但必须进行期初记账。如果期初数据是由“结转上年”得来的，则结转上年后已是期初记账后状态，不需要进行期初记账。

8.3 日常库存业务处理

8.3.1 入库业务处理

1. 采购入库单

采购业务员将采购回来的存货交到仓库时，仓库保管员对其所采购的存货进行验收确定，填制采购入库单。采购入库单生成的方式有 4 种：参照采购订单、参照采购到货单、验收入库（与 GSP 集成使用时）、直接填制。采购入库单的审核相当于仓库保管员对采购的实际到货情况进行质量、数量的检验和签收。采购入库单录入界面如图 8.1 所示。

图 8.1 采购入库单录入界面

2. 产成品入库单

产成品入库单是管理工业企业的产成品入库、退回业务的单据。对于工业企业，企业对原材料及半成品进行一系列的加工后，形成可销售的商品，然后验收入库。只有工业企业才有产成品入库单，商业企业没有此单据。

产成品一般在入库时是无法确定产品的总成本和单位成本的，因此，在填制产成品入库单时，一般只有数量，没有单价和金额。

3. 其他入库单

其他入库单是指除了采购入库、产成品入库外的其他入库业务，如盘盈入库、组装拆卸入库、形态转换入库等业务形成的入库单。

4. 审核入库单据

库存管理系统中的审核具有多层含义，既可表示通常意义上的审核，也可用单据是否审核代表实物的出入库行为，即在入库单上的所有存货均办理了入库手续后，对入库单进行审核。

8.3.2　出库业务处理

1. 销售出库单

如果没有启用销售系统，销售出库单需要手工增加。

如果启用了销售系统，则在销售系统中填制的销售发票、发货单、销售调拨单、零售日报，经复核后均可以参照生成销售出库单。根据选项设置，销售出库单可以在库存管理系统填制、生成，也可以在销售系统生成后传递到存货核算系统，库存管理系统再进行审核。销售出库单录入界面如图 8.2 所示。

图 8.2　销售出库单录入界面

2. 材料出库单

材料出库单是工业企业领用材料时所填制的出库单据，也是进行日常业务处理和记账的主要原始单据之一。只有工业企业才有材料出库单，商业企业没有此单据。

其他出库是指除销售出库、材料出库外的其他出库业务，如维修、办公耗用、调拨出库、盘亏出库、组装拆卸出库、形态转换出库等。

8.4 其他库存业务

1. 库存调拨

库存管理系统中提供了调拨单，用于处理仓库间存货的转库业务或部门间的存货调拨业务。如果调拨单上的转出部门和转入部门不同，就表示是部门间的调拨业务；如果转出部门和转入部门相同，但转出仓库和转入仓库不同，就表示是仓库间的转库业务。

2. 盘点业务

库存管理系统中提供了盘点单，用来定期对仓库中的存货进行盘点。存货盘点报告表是证明企业存货盘盈、盘亏和毁损，据以调整存货实存数的书面凭证，经企业领导批准后，即可作为原始凭证入账。

本功能提供了两种盘点方法：按仓库盘点、按批次盘点。还可对各仓库或批次中的全部或部分存货进行盘点。盘盈、盘亏的结果可自动生成出入库单。盘点单录入界面如图 8.3 所示。

图 8.3　盘点单录入界面

8.5　存货核算业务处理

8.5.1　存货核算系统日常业务处理

存货核算系统的日常业务主要包括相关单据的记账、暂估成本处理、单据制单等工作。存货核算系统能够处理采购入库单、产成品入库单、其他入库单、销售出库单、材料出库单、其他出库单、入库调整单、出库调整单等业务单据。

在本系统单独使用的情况下，可以对上述各业务单据执行增加、删除、修改、审核、记账、制单等操作。如果与库存管理系统或采购、销售系统集成使用，相关出入库单据在库存系统或采购销售系统录入，不可在本系统中录入。

1. 单据记账

单据记账是将所输入的各种出入库单据记入存货明细账、差异明细账、受托代销商品明细账等。单据记账要先进入“正常单据记账条件”对话框（见图 8.4），后进入“正常单据记账”窗口（见图 8.5）选择有关单据记账。

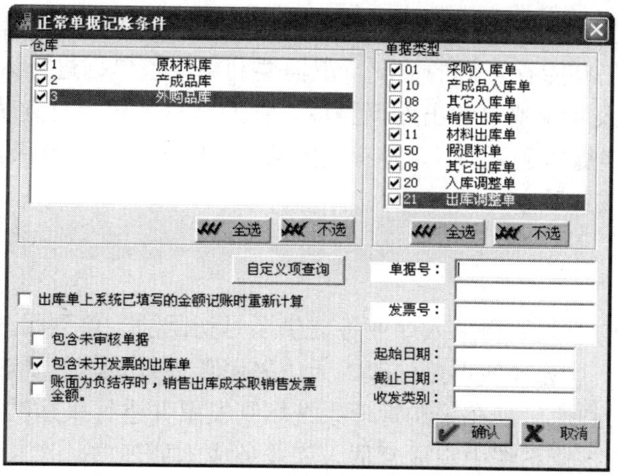

图 8.4　“正常单据记账条件”对话框

单据记账应该注意以下几点。

- 无单价的入库单据不能记账，因此记账前应对暂估入库的成本、产成品入库的成本进行确认或修改。
- 各个仓库的单据应该按照实际顺序记账。
- 已记账单据不能修改或删除。如果发现已记账单据有错误，在本月未结账状态下可以取消记账。如果已记账单据已生成凭证，则不能取消记账，除非先删除相关凭证。

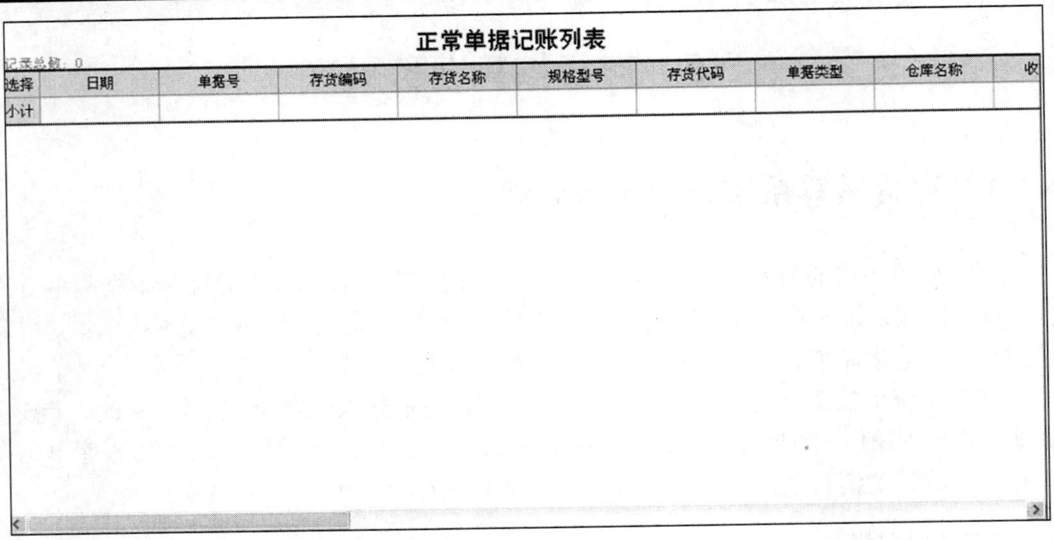

图 8.5 “正常单据记账”窗口

2. 调整业务

出入库单据记账后，可能发现单据金额错误。如果是录入错误，通常采用修改方式进行调整；但如果遇到由于暂估入库后发生零出库业务等原因所造成的出库成本不准确，或库存数量为 0 而仍有库存金额的情况，就需要利用调整单据进行调整。

调整单据包括入库调整单和出库调整单。它们都只针对当月存货的出入库成本进行调整，并且只调整存货的金额，不调整存货的数量。出入库调整单保存即记账，因此已保存的单据不可修改或删除。

3. 暂估处理

存货核算系统中对采购暂估入库业务提供了月初回冲、单到回冲、单到补差 3 种方式。暂估处理方式一旦选择便不可修改。无论采用哪种方式，都要遵循以下步骤。

1）待采购发票到达后，在采购管理系统填制发票并进行采购结算。

2）然后在存货核算系统中完成暂估入库业务成本处理。

4. 生成凭证

在存货核算系统中，可以将各种出入库单据中，涉及存货增减和价值变动的单据生成凭证传递到总账系统。

对比较规范的业务，在存货核算系统的初始设置中，可以事先设置好凭证上的存货科目和对方科目，系统将自动采用这些科目生成相应的出入库凭证，并传送到总账系统。

在执行生成凭证操作时，一般由在总账系统中有填制凭证权限的操作员来完成。“生成凭证”窗口如图 8.6 所示。

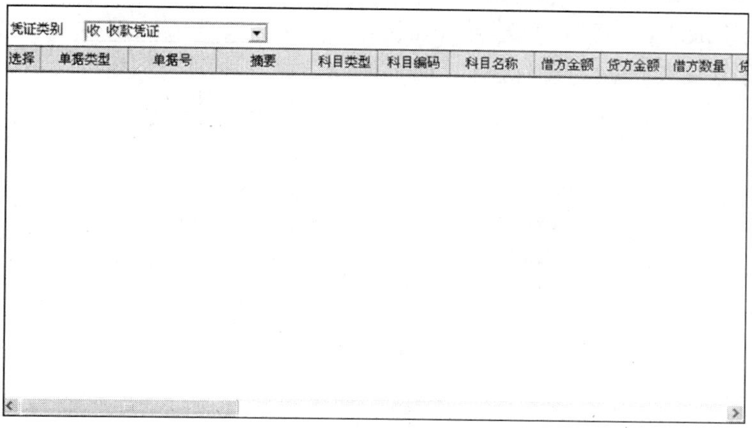

图 8.6 “生成凭证”窗口

8.5.2　期末处理

1. 账表查询

在账表查询功能中可以查询存货明细账、总账、出入库流水账、库存台账、入库汇总表、出库汇总表、差异分摊表、存货结存表、收发存汇总表、暂估材料/商品余额表等账表。

（1）出入库流水账

通过出入库流水账可查询任意时间段或任意情况下的存货出入库情况。输出的内容包括仓库、存货、入库数量、入库件数、入库单价、入库金额、出库数量、出库件数、出库单价、出库金额、收发类别、部门、业务员等所有单据上的项目。

（2）库存台账

本功能用于查询各仓库、各存货、各月份的收发存明细情况。库存台账是按存货（或存货＋自由项）设置账页的，即一个存货一个账页。账页中输出的内容包括日期、单据号、摘要（包括仓库、收发类别、业务类型、部门、业务员、制单人、审核人等信息）、换算率、入库件数、入库数量、出库件数、出库数量、结存件数和结存数量等。

（3）收发存汇总表

收发存汇总表反映各仓库、各存货、各收发类别的收入、发出及结存情况。它是按仓库进行分页查询的，一页显示一个仓库的收发存汇总表。所有仓库的收发存汇总表通过汇总功能查询，输出的内容包括仓库、存货、自由项、期初结存数量（件数）、各种入库类别的入库数量（件数）、各种出库类别的出库数量（件数）和期末结存数量（件数）。

2. 期末处理

期末处理先对库存管理系统进行结账，然后进行存货核算系统的结账。存货核算系统的期末处理工作包括月末处理、与总账系统对账和月末结账三部分。

（1）月末处理

当存货核算系统日常业务全部完成后，进行月末处理，系统自动计算全月平均单价及本会计月出库成本，自动计算差异（差价率）及本会计月的分摊差异/差价，并对已完成日常业务的仓库/部门做处理标志。“期末处理”窗口如图 8.7 所示。

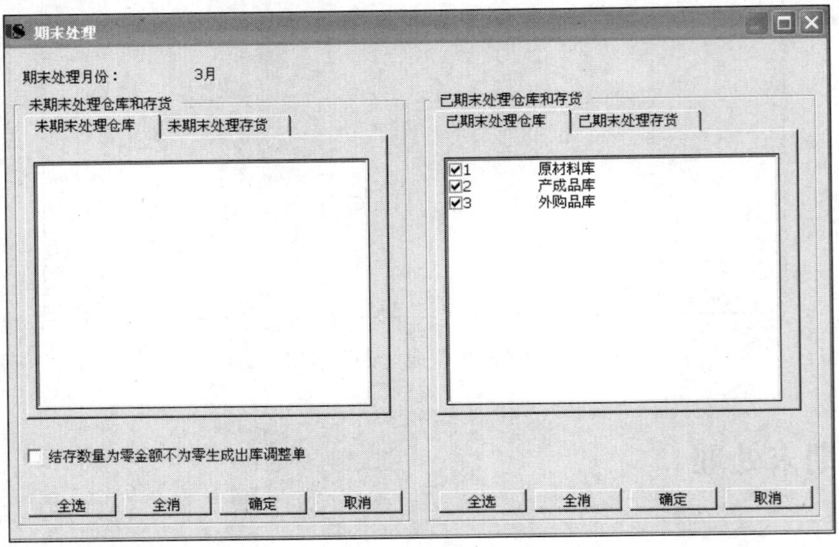

图 8.7 “期末处理”窗口

（2）与总账系统对账

为保证业务与财务数据的一致性，需要进行对账，即存货核算系统记录的存货明细账与总账系统存货科目和差异科目的结存金额和数量进行核对。“与总账对账”界面如图 8.8 所示。

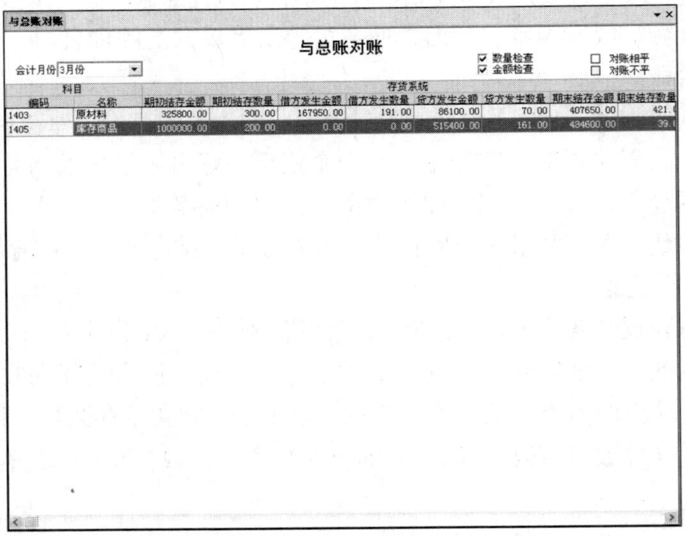

图 8.8 “与总账对账”界面

（3）月末结账

存货核算系统期末处理完成后，就可以进行月末结账了。如果是集成应用模式，必须等采购系统、销售系统、库存管理系统全部结账后，存货核算系统才能结账。

提醒

- 如果存货成本按全月平均法或计划/售价方式核算，当月业务全部完成后，用户要进行月末处理。
- 存货核算系统期末处理需要在采购系统、销售系统、库存管理系统结账后进行。
- 期末处理前应检查需要记账的单据是否已全部记账。

任务实例 10　库存管理与存货核算系统处理

任务目标

① 掌握用友 ERP-U8 管理软件中存货核算系统与库存管理系统的相关内容。
② 掌握存货核算系统与库存管理系统的初始化、日常业务处理及月末处理的操作。
③ 全面理解供应链各系统集成使用情况下系统间的数据传递关系。

任务内容

① 库存管理系统与存货核算系统的初始设置。
② 库存管理系统与存货核算系统的日常业务处理。
③ 库存管理系统与存货核算系统的期末处理。
④ 账套数据备份。

任务准备

引入“任务处理 9”账套数据。

任务资料

1. 日常业务资料

康源科技有限公司 2016 年 1 月份发生下列经济业务。

① 1 月 21 日，汇给下城公司前欠货款 36 270 元。

② 1 月 22 日，供应部刘浪向下城公司订购硬盘 30 盒，单价 750 元，要求 1 月 23 日到货。

③ 1 月 23 日，收到下城公司发来硬盘 30 盒验收入库。同时收到采购专用发票，货款 22 500 元，增值税 3 825 元，共计 26 325 元。

④ 1 月 23 日，温州公司订购联想计算机 15 台，双方协议单价 5 800 元，要求 3 月

24 日发货。

⑤ 1 月 24 日，根据协议约定，向温州公司发运联想计算机 15 台，开出 3245#转账支票，代垫运费 1 200 元。当天开出销售专用发票。

⑥ 1 月 25 日，收到绍兴公司汇来前欠货款 78 220 元。

⑦ 1 月 25 日，生产部门领用芯片 40 盒，单价 1 590 元；硬盘 30 盒，单价 750 元，用于产品生产。

⑧ 1 月 25 日，向下城公司订购芯片 10 盒，单价 1 600 元。

⑨ 1 月 26 日，收到下城公司发来的 10 盒芯片，经验收无误入库。

⑩ 1 月 27 日，收到下城公司开来的采购专用发票，货款当即以银行存款结清。金额：18 720 元；结算方式：银行汇票；票据号：5168。

⑪ 1 月 27 日，金华公司订购联想计算机 25 台，协议单价 5 700 元。

⑫ 1 月 28 日，金华公司自备车辆提货，由产成品库发货，并开出销售专用发票，货款 142 500 元，增值税 24 225 元，共计 166 725 元，收到银行汇票交存银行，票据号 2196，按结存单价出库。

⑬ 1 月 29 日，零售给丽水公司（编号“006”，税号“358263241567289”，开户行“市工商银行”，银行账号“4578962”，其他略）联想计算机 8 台，含税单价 6 800 元，激光打印机 10 台，含税单价 2 580 元，开出销售普通发票，货款均已收存银行，按结存单价（库存单价，联想计算机 5 000 元/台，激光打印机 1 380 元/台）出库。

⑭ 1 月 29 日，收到温州公司汇来代销商品款 51 012 元。

⑮ 1 月 30 日，计提坏账准备。

2. 月末处理要求

① 刘浪进入采购系统进行月末结账。

② 周记进入销售系统、库存管理系统进行月末结账。

③ 黄易对尚未在存货核算系统记账的单据进行记账，对已经记账的入库单据进行凭证处理。在存货核算系统中对仓库和存货进行期末处理后，结转销售成本。

④ 黄易进入应收款、应付款、存货核算系统进行月末结账。

⑤ 张山对各系统传递到总账系统的凭证进行审核、记账，对账后进行结账。

⑥ 将账套数据输出（备份）。

3. 取消结账

任务处理

1. 康源科技有限公司 2016 年 1 月份日常业务处理

①1 月 21 日，汇给下城公司前欠货款 36 270 元。

任务分析：此业务为录入付款单，审核后生成凭证。

黄易在应付款系统录入付款单，审核后生成凭证：单击“日常处理”｜“付款单据处

理”|“付款单据录入”命令，进入“付款单”窗口，单击“增加”按钮，输入日期、供应商、结算方式、金额、款项类型“应付款”等相关信息，然后依次单击“保存”、“审核”按钮，弹出“是否立即制单”信息提示对话框，单击“是”按钮，生成凭证。

② 1月22日，供应部刘浪向下城公司订购硬盘30盒，单价750元，要求1月23日到货。

任务分析：此业务为录入采购订单，保存后审核。

刘浪在采购系统录入采购订单，保存后审核：单击“业务”|“采购订货”|“采购订单”命令，打开“采购订单”窗口。单击“增加”按钮，录入日期、存货编码“012”、数量“30”、原币单价“750”、供应商“下城公司”等信息，单击“保存”按钮，然后单击“审核”按钮。

③ 1月23日，收到下城公司发来硬盘30盒验收入库。同时，收到采购专用发票，货款22 500元，增值税3 825元，共计26 325元。

任务分析：此业务为参照订单生成采购到货单，参照到货单生成采购入库单并审核记账。

1）刘浪在采购系统参照订单生成采购到货单：单击“业务”|“到货”|“到货单”命令，进入“采购到货单”窗口。单击“增加”按钮，输入日期“2016-01-23”、供应商“下城公司”、部门“供应部”，然后在“采购到货单”任意位置右击，选择“拷贝采购订单”，选择相应的采购订单，生成采购到货单，或者单击“生单”|“采购订单”命令生成采购到货单并审核。

2）张山在库存管理系统参照到货单生成采购入库单并审核：单击“日常业务”|“入库”|“采购入库单”命令，打开“采购入库单”窗口。单击“生单”按钮，打开“选择采购订单或采购到货单”对话框。单击“过滤”按钮，选择相应的采购到货单，选择“原材料库”，单击“确定”按钮，生成采购入库单，单击“审核”按钮，审核完成。

3）黄易注册进入采购系统填制采购发票：单击“采购发票”|“专用采购发票”|“生单”命令，参照入库单或订单生成采购发票后再到应付款系统单击“应付单据处理”|“应付单据审核”命令设置单据过滤条件，选中采购发票审核后立即制单。

4）黄易进入采购系统进行采购结算，单击“采购结算”|“手工结算”|“选单”|“过滤”命令，在“结算选单”窗口选中需结算的发票与入库单后，单击“确定”按钮。如有需要可以在弹出的结算汇总表中修改入库数量后单击“结算”按钮。除了手工结算外，还可以用自动结算的方式。

提醒

- 采购系统与库存管理系统集成使用时，在库存管理系中填制并审核的采购入库单同时会传递到采购系统中。
- 若上月未结账，则本月不能进行采购结算。
- 采购结算是指通过采购发票的金额与对应入库单数量来确定此次采购总成本与单位成本的方式。采购结算后才可以进入存货核算系统进行正常单据记账并生成存货入库记账凭证。

5）黄易在存货核算系统进行正常单据记账，然后在财务核算功能中生成记账凭证：单击“业务核算”|“正常单据记账”命令，打开“正常单据记账条件”对话框。选择“原材料库”，然后单击“确定”按钮，选择相应的单据，单击“记账”按钮，记账完成。单击“财务核算”|“生成凭证”命令，打开“生成凭证”窗口。单击“选择”按钮，打开“查询条件”对话框。选择“采购入库单”选项，单击“确定”按钮，进入“选择单据”对话框。选择相应的单据，单击“确定”按钮，进入“生成凭证”窗口。借方科目选择“原材料”，贷方科目选择“在途物资”，然后单击“生成”按钮，生成凭证。

④ 1 月 23 日，温州公司订购联想计算机 15 台，双方协议单价 5 800 元，要求 3 月 24 日发货。

任务分析：此业务为在销售系统录入销售订单并审核。

周记在销售系统录入销售订单并审核：单击“业务”|“销售订货”|“销售订单”命令，打开“销售订单”窗口。单击“增加”按钮，填入销售订单的相关信息，填制完成后保存并审核。

⑤ 1 月 24 日，根据协议约定，向温州公司发运联想计算机 15 台，开出 3245#转账支票，代垫运费 1 200 元。当天开出销售专用发票。

任务分析：此业务为录入发货单、代垫费用单并审核，参照录入销售专用发票并审核记账。

1）周记在销售系统录入发货单并审核，然后录入并审核代垫费用单：单击“销售发货”|“发货单”命令，打开“发货单”窗口。单击“增加”按钮，打开“选择订单”参照订单生成发货单，然后保存并审核。

2）周记开出并审核代垫费用单并审核：单击“代垫费用”|“代垫费用单”命令，打开“代垫费用单”窗口。单击“增加”按钮，输入代垫费用的相关信息，然后保存并审核。

3）周记参照录入销售专用发票并审核：单击“销售发票”|“销售专用发票”命令，打开“销售专用发票”窗口。单击“增加”按钮，单击“生成”按钮，选择参照订单或到货单生成发票，然后保存并复核，操作完成。

4）夏天在应收款系统审核销售发票并进行发票制单，审核代垫费用单并进行应收单制单：单击“日常处理”|“应收单据处理”|“应收单据审核”命令，打开“单据过滤条件”对话框。单击“确定”按钮，打开“应收单据列表”窗口。选择相应的销售专用发票，打开“销售专用发票”窗口。单击“审核”按钮，弹出“是否立即制单”信息提示对话框。单击“确定”按钮，生成凭证。夏天注册进入应收款系统，单击“日常处理”|“应收单据处理”|“应收单据审核”命令，打开“单据过滤条件”对话框。单击“确定”按钮，打开“应收单据列表”窗口。选择“其他应收单、温州公司”，打开“应收单”窗口，单击“审核”按钮，弹出“是否立即制单”信息提示对话框，单击“确定”按钮，打开“填制凭证”窗口。在凭证的贷方录入“银行存款”科目，然后生成凭证。

5）张山在库存管理系统根据发货单生成销售出库单并审核：单击“日常业务”|“出库”|“销售出库单”命令，打开“销售出库单”窗口。单击“生单”按钮，选择相应的发货单，生成销售出库单并审核。(如果设置的出库单生成方式为“库存生成销售出库单”，则按此方法生成出库单；如果出库单的生成方式为“销售生成出库单”，那么销售发货单

填制审核完毕后，在库存管理系统自动生单，只需查找到销售出库单直接审核即可）

6）黄易在存货核算系统对销售出库单或销售发票进行记账：按全月平均计价的存货应在存货核算系统进行期末处理后再制单。

⑥ 1 月 25 日，收到绍兴公司汇来前欠货款 78 220 元。

任务分析：此业务为录入收款单，审核、生成记账凭证。

1）夏天在应收款系统录入收款单，审核后立即生成记账凭证：单击“日常处理”|“收款单据处理”|“收款单据录入”命令，打开“收款单”窗口。单击“增加”按钮，输入收款单相关信息，输入完毕后保存，然后审核并立即生成记账凭证。

2）夏天在应收款系统进行单据核销，单击“核销处理”|“单据核销”|“手工核销”命令，进入“单据核销”窗口，分别输入本次结算金额“1 000”和“77 220”后单击“保存”按钮，也可采用自动核销的方式。

⑦ 1 月 25 日，生产部门领用芯片 40 盒，单价 1 590 元；硬盘 30 盒，单价 750 元，用于产品生产。

任务分析：此业务为录入材料出库单并审核、记账、生成记账凭证。

1）张山在库存管理系统录入材料出库单并进行审核：单击“日常业务”|“出库”|“材料出库单”命令，打开“材料出库单”窗口。单击“增加”按钮，输入相关信息，生成材料出库单并审核。

2）黄易在存货核算系统进行正常单据记账，然后在财务核算功能中生成记账凭证：单击“业务核算”|“正常单据记账”命令，打开“正常单据记账条件”对话框。选择“原材料库”，然后单击“确定”按钮，选择相应的单据，单击“记账”按钮，记账完成。单击“财务核算”|“生成凭证”命令，打开“生成凭证”窗口。单击“选择”按钮，打开“查询条件”对话框。选择“采购出库单”选项，单击“确定”按钮，进入“选择单据”对话框。选择相应的单据，单击“确定”按钮，进入“生成凭证”窗口。借方科目选“生产成本”，贷方科目选“原材料 / 芯片”，然后单击“生成”按钮，生成凭证。

⑧ 1 月 25 日，向下城公司订购芯片 10 盒，单价 1 600 元。

任务分析：此业务为录入采购订单，保存后审核。

刘浪在采购系统录入采购订单，保存后审核：单击“业务”|“订货”|“采购订单”命令，打开“采购订单”窗口。单击“增加”按钮，录入日期、存货编码“011”、数量“10”、原币单价“1 600”、供应商“下城公司”等信息，单击“保存”按钮，然后单击“审核”按钮。

⑨ 1 月 26 日，收到下城公司发来的 10 盒芯片，经验收无误入库。

任务分析：此业务为参照订单生成采购到货单，参照到货单生成采购入库单。

1）刘浪在采购系统参照订单生成采购到货单：单击“业务”|“到货”|“到货单”命令，进入“采购到货单”窗口。单击“增加”按钮，输入日期“2016-01-26”，供应商“下城公司”，部门“供应部”，然后在“采购到货单”任意位置右击，选择“拷贝采购订单”，选择相应的采购订单，生成采购到货单。

2）张山在库存管理系统参照到货单生成采购入库单并审核：单击“日常业务”|“入库”|“采购入库单”命令，打开“采购入库单”窗口。单击“生单”按钮，打开“选择采购订单或采购到货单”对话框。单击“过滤”按钮，选择相应的采购到货单，选择“原

材料库”，单击“确定”按钮，生成采购入库单，单击“审核”按钮，审核完成。

⑩ 1 月 27 日，收到下城公司开来的采购专用发票，货款当即以银行存款结清。金额：18 720 元；结算方式：银行汇票；票据号：5168。

任务分析：此业务为录入采购专用发票、现付结算；进行采购结算；单据记账，生成凭证处理。

1）刘浪开出专用发票，保存后进行现付处理，现付完成后进行结算：单击“业务”|“发票”|“专用采购发票”命令，进入“采购专用发票”窗口。单击“增加”按钮，输入发票信息，单击“保存”按钮。单击“现付”按钮，出现“采购现付”对话框。录入结算方式“银行汇票”、结算金额“18 720”、票据号“5168”、银行账号等信息，单击“确定”按钮，采购专用发票窗口出现“已现付”标记。然后单击“结算”按钮，屏幕显示“已结算”标记，结算完成。

2）黄易在应付款系统审核应付单据并进行现结制单：单击“日常处理”|“应付单据处理”|“应付单据审核”命令，打开“单据过滤条件”对话框。选择“包含已现结发票”复选框，单击“确定”按钮，进入“应付单据列表”窗口。选择相应的单据，双击打开，进入“采购专用发票”窗口。单击“审核”按钮，系统弹出“是否立即制单”信息提示对话框。单击“确定”按钮，弹出“填制凭证”窗口。输入正确的凭证信息，单击“保存”按钮，凭证保存成功。

3）黄易进入采购系统进行采购结算，单击“采购结算”|“手工结算”|“选单”|“过滤”命令，在“结算选单”窗口选中需结算的发票与入库单后，单击“确定”按钮。如有需要可以在弹出的结算汇总表中修改入库数量后单击“结算”按钮。除了手工结算外，还可以用自动结算的方式。

4）黄易在存货核算系统进行正常单据记账，然后在财务核算功能中生成记账凭证：单击“业务核算”|“正常单据记账”命令，打开“正常单据记账条件”对话框。选择“原材料库”，然后单击“确定”按钮，选择相应的单据，单击“记账”按钮，记账完成。单击“财务核算”|“生成凭证”命令，打开“生成凭证”窗口。单击“选择”按钮，打开“查询条件”对话框。选择“采购入库单”选项，单击“确定”按钮，进入“选择单据”对话框。选择相应的单据，单击“确定”按钮，进入“生成凭证”窗口。借方科目选“原材料”，贷方科目选“在途物资”，然后单击“生成”按钮，生成凭证。

提醒

单货通行的业务，需要在采购发票与入库单结算后，再在“存货核算”|“财务核算”中生成记账凭证，否则系统会认为货到单未到，按照暂估入库处理。

⑪ 1 月 27 日，金华公司订购联想计算机 25 台，协议单价 5 700 元。

任务分析：此业务为录入销售订单并审核。

周记在销售系统录入销售订单并审核：单击“业务”|“销售订货”|“销售订单”命令，打开“销售订单”窗口。单击“增加”按钮，填入销售订单的相关信息，填制完成后保存并审核。

⑫ 1 月 28 日，金华公司自备车辆提货，由产成品库发货，并开出销售专用发票，货款 142 500 元，增值税 24 225 元，共计 166 725 元，收到银行汇票交存银行，票据号 2196，按结存单价出库。

任务分析：此业务为填制发货单、销售专用发票并审核，进行现结处理后复核、记账、生成记账凭证。

1）周记在销售系统录入发货单并审核：单击“业务”｜“发货”｜“发货单”命令，打开“发货单”窗口。单击“增加”按钮，打开“选择订单”对话框。单击“显示”按钮，选择销售给金华公司的订单，再选择存货“联想计算机”，然后单击“确定”按钮，发货单填制完毕，然后保存并审核。

2）周记在销售系统填制销售专用发票，进行现结处理后复核：单击“业务”｜“发票”｜“销售专用发票”命令，打开“销售专用发票”窗口。单击“增加”按钮，输入发票信息，单击“保存”按钮。然后单击“现结”，打开“销售现结”窗口。输入结算方式“现金”、结算金额、票据号、银行账号等信息，单击“确定”按钮，然后单击“复核”按钮。（在销售专用发票窗口出现“已现收”标记后单击“结算”按钮，屏幕显示“已结算”标记，结算完成）

3）夏天在应收款系统进行应收单据审核，查询时过滤条件应包括已现结发票，审核后立即制单：单击“日常处理”｜“应收单据处理”｜“应收单据审核”命令，打开“单据过滤条件”对话框。选中“包含已现结发票”复选框，单击“确定”按钮，打开“应收单据列表”窗口，选择“销售普通发票”、打开“销售专用发票”窗口，单击“审核”按钮，系统弹出“是否立即制单”信息提示对话框，单击“确定”按钮，打开“填制凭证”窗口，生成凭证。

4）张山在库存管理系统根据发货单生成销售出库单并审核：单击“日常业务”｜“出库”｜“销售出库单”命令，打开“销售出库单”窗口。单击“生单”按钮，选择相应的发货单，生成销售出库单并审核。（如果设置的出库单生成方式为“库存生成销售出库单”，则按此方法生成出库单；如果出库单的生成方式为“销售生成出库单”，那么销售发货单填制审核完毕后，在库存管理系统自动生单，只需查找到销售出库单直接审核即可）

5）黄易在存货核算系统对销售出库单进行记账：单击“业务核算”｜“正常单据记账”命令，打开“正常单据记账条件”对话框。选择“产成品库”，然后单击“确定”按钮，选择相应的单据，单击“记账”按钮，记账完成。

提醒

因成品库的发出存货均按全月平均法计价，所以在存货核算系统中进行“业务核算”｜“期末处理”后才能生成结转销售成本的记账凭证。

⑬ 1 月 29 日，零售给丽水公司（编号“006”，税号“358263241567289”，开户行“市工商银行”，银行账号“4578962”，其他略）联想计算机 8 台，含税单价 6 800 元，激光打印机 10 台，含税单价 2 580 元，开出销售普通发票，货款均已收存银行，按结存单价（库存单价，联想计算机 5 000 元/台，激光打印机 1 380 元/台）出库。

任务分析：此业务为填制发货单、销售专用发票并审核，进行现结处理后复核、记

账、生成记账凭证。

1）建立丽水公司的客户档案。

2）周记开出并审核发货单：单击“销售发货”｜“发货单”命令，打开“发货单”窗口。单击“增加”按钮，选择存货“联想计算机”，输入其他信息，单击“确定”按钮，发货单填制完毕，保存并审核后再到库存管理系统审核自动生成的销售出库单。

3）周记填制普通销售发票，进行现结处理后复核：单击“业务”｜“开票”｜“销售普通发票”命令，打开“销售普通发票”窗口。单击“增加”按钮，输入普通发票相关信息。然后单击“现结”，打开“销售现结”窗口。输入结算方式“现金”、结算金额、票据号、银行账号等信息，单击“确定”按钮，然后单击“复核”按钮。

4）夏天在应收款系统进行应收单据审核，查询时过滤条件应包括已现结发票，审核后立即制单：单击“日常处理”｜“应收单据处理”｜“应收单据审核”命令，打开“单据过滤条件”对话框。选中“包含已现结发票”复选框，单击“确定”按钮，打开“应收单据列表”窗口。选择“销售普通发票”、“丽水公司”，打开“销售普通发票”窗口。单击“审核”按钮，系统弹出“是否立即制单”信息提示对话框。单击“确定”按钮，打开“填制凭证”窗口，生成凭证。

5）张山在库存管理系统根据发货单生成销售出库单并审核：单击“日常业务”｜“出库”｜“销售出库单”命令，打开“销售出库单”窗口。单击“生单”按钮，选择相应的发货单，生成销售出库单并审核。（如果设置的出库单生成方式为“库存生成销售出库单”，则按此方法生成出库单；如果出库单的生成方式为“销售生成出库单”，那么销售发货单填制审核完毕后，在库存管理系统自动生单，只需查找到销售出库单直接审核即可）

6）黄易在存货核算系统对销售出库单进行记账：单击“业务核算”｜“正常单据记账”命令，打开“正常单据记账条件”对话框。选择“产成品库”，然后单击“确定”按钮，选择相应的单据，单击“记账”按钮，记账完成。

⑭ 1 月 29 日，收到温州公司汇来代销商品款 51 012 元.

任务分析：此业务为填制收款单，审核后制单并进行核销处理。

1）夏天在应收款系统录入收款单，审核后立即制单：单击“日常处理”｜“收款单据处理”｜“收款单据录入”命令，打开“收款单”窗口。单击“增加”按钮，录入日期、客户、结算方式、金额“51 012”、款项类型“应收款”等信息，单击“保存”、“审核”按钮，系统弹出“是否立即制单”信息提示对话框。单击“是”按钮，打开“填制凭证”窗口，生成收款凭证。

2）进行核销处理：单击“日常处理”｜“核销处理”｜“自动核销”命令，打开“核销条件”对话框。选择客户“温州公司”，单击“确定”按钮，核销完成。

⑮ 1 月 30 日，计提坏账准备。

任务分析：此业务为计提坏账准备并生成凭证。

由夏天在应收款系统执行“计提坏账准备”功能并生成凭证：单击“日常处理”｜“坏账处理”｜“计提坏账准备”命令，打开“计提坏账”窗口。单击“确定”按钮，系统弹出“是否立即制单”信息提示对话框。单击“是”按钮，生成凭证。

提醒

如果坏账准备已计提成功，本年度将不能再次计提坏账准备。

2. 月末处理

（1）刘浪注册进入采购系统、周记进入销售系统、库存管理系统进行月末结账

1）刘浪进入采购系统进行月末结账：单击“业务”｜“月末结账”命令，打开“月末结账”对话框。选择待结账月份，然后单击“结账”按钮，结账完成。

2）黄易进入应付款系统进行月末结账：单击“其他处理”｜“期末处理”｜“月末结账”命令，选择结账月份，单击“下一步”按钮，然后单击“确定”按钮，结账完成。

3）张山对应付款系统传递到总账系统的凭证进行审核、记账：具体操作见学习任务3相关内容，此处不再叙述。

（2）周记注册进入销售系统、库存管理系统进行月末结账（具体操作见采购月末处理方法，此处不再叙述）

（3）黄易对尚未在存货核算系统记账的单据进行记账，对已经记账的入库单据进行凭证处理（平时已做，但如果平时未做可以此时补做）

1）周记进入存货核算系统，单击“存货核算”|“业务核算”|“正常单据记账”命令，全选未记账单据后，单击“确定”按钮。

2）如果委托代销商品成本核算选择的是按发出商品核算，还需要周记进入存货核算系统，单击“存货核算”|“业务核算”|“发出商品记账”命令，全选未记账单据后，单击“确定”按钮。

（4）在存货核算系统中对仓库和存货进行期末处理后，结转销售成本

黄易注册进入存货核算系统，在“业务核算”|“期末处理”下勾选需要期末处理的仓库和存货后，单击“确定”按钮，系统弹出“期末处理完毕”提示信息。

进入存货核算系统，在“财务核算”|“生成凭证”下选择“转账凭证”|“选择”|“确定”命令，全选“未生成凭证一览表”的单据后单击“生成”按钮，生成结转销售成本凭证。

（5）黄易注册进入应收款、应付款、存货核算系统进行月末结账

（6）张山对各系统传递到总账系统的凭证进行审核、记账，对账后进行结账

（7）将账套数据输出（备份）

3. 取消结账

1）单击“其他处理”｜“期末处理”｜“取消月结”命令，打开“取消结账”对话框。

2）选择“1 月　已结账”月份。

3）单击“确定”按钮，系统弹出“取消结账成功!”信息提示对话框。

4）单击“确定”按钮，当月结账标记即被取消。

提醒

如果当月总账系统已经结账，则其他系统不能取消结账。

任务测评

存货核算与库存管理生成的凭证如表 8.1 所示。

表 8.1　存货核算与库存管理生成凭证一览表

业务号	凭证类型	会计科目	借方金额（元）	贷方金额（元）	辅助信息
1	付	应付账款/下城公司 银行存款	36 270.00	 36 270.00	供应商往来
3	转	在途物资/硬盘 应交税费/增值税/进项税 应付账款/下城公司	22 500.00 3 825.00	 26 325.00	
4	转	原材料/硬盘 在途物资/硬盘	22 500.00	 22 500.00	
5	付	应收账款/温州公司 银行存款	1 200.00	 1 200.00	客户往来
5	转	应收账款/温州公司 主营业务收入 应交税金/增值税/销项税	101 790.00	 87 000.00 14 790.00	客户往来
6	收	银行存款 应收账款/绍兴公司	78 220.00	 78 220.00	 客户往来
7	转	生产成本 原材料/芯片	86 100.00	 86 100.00	
10	付	在途物资/芯片 应交税费/增值税/进项税 银行存款	16 000.00 2 720.00	 18 720.00	
10	转	原材料/芯片 在途物资/芯片	16 000.00	 16 000.00	
12	收	银行存款 主营业务收入 应交税费/增值税/销项税	166 725.00	 142 500.00 24 225.00	
13	收	银行存款 主营业务收入 应交税费/增值税/销项税	80 200.00	 68 547.01 11 652.99	
14	收	银行存款 应收账款/温州公司	51 012	 51 012	

续表

业务号	凭证类型	会计科目	借方金额（元）	贷方金额（元）	辅助信息
15	转	资产减值损失 坏账准备	2 335.11	 2 335.11	
月末处理（4）	转	主营业务成本 库存商品/激光打印机	41 400.00	 41 400.00	
		主营业务成本 库存商品/联想计算机	50 00.000	 50 000.00	
		主营业务成本 库存商品/联想计算机 /激光打印机	52 600.00	 25 000.00 27 600.00	
		主营业务成本 发出商品/激光打印机	27 600.00	 27 600.00	
		主营业务成本 库存商品/联想计算机	75 000.00	 75 000.00	
		主营业务成本 库存商品/联想计算机	15 000.00	 15 000.00	
		主营业务成本 库存商品/联想计算机	75 000.00	 75 000.00	
		主营业务成本 库存商品/联想计算机 主营业务成本 库存商品/联想计算机 /激光打印机	125 000.00 53 800.00	 125 000.00 40 000.00 13 800.00	

附录A

单元考核试卷

试卷1：总账系统单元考核试卷

专业________ 班级________ 姓名__________ 学号________ 考试时间为 **90** 分钟。

一、判断题（每小题1分，共15分。对的在括号中打"√"，错的打"×"）

1. 总账系统是财务管理系统的一个基本子系统，并在财务管理系统中处于中枢地位。（　　）

2. 总账系统的任务就是利用建立的会计科目体系，输入和处理各种记账凭证，完成记账、结账和对账工作，输出各种总分类账、日记账、明细账和资产负债表等报表。（　　）

3. 没有会计科目设置权的用户可以对科目进行修改，但不能增加或删除科目。（　　）

4. 在总账系统项目目录设置功能中指定项目核算科目之前，必须先将该科目的辅助核算属性定义为项目核算。（　　）

5. 在设置凭证类别时，若将某类凭证的限制科目设为非末级科目，则在制单时，其所有下级科目都将受到同样的限制。（　　）

6. 总账系统中已设定并使用的凭证类别不能删除，但可以修改其类别字。（　　）

7. 在总账系统中，已经记过账后，期初余额功能变为浏览只读状态，除执行"结转上年余额"的功能外，不能再录入或修改期初余额。（　　）

8. 在总账系统中，期初余额试算不平衡时，可以填制凭证，但不能执行记账功能。（　　）

9. 如果不启用往来系统，往来业务的核算在总账系统进行，所以在设置供应商往来和客户往来款项的辅助核算项时，应不设置受控系统。（　　）

10. 如果凭证上的金额为负数，则在录入金额时需按空格键才能将金额显示为红字。（　　）

11. 在总账系统中录入外币业务记账凭证时，如果使用的是变动汇率，汇率栏中将显示最近一次汇率，该汇率不能修改。（　　）

12. 在总账系统中，取消出纳凭证的签字既可由出纳员自己进行，也可由会计主管进行。（　　）

13. 在总账系统中，上月未记账，本月可以先记账，但若上月未结账，则本月不能记账。（　　）

14. 总账系统“支票登记簿”中，已报销的支票由系统自动写上报销日期作为已报销的标记，该项标记不可取消。（　　）

15. 在记账时，已作废的凭证将参与记账，否则月末无法结账，但系统不对作废凭证进行处理，即相当于一张空凭证。（　　）

二、单项选择题（每小题 1 分，共 15 分。在每小题给出的选项中，只有一项是符合题目要求的。多选不给分）

1. 在总账系统中输入凭证时可以不输入或选择的项目是（　　）。
   A. 凭证类别　　B. 凭证日期　　C. 附件张数　　D. 凭证摘要

2. 在使用总账系统填制凭证时，要求输入对应的票据日期、结算方式和票号，以便进行（　　）辅助核算。
   A. 数量账　　B. 往来账　　C. 待核银行账　　D. 外币核算

3. 在总账系统中，删除凭证的必要条件是（　　）。
   A. 未审核　　B. 未记账
   C. 已打上作废标记　　D. 未结账

4. 在总账系统中，修改已记账凭证的方法是（　　）。
   A. 直接修改　　B. 取消审核后修改
   C. 由电算主管修改　　D. 红字冲销

5. 在总账系统中，凭证不能记账的情况是（　　）。
   A. 凭证已审核　　B. 上月未结账
   C. 上月已结账　　D. 已有部分凭证记账

6. 总账系统中取消凭证审核的操作员必须是（　　）。
   A. 制单人　　B. 审核人　　C. 电算主管　　D. 原审核人

7. 在总账系统中，若期末转账业务要从会计账簿中提取数据，则在转账前，必须先将全部相关的业务（　　）。
   A. 填制凭证　　B. 审核凭证　　C. 记账　　D. 月末结账

8. 在总账系统中，对结账的叙述，错误的是（　　）。
   A. 结账前，本月凭证必须登记入账
   B. 结账后，不能再输入该月凭证
   C. 结账必须按月连续进行
   D. 每月可以结多次账

9. 指定会计科目是确定出纳的专管科目，其作用并不包括（　　）。
   A. 指定现金和银行科目后可填制包含现金及银行科目的记账凭证及银行日记账
   B. 指定现金和银行科目后可进行银行对账
   C. 指定现金和银行科目后可进行出纳签字
   D. 指定现金和银行科目后可查询现金

10. 总账系统初始设置不包括（　　）。
   A. 会计科目　　B. 结算方式
   C. 单据设置　　D. 数据权限分配

11．在用友 ERP 管理系统中，以下（　　）模块与总账系统之间不存在凭证传递关系。

A．工资管理　　B．应收管理

C．UFO 报表　　D．固定资产管理

12．在总账系统中，已记账凭证的查询应通过下列（　　）界面进行。

A．凭证/填制凭证　　B．凭证/查询凭证

C．凭证/常用凭证　　D．账表/科目账

13．对于总账系统的“审核凭证”功能，下列说法中错误的是（　　）。

A．审核人和制单人不能是同一人

B．对已审核凭证，可以由审核人自己或会计主管取消审核签字

C．对于错误的记账凭证，可以通过计算机在凭证上标明“有错”字样

D．作废凭证不能被审核，也不能被标错

14．在总账系统中录入有数量核算要求的记账凭证时，系统根据“数量×单价”自动计算出金额，并将金额先放在借方，如果方向不符，用户可以使用（　　）键调整金额方向。

A．F2　　B．回车　　C．Shift　　D．空格

15．明光公司应收款项通过总账系统核算，并进行分客户管理，则其“应收账款”科目应选择（　　）辅助核算方式。

A．部门核算　　B．个人往来

C．客户往来　　D．供应商往来

三、多项选择题（每小题 2 分，共 30 分）

1．关于总账系统结账功能，下列说法中正确的有（　　）。

A．结账功能每月可根据需要多次进行

B．结账前，一般应进行数据备份

C．已结账月份不能再填制记账凭证

D．结账操作只能由会计主管进行

2．月末处理是指在将本月发生的经济业务全部登记入账后所要做的工作，通过总账系统的“月末处理”功能，用户可以实现（　　）等操作。

A．转账定义　　B．转账生成　　C．对账　　D．结账

3．在总账系统的“账表”功能中查阅部门总账时，系统提供的查询方式有（　　）。

A．按发生额查询　　B．按科目查询

C．按部门查询　　D．按科目和部门查询

4．在总账系统中，为了加强企业的银行支票管理，往往需要建立“支票登记簿”，以详细记录支票的领用、报销等情况。而支票登记簿的建立和使用，应在满足（　　）等条件的基础上进行。

A．已在“设置/科目备查资料”功能中设定相关科目备查项

B．已在“设置/选项”功能中选择“支票控制”选项

C．已在“设置/结算方式”功能中设定“票据结算”标志

D．已在“设置/会计科目”功能中指定银行总账科目

5．在总账系统中，如果由于断电或人为因素导致记账错误，可调用“恢复记账前状态”功能，将数据恢复到记账前状态并进行调整。目前系统提供的恢复记账前状态的方式有（　　）。

A．将系统恢复到最后一次记账前状态

B．将系统恢复到本年年初状态

C．将系统恢复到启用时状态

D．将系统恢复到本月月初状态

6．在总账系统中，对记账凭证进行审核可以采用（　　）等方法。

A．联机审核　　B．屏幕审核　　C．对照审核　　D．纵向审核

7．出纳凭证涉及企业现金的收入与支出，所以应对其加强管理，一般而言，企业出纳人员可以通过总账系统的“出纳签字”功能完成（　　）等工作。

A．检查核对出纳凭证

B．对认为有错或有异议的凭证，交予填制人员修改后再核对

C．对审核无误的出纳凭证进行出纳签字

D．填补结算方式和票号

8．通过总账系统的“凭证/查询凭证”功能，可以查询到（　　）。

A．已记账凭证　　B．未记账凭证

C．作废凭证　　D．有错凭证

9．在总账系统中填制记账凭证时，“科目名称”栏可选择用（　　）等方法输入。

A．输入科目编码　　B．科目参照选择

C．输入科目名称　　D．输入科目助记码

10．总账系统的“期初余额”功能包括（　　）。

A．修改会计科目设置　　B．输入科目期初余额

C．核对科目期初余额　　D．试算平衡

11．总账系统用户可以根据本单位需要对记账凭证进行分类，系统提供的常用凭证分类方式有（　　）。

A．记账凭证

B．收款、付款、转账凭证

C．现金、银行、转账凭证

D．现金收款、现金付款、银行收款、银行付款、转账凭证

12．已输入期初余额并制单的现金和银行总账科目，不能直接删除，若要删除，必须先执行（　　）操作。

A．删除使用该科目的凭证　　B．将该科目及其下级科目余额清零

C．取消现金银行科目指定　　D．删除其下级科目

13．明光公司在工商银行开立了一个日元账户，公司对该账户进行银行存款日记账管理，并定期进行银行对账，则在设置会计科目时，应选择（　　）选项。

A．外币核算　　B．项目核算　　C．日记账　　D．银行账

14．总账系统提供的各科目会计账页格式有（　　）。

A．多栏备查式　　B．辅助账式

C．金额式　　D．数量金额式

15．总账系统与其他财务管理子系统之间存在数据传递关系，它可以接收其他子系统生成的凭证，也可以向（　　）等子系统提供财务数据。

A．应收/应付系统　　B．UFO 报表系统

C．固定资产管理系统　　D．存货核算系统

四、简答题（每小题 5 分，共 40 分）

1．简述总账管理系统凭证参数设置的内容。

2．总账管理系统初始设置主要包括哪些内容？

3．如何进行数据权限设置？

4．如何进行凭证的修改？

5．如何进行银行对账及编制银行存款余额调节表？

6．账簿管理包括哪些内容？

7．无法进行出纳签字的原因有哪些？

8．简述总账管理系统的业务流程。

试卷2：UFO报表系统单元考核试卷

专业________ 班级________ 姓名________ 学号________ 考试时间为 **90** 分钟。

一、判断题（每小题1分，共15分。对的在括号中打“√”，错的打“×”）

1. 在UFO报表系统中生成一张新表时，所有的单元都被默认为字符单元。（ ）
2. 在UFO报表系统中，可以自定义报表模板。（ ）
3. UFO报表系统可直接在“格式”状态下获取总账数据。（ ）
4. 执行UFO舍位操作后，工作界面展示的报表是生成的舍位报表。（ ）
5. 执行舍位操作后，不需要对生成的UFO舍位报表进行任何修改。（ ）
6. 在UFO二次开发窗口下输入命令行后，可以提示语法错误。（ ）
7. 用友UFO报表系统是报表事务处理的工具。（ ）
8. UFO增加表页的工作只能通过“编辑”菜单下的“追加”功能完成。（ ）
9. 在UFO中只能从总账中提取财务数据。（ ）
10. UFO报表的所有数据单元都可以联查明细账。（ ）
11. 在UFO报表系统中，可以在“格式”状态下插入直方图。（ ）
12. 在UFO命令窗口输入命令后按“回车”键，可以马上看到运行结果。（ ）
13. 在UFO的“数据”状态，可以调整报表的行高和列宽。（ ）
14. 在UFO报表的“格式”状态下可以进行删除表页的操作。（ ）
15. 在UFO的“数据”状态下录入单位编码即可完成损益表的计算。（ ）

二、单项选择题（每小题1分，共15分。在每小题给出的选项中，只有一项是符合题目要求的。多选不给分）

1. 下列（ ）不是单元属性的内容。
   A. 表线　　B. 字体颜色　　C. 对齐方式　　D. 行高
2. 在UFO报表的操作窗口，单击行标和列标相交处的空白格的功能是（ ）。
   A. 没有任何功能　　B. 选择全表单元
   C. 按行划分显示窗口　　D. 按列划分显示窗口
3. 在UFO的“格式”状态下执行“格式”菜单的“生成常用报表”功能，能直接生成（ ）行业的全套会计报表。
   A. 指定　　B. 选定账套　　C. 总账　　D. 可选
4. 选中A1:A5区域进行组合单元操作时，应选择（ ）方式。
   A. 自定义组合　　B. 按行组合　　C. 按列组合　　D. 取消组合
5. 欲将关键字位置向左调整时，需输入（ ）。
   A. 左10　　B. 0　　C. 10　　D. −10
6. 以下格式正确的审核公式是（ ）。
   A. C43=C43 MESS “期初资产总计与负债及权益总计不等！”
   B. C43=C43 MESS ‘期初资产总计与负债及权益总计不等！’

附录A

C. C43=C43 MESS 期初资产总计与负债及权益总计不等!

D. C43=C43 MESS [期初资产总计与负债及权益总计不等!]

7. 关于 UFO 报表系统的操作规定，正确的表述是（　　）。

A. 对于报表尺寸、颜色等的设定，将作用于第一表页

B. 对于报表尺寸、颜色等的设定，将作用于指定表页

C. 对于报表尺寸、颜色等的设定，将作用于所有表页

D. 对于报表尺寸、颜色等的设定，将不影响表页

8. UFO 报表中同一报表文件的表页可以是（　　）。

A. 不同格式不同数据　　B. 相同格式相同数据

C. 相同格式不同数据　　D. 不同格式相同数据

9. UFO 报表的数据处理能够完成（　　）任务。

A. 修改单元公式　　B. 设置关键字

C. 舍位平衡　　D. 格式排版

10. UFO 编制报表时，通过（　　）让计算机自动完成取数计算。

A. 输入日期　　B. 输入单位编号

C. 输入单位名称　　D. 输入关键字

11. 如果总核算账套的科目为新会计制度，且账套性质为工业企业，用 UFO 报表模板生成财务报表时，应选择（　　）模板。

A. 新会计制度科目行业下的报表　　B. 工业企业下的报表

C. 对外合作行业的报表　　D. 外商投资企业下的报表

12. 下列（　　）操作不能在“数据”状态下进行。

A. 审核操作　　B. 调整列宽

C. 汇总表页　　D. 增加图形显示区

13. 在 UFO 报表中，要想将 A1:C4 设置成组合单元，应选择（　　）方式。

A. 按列组合　　B. 按行组合　　C. 整体组合　　D. 取消组合

14. 在 UFO 报表的表页上增加图形显示区域的正确步骤是（　　）。

A. 在“格式”状态下追加表行或表列

B. 在“数据”状态下插入表行或表列

C. 在“数据”状态下追加表行或表列

D. 在“格式”状态下插入表行或表列

15. 要验证审核公式正确与否，需要（　　）。

A. 进行语法验证

B. 不做任何验证

C. 只能在“数据”状态下用模拟数据测试

D. 在“数据”状态下直接应用

三、多项选择题（每小题 2 分，共 30 分）

1. 在“数据”状态下可以进行（　　）操作。

A. 审核数据　　B. 设置列宽　　C. 调整关键字位置　　D. 汇总表页

2．（　　）是 UFO 报表的单元类型。

A．逻辑型　　B．数值型　　C．表样型　　D．字符型

3．在编制 UFO 报表时，可用（　　）方式设置表格线。

A．单元属性　　B．套用格式　　C．区域填充　　D．区域画线

4．下列（　　）操作必须在“数据”状态下完成。

A．设置列宽　　B．表页重算　　C．审核操作　　D．单元组合

5．为保证 UFO 报表系统与总账的对应关系，可以采用的方法有（　　）。

A．进入 UFO 报表系统时，选择正确的账套

B．将报表文件与总账文件放在同一路径下

C．在取数函数中指定账套号

D．在“数据”状态下选中“数据”菜单的“计算时提示选择账套”

6．设置报表列宽的目的是（　　）。

A．和行高成比例　　B．美化报表的整体效果

C．显示数字　　D．不使数字溢出

7．要想改变设置好的 UFO 报表尺寸，可以（　　）。

A．在“格式”状态下执行插入行或列操作

B．在“数字”状态下执行追加表页操作

C．在“格式”状态下执行表尺寸操作

D．在“数字”状态下执行插入表页操作

8．UFO 报表系统生成资产负债表的准确性取决于（　　）。

A．总账是否进行月末结账　　B．取数公式是否正确

C．以前生成过本表　　D．总账是否记账

9．在 UFO 报表中，获得正确的舍位报表的操作应该是（　　）。

A．选择舍位区域

B．在“格式”状态下定义舍位公式

C．在舍位计算中不选择全表重算

D．在“数据”状态下执行“舍位平衡”

10．在 UFO 报表中，下列操作正确的是（　　）。

A．各表页同样位置上的表样单元的内容和显示方式都相同

B．在“格式”状态下向单元格输入的数据是表样类数据

C．需要设置组合的单元必须具有相同的单元类型

D．对于字符型单元，只能在“数据”状态下输入数据

11．在进行 UFO 报表的表页计算时，要想更换总账套，下列必须有的步骤是（　　）。

A．在“数据”菜单下选择“整表重算”

B．在“数据”状态下更改账套

C．在“格式”状态下选择账套

D．在“数据”菜单下选择“计算时提示选择账套”

12．在 UFO 报表中，舍位平衡公式需要确定（　　）。

A．舍位位数　　B．舍位表名　　C．舍位单元　　D．舍位区域

13．如果选择 A1:C1 区域定义组合单元，应（　　）。

A．取消组合　　B．按行组合　　C．整体组合　　D．按列组合

14．下列选择区域的方法正确的是（　　）。

A．选择区域左上角的单元，按住 Alt 键，单击区域右下角的单元

B．选择区域左上角的单元，按住 Ctrl 键，单击区域右下角的单元

C．在区域左上角的单元按住鼠标左键，拖曳至区域右下角的单元释放

D．单击区域左上角的单元，按住 Shift 键单击右下角的单元

15．UFO 报表系统中的联查明细账功能只能在（　　）使用。

A．其他系统取数函数　　B．单元公式包含总账科目取数函数

C．有单元公式的单元中　　D．“数据”状态下

四、简答题（每小题 5 分，共 40 分）

1．什么是报表的“格式”状态和“数据”状态?

2．什么是报表的固定区和可变区?

3．UFO 报表文件可以转换为什么格式?

4．什么是审核公式?

5．什么是舍位平衡?

6．什么是关键字?

7．报表系统可以设置的报表大小范围是多少?

8．简述报表系统窗口的组成。

试卷3：工资系统单元考核试卷

专业_______ 班级_________ 姓名_________ 学号_________ **考试时间为90分钟。**

一、判断题（每小题1分，共15分。对的在括号中打“√”，错的打“×”）

1. 在工资系统分摊类型设置中，可以设置“应付福利费”和“职工教育经费”。（ ）
2. 工资系统传递到总账中的凭证，在工资系统中仍可以进行冲销的操作。（ ）
3. 工资系统在正常使用之前必须做好“部门设置”及“项目大类设置”等。（ ）
4. 工资可以按部门大类进行分摊计提分配。（ ）
5. 在修改了某些数据，重新设置了计算公式，或者进行了数据替换等操作后，必须对个人工资数据重新计算汇总以保证工资数据的正确。（ ）
6. 在未打开工资类别时修改设置选项中的参数，系统将所有工资类别中的参数统一修改为新的参数。（ ）
7. 在工资系统中，扣除个人所得税的税率可以任意修改。（ ）
8. 在工资系统中，不同部门的人员编码可以重复。（ ）
9. 第一次进行工资类别汇总时，需要在工资类别中设置工资项目的计算公式。（ ）
10. 人员调动功能可以在不同账套的多工资类别间进行。（ ）
11. 用友ERP-U8工资系统只提供计时工资的核算，不提供计件工资核算功能。（ ）
12. 在工资系统中，定义公式时可不考虑计算的先后顺序，系统可以自动识别。（ ）
13. 在工资系统中，相同的工资项目不能重复定义公式。（ ）
14. 工资系统建账完成后，所有建账参数均不能修改。（ ）
15. 每位员工是否从工资中代扣个人所得税是由用户自由选择的。（ ）

二、单项选择题（每小题1分，共15分。在每小题给出的选项中，只有一项是符合题目要求的。多选不给分）

1. 工资模块中不能够实现的功能是（ ）。
   A. 人员在不同工资类别间自由调动
   B. 在工资公式设置里，对公式的设置长度没有限制
   C. 提供工资发放条套打印功能，实现加密信封格式的工资数据打印
   D. 中国建设银行工资代发
2. 在ERP-U8中，下面描述正确的是（ ）。
   A. 在对本账套的工资数据使用数据复制以后，增加工资项目，则数据复制必须重做
   B. 在中国建设银行工资代发功能中设置银行名称时，银行名称必须为“建设银行”，后续才可以进行相关处理
   C. 在工资公式设置里，对公式的设置长度没有限制
   D. 在工资的项目设置里，工资项目的长度最大只能有15个汉字
3. （ ）不是计件工资必须使用的功能。

A．设置需要计件的人员　　B．设置计件工资标准
C．设置计件工资方案　　D．设置计件工资项目的公式

4．下列（　　）情况允许工资系统做反结账处理。
A．总账系统已结账
B．成本管理上月已结账
C．总账中存在工资系统本月生成的未被冲销的凭证
D．固定资产本月已结账

5．在工资系统中，工资项目名称可以包含（　　）。
A．小括号　　B．阿拉伯数字　　C．双引号　　D．小数点

6．下列对工资选项的描述中，（　　）是正确的。
A．做了工资数据处理后，在选项里可以对“人员编码”的长度进行修改
B．做了工资数据处理后，在选项里可以对“工资类别”进行修改
C．做了工资数据处理后，在选项里可以对“是否核算计件工资”进行修改
D．做了工资数据处理后，在选项里不能对“从工资里代扣个人所得税”进行修改

7．下列关于 ERP-U8 工资系统的描述中不正确的是（　　）。
A．只有账套主管才有权限去给某个操作员分配设置工资的数据权限
B．在工资变动中允许输入负数
C．用账套主管的身份登录才能生成分摊凭证
D．在多工资类别的账套里，要增加一个工资项目，必须关闭所有的工资类别

8．下列关于 ERP-U8 工资管理系统的描述中正确的是（　　）。
A．工资生成的凭证，只要权限分配正确，制单人与审核人可以是同一个人
B．工资生成的凭证，只要权限分配正确，审核人与记账人可以是同一个人
C．当当前打开的工资类别是 HR 对应的工资类别时，人员编码选项可以修改
D．工资中的计件工资可以在 HR 中录入和设置

9．在 ERP-U8 管理系统中，工资模块和总账的联系是（　　）。
A．工资分摊数据　　B．工资里相关的费用数据
C．工资变动后计算出的数据　　D．工资分摊后的凭证

10．以下对工资分摊描述错误的是（　　）。
A．财会部门根据工资费用分配表，将工资费用根据用途进行分配，并编制转账会计凭证，供登账处理用
B．每次分摊时可以选择不同的计提费用类型参与本次费用分摊计提
C．分摊计提比例一旦设置好就不能修改
D．在“计提分配方式”中，可以选择分摊到部门或分摊到个人

11．以下可以在工资模块中进行各工资类别间汇总的是（　　）。
A．人员姓名相同，但编号不同
B．人员编号相同，但人员姓名不同
C．人员编号和姓名相同，但部门不同
D．人员编号不同，但银行账号相同

12．关于工资人员档案的描述不正确的是（　　）。

A．人员姓名一经确定，则不允许修改
B．有工资停发标记的人员不再进行工资发放，但保留人员档案，以后可恢复发放
C．单击“数据档案”按钮，可进入工资数据录入页直接录入职工的工资
D．人员编号一经确定，则不允许修改

13．关于汇总工资类别，以下说法是错误的是（　　）。
A．必须在关闭工资类别时才可用
B．汇总工资类别不能进行月末结算
C．所选工资类别中必须有汇总月份的工资数据
D．即使本月有新增工资类别，也无须再设置汇总工资类别的计算公式

14．如果企业需要核算计件工资，需要（　　）。
A．设置多个工资类别
B．工资系统建账时选择“是否核算计件工资”
C．在工资项目中增加“计件工资”项目
D．在公式设置中增加“计件工资”的计算公式

15．以下不属于工资系统初始设置范畴的是（　　）。
A．工资账套参数设置　　B．工资项目设置
C．人员档案设置　　D．计件工资统计

三、多项选择题（每小题 2 分，共 30 分）

1．在修改了某些数据，重新设置了计算公式，或者进行了数据替换等操作后，必须调用工资变动中的（　　）功能对个人工资数据重新计算汇总以保证工资数据的正确性。
A．计算　　B．汇总　　C．替换　　D．筛选

2．工资分摊计提分配方式有（　　）。
A．分配到部门　　B．分配到个人
C．分配到某类别人员　　D．分配到部门大类

3．工资系统正常使用之前必须做好（　　）。
A．部门设置　　B．项目大类设置
C．人员类别设置　　D．收发类别设置

4．在工资系统中，复制人员信息的前提条件有（　　）。
A．多工资类别　　B．人员编号长度一致
C．工资币别一致　　D．工资项目设置一致

5．以下（　　）功能必须在打开工资类别时可用。
A．人员调动　　B．汇总工资类别
C．数据上报　　D．人员信息复制

6．在工资系统中，可以对工资系统传递到总账中的凭证进行（　　）。
A．冲销　　B．删除　　C．记账　　D．审核

7．进行工资分摊时，需要选择的内容包括（　　）。
A．计提费用类型　　B．选择核算部门
C．计提分配方式　　D．计提会计月份

8．工资变动界面中的排序功能，提供按（　　）进行排序。
A．人员编号　　B．部门　　C．基本工资　　D．实发工资

9．若想由中国建设银行代发工资，则以下（　　）项目必须设置。
A．设置银行名称为“中国建设银行”
B．设置银行账号定长 11 位
C．增加人员附加信息“身份证号”
D．在人员档案中设置银行代发的工资账号

10．下列各项中，不允许本月反结账的是（　　）。
A．工资类别主管执行此操作　　B．成本系统已结账
C．已汇总工资类别　　D．已生成工资分摊凭证传递到总账

11．计件工资标准与计件工资方案的关系为（　　）。
A．每个计件工资方案至少要对应一个计件工资标准
B．每个计件工资方案可以对应多个计件工资标准
C．只有启用计件工资标准，才能设置计件工资方案
D．计件工资标准和计件工资方案一旦录入数据，就不允许删除

12．关于工资系统中的扣零处理，以下说法错误的是（　　）。
A．只有企业采用银行代发工资才需要设置该选项
B．若选择了扣零处理，则还需要在工资项目中增加“本月扣零”和“上月扣零”两个工资项目
C．系统提供“扣零至元”、“扣零至角”、“扣零至分”几种选择
D．无论是否选择“扣零设置”，均不需要设置与扣零处理相关的计算公式

13．关于修改个人所得税税率表，以下描述正确的是（　　）。
A．应纳税所得额上限不允许变动
B．新增级数的下限等于其上一级上限加一
C．税率表初始界面的速算扣除数由系统给定，用户可进行修改
D．删除税率级次时，必须从末级开始删除

14．在工资系统分摊类型设置中，可以设置的分摊类型有（　　）。
A．制造费用　　B．应付福利费　　C．职工教育经费　　D．管理费用

15．新建工资类别时，必须指定下列（　　）内容。
A．工资类别编号　　B．工资类别名称
C．工资类别所属账套　　D．工资类别包含的部门

四、简答题（每小题 10 分，共 40 分）

1．工资核算系统的任务是什么？
2．设置人员类别有哪些作用？
3．工资系统的基本功能包括哪些？
4．写出建立工资账套参数的步骤。

试卷4：固定资产系统单元考核试卷

专业________ 班级________ 姓名________ 学号________ 考试时间为 **90** 分钟。

一、判断题（每小题1分，共15分。对的在括号中打“√”，错的打“×”）

1．首次使用固定资产系统时，应先对账套进行初始化。（　　）

2．已减少的固定资产，其原值、累计折旧等信息无法再看见。（　　）

3．固定资产的自动编码方式只能为一种，一经设定，该自动编码方式不得修改。（　　）

4．本月发现上月有误减少的固定资产，可以通过“撤销已减少资产”功能进行恢复。（　　）

5．固定资产结账必须完成批量制单。（　　）

6．固定资产系统正常运行后，如果发现账套错误很多或很乱，可以选择“维护”|“重新初始化账套”功能将账套内容全部清空。（　　）

7．固定资产原始卡片的录入，在任何时候都可以进行。（　　）

8．在固定资产系统中，所有的报表都能进行图形分析。（　　）

9．在用友ERP固定资产系统中，如果在业务发生时立即制单，凭证的摘要会根据业务情况自动填入。（　　）

10．对于固定资产系统传递到总账中的凭证，若发现该凭证制作错误，可在总账中通过凭证修改功能进行更改。（　　）

11．企业将一台在用机床转为不需用，在填写变动单的同时，应修改相应的固定资产卡片。（　　）

12．在用友ERP固定资产系统中，已记账的凭证不能通过“处理”|“凭证查询”功能删除。（　　）

13．计提折旧后又改变了某一固定资产的折旧方法，必须重新计提折旧，否则无法结账。（　　）

14．如某项已计提减值准备的固定资产的价值又得以恢复，应删除原减值准备变动单。（　　）

15．固定资产结账前必须与总账对账一致。（　　）

二、单项选择题（每小题1分，共15分。在每小题给出的选项中，只有一项是符合题目要求的。多选不给分）

1．关于固定资产卡片录入的说法，不正确的是（　　）。

A．删除非末张卡片，该卡片编号将保留空号，不能再使用

B．使用年限可以是非整数年，但必须是整数月

C．资产通过原始卡片录入还是通过“资产增加”录入，在于资产的开始使用日期

D．原始卡片的录入必须在第一个期间结账前

2．固定资产当月有效的变动是（　　）。

A．使用年限调整　　　　B．部门转移

C．原值调整　　D．累计折旧调整

3．下列有关固定资产模块描述正确的是（　　）。

A．选择“与账务系统进行对账”，则必须完成“批量制单”业务；否则不能结账

B．选择“月末结账前一定要完成制单登账业务”，则必须将“批量制单”中所有记录全部生成凭证；否则不能结账

C．当月新增加的固定资产卡片一律不参加计提折旧

D．当月新增加的卡片作为部门的变动，无须制作部门变动单，可直接修改卡片

4．在固定资产（部门、类别）明细账窗口中，（　　）操作能调出固定资产卡片或变动单等原始凭证。

A．单击明细账的某一记录行

B．双击明细账的某一记录行

C．单击鼠标右键，在弹出的菜单中选择“打开原始凭证”命令

D．双击鼠标右键，在弹出的菜单中选择“打开原始凭证”命令

5．关于固定资产系统的月末结账功能，下列说法正确的是（　　）。

A．本月不结账，可以以下月日期登录系统，处理下一期数据

B．结账后发现有未处理的业务，只能在下月处理

C．结账后，不能再以本月日期登录系统

D．为保证数据的安全，结账前一定要进行数据备份

6．在固定资产系统中，（　　）不能通过“处理”|“凭证查询”命令完成。

A．制作凭证　　B．查询凭证　　C．修改凭证　　D．删除凭证

7. 在固定资产系统中，为了将一批需要制单的业务连续制作凭证并传输到账务系统，避免多次制单的烦琐，可采用（　　）。

A．在系统设置的“选项”中，选取“业务发生后立即制单”

B．在业务发生后单击“制单”按钮

C．在系统菜单中单击“处理”|“批量制单”命令

D．在系统菜单中单击“处理”|“月末结账”命令，系统自动制单

8．在固定资产系统中，使用批量制单方式，记账凭证的摘要（　　）。

A．系统自动给出，不能修改　　B．系统自动给出，能修改

C．只能手工输入　　D．视具体情况而定

9．固定资产系统对固定资产管理采用严格的序时管理，序时到（　　）。

A．日　　B．月　　C．季　　D．年

10．下列（　　）项目在调整当月会影响折旧的计提。

A．原值　　B．累计折旧　　C．净残值（率）　　D．折旧方法

11．本月购进材料一批，会计误作为固定资产，已制作相关凭证，下列（　　）方式能删除该固定资产。

A．直接使用固定资产减少功能

B．直接删除固定资产卡片

C．删除相关凭证后，再删除固定资产卡片

D．删除相关凭证后，再使用固定资产减少功能

12．下列各项中，固定资产的卡片能通过“资产增加”功能录入系统的是（　　）。

A．开始使用日期为 1999-01-10，录入时间为 1999-02-10

B．开始使用日期为 1999-01-10，录入时间为 2000-02-10

C．开始使用日期为 1999-01-10，录入时间为 1999-01-22

D．开始使用日期为 1999-01-10，录入时间为 1998-02-10

13．下列固定资产的增减方式中，能被删除的是（　　）。

A．盘盈方式

B．下设有两种明细方式的直接购入方式

C．未设明细方式的直接购入方式

D．盘亏方式

14．某企业固定资产系统初始化完成后，发现误将本账套计提折旧参数设为否，则应采用的更改方法是（　　）。

A．以后在录入固定资产卡片时修改该项

B．用“上一步”到折旧信息中修改

C．在“设置”|“选项”中进行重新设置

D．重新初始化账套

15．在固定资产系统初始化过程的折旧信息中，使用单位可以根据自己的需要来确定资产的折旧分配周期，系统默认的折旧分配周期为（　　）。

A．1 个月　　B．1 个季度　　C．半年　　D．1 年

三、多项选择题（每小题 2 分，共 30 分）

1．在固定资产系统初始化时，发现主要折旧方法选择有误，可采取的更改方法是（　　）。

A．以后针对各具体固定资产类别再定义折旧方法

B．初始化完成前，使用“上一步”到折旧信息中修改

C．初始化完成后，使用“上一步”到折旧信息中修改

D．初始化完成后，在“设置”|“选项”中进行重新设置

2．固定资产系统的作用有（　　）。

A．完成企业固定资产日常业务的核算和管理

B．反映固定资产的增加、减少、原值变化及其他变动

C．生成固定资产卡片

D．自动计提折旧

3．在定义固定资产类别时，下列（　　）不能为空。

A．类别编码　　B．名称　　C．计提属性　　D．计量单位

4．“资产增加”即新增加固定资产卡片，以下说法正确的有（　　）。

A．新卡片第一个月不提折旧，折旧额为空或零

B．原值录入的一定要是卡片录入月月初的价值，否则将会出现计算错误

C．允许在卡片的规格型号中输入或粘贴如“直径符号”等工程符号

D．因为是资产增加，该资产需要入账，所以可执行制单功能

5. 在固定资产系统中，要查看本月所有固定资产的增减及其他变动情况，可以（　　）。

A. 单击“卡片”|“卡片管理”命令，查看固定资产卡片上的相关信息

B. 单击“账表”|“我的账表”|“固定资产总账”命令，将所有的查询条件设为空，再在总账上双击本期发生额记录行

C. 单击“账表”|“我的账表”|“（部门、类别）明细账”命令，将所有的查询条件设为空

D. 单击“账表”|“我的账表”|“（单个）固定资产明细账”命令，将所有的查询条件设为空

6. 在固定资产系统中，能查看本月固定资产折旧清单的方法是（　　）。

A. 在系统菜单中单击“处理”|“折旧清单”命令

B. 在系统菜单中单击“处理”|“折旧分配表”命令

C. 在系统菜单中单击“报表”|“我的账表”|“账簿”|“固定资产折旧清单表”命令

D. 在系统菜单中单击“报表”|“我的账表”|“折旧表”|“固定资产折旧清单表”命令

7. 在凭证查询窗口，能够进入单张凭证查看状态的方法是（　　）。

A. 单击“查询”按钮，并输入相关条件

B. 选中某项业务，单击“查看”按钮

C. 选中某项业务，单击“编辑”按钮

D. 选中某项业务，单击“凭证”按钮

8. 系统不允许结账，可能的原因有（　　）。

A. 本月未提折旧

B. 提取本月折旧后，又改变了某项固定资产的折旧方法

C. 有两项固定资产增加未制单

D. 对账不平

9. 企业某汽车原值为 100 000 元，净残值率为 2%，工作总量为 98 000 千米，折旧方法采用工作量法。上期期末累计工作量为 97 500 千米，上期工作量为 1 000 千米。本期该汽车工作量为 500 千米，操作员在进行工作量输入时，可以采取的操作方法是（　　）。

A. 在本月工作量栏中输入“500”

B. 选中本月工作量栏，并单击“继承上月工作量”

C. 在本月工作量栏中输入“600”

D. 在本月工作量栏中输入“400”

10. 某固定资产原值为 10 万元，累计折旧为 5 万元，在一次资产评估中，要求将原值改为 15 万元，则下列（　　）计算公式是正确的。

A. 150 000　　B. 原值+50 000

C. 净值+累计折旧　　D. 100 000+累计折旧

11. 下列（　　）情况属于固定资产的减少。

A. 净值减小　　B. 到期报废　　C. 投资转出　　D. 盘亏

12. 某操作员要撤销已减少的固定资产，他打开卡片管理界面，查询“已减少资产”，

在已减少资产列表中，选中要恢复的资产，但他找不到系统菜单，他应该（ ）。

A．单击“窗口”按钮，在下拉列表中选中“显示命令窗口”，显示系统菜单，单击“卡片”|“撤销减少”命令

B．单击“增加”按钮，将该资产增加

C．单击“删除”按钮，将该减少资产删除

D．将鼠标移至屏幕最左端，显示系统菜单，单击“卡片”|“撤销减少”命令

13．在固定资产原始卡片的录入过程中，对应折旧科目项目可通过（ ）方式录入。

A．直接输入该科目编号

B．直接输入该科目名称

C．根据所选择的使用部门自动带出

D．单击“对应折旧科目”按钮，显示参照界面，选择需要的科目

14．下列（ ）途径能录入一张新固定资产卡片。

A．最后一张卡片修改完成并保存后，单击“增加”按钮

B．在固定资产系统中，单击“卡片”|“录入原始卡片”命令，确定录入卡片所属的资产类别后，进入录入窗口

C．一张同样式的新卡片录入完成并保存后，自动显示新卡片

D．最后一张卡片修改完成并保存后，单击“编辑”按钮，在下拉列表中选择“下一个”

15．企业的一辆汽车，本月发现原值数值过低，要制作一张变动单以调整原值，可以（ ）。

A．单击“卡片”|“变动单”|“变动单管理”命令，进入“固定资产变动单”窗口

B．单击“卡片”|“变动单”|“原值增加”命令，进入“固定资产变动单”窗口

C．单击“卡片”|“卡片管理”命令，在固定资产列表中选中该小汽车，单击鼠标右键，在弹出的菜单中选择变动单，进入“固定资产变动单”窗口，并在右上角的下拉列表框中选择“原值增加”

D．单击“卡片”|“资产增加”命令，进入“固定资产变动单”窗口

四、简答题（每小题5分，共40分）

1．固定资产系统初始参数设置的内容中，哪些项目是不可修改项？
2．固定资产系统中，资产类别在什么情况下不能修改？
3．固定资产系统中有哪几种折旧方法？
4．固定资产系统中，卡片在什么情况下不可以删除？
5．哪些情况下不能进行撤销拆分的操作？
6．固定资产系统包括哪些账簿内容？
7．固定资产可以处理什么固定资产变动业务？
8．简述固定资产系统的业务流程。

试卷5：应收/应付系统单元考核试卷

专业_______ 班级________ 姓名_________ 学号________ 考试时间为**90**分钟。

一、判断题（每小题1分，共15分。对的在括号中打“√”，错的打“×”）

1. 应收款系统的启用会计期间必须与账套的启用期间一致。（ ）

2. 有权启用应付款系统的操作员是系统管理员和会计主管。（ ）

3. 在应付款系统中，自动批审不包括对现付采购发票的审核。对现付发票的审核应通过手工审核方式完成。（ ）

4. 在应付款系统中进行期初余额录入时，单据中的科目栏目，用于输入该笔业务的入账科目，该科目可以为空。（ ）

5. 业务明细账中可以查询既是客户又是供应商单位的汇总往来账的前提条件是，该客户档案中必须事先选择好其对应的供应商。（ ）

6. 在应收款系统中，如果要对一张凭证进行删除操作，则该凭证的凭证日期不能在本系统的已结账月份。一张凭证被删除后，它所对应的原始单据应重新填制。（ ）

7. 在应收款系统中，通过期初余额录入功能，用户可以将正式启用账套前的所有应收、应付业务数据录入系统中，作为期初建账的数据。（ ）

8. 在应收款系统的单据编号设置功能中，可以将收款单的编号设置为“允许手工修改”。（ ）

9. 在应收款系统的制单功能中，系统默认制单日期为单据日期。（ ）

10. 在应收款系统的应收冲应付的转账处理功能中，如果在转账金额中输入了数据则不能修改。（ ）

11. 在应收款系统中，核销的记账日期应等于业务处理时的注册日期。（ ）

12. 在应收款系统中，一次只能对一种结算单类型进行核销，即手工核销的情况下需要将收款单和付款单分开核销。（ ）

13. 在应付款系统中，通过业务账表查询，可以及时地了解一定期间内应收/应付款项的发生、收款/付款的汇总情况、累计情况及期末结存汇总情况。（ ）

14. 在应付款系统的应付单据审核界面，可以进行应付单的增加、修改、删除等操作。（ ）

15. 在应付款系统中，应付和预付科目必须是有“供应商”往来且受控于应收款系统的科目，如果应付科目、预付科目按不同的供应商分别设置，则可在“控制科目设置”中设置。（ ）

二、单项选择题（每小题1分，共15分。在每小题给出的选项中，只有一项是符合题目要求的。多选不给分）

1. 应收款系统中所使用的“应收票据”科目不需要满足（ ）条件。

A. 应收款系统受控科目 B. 应付款系统受控科目

C. 末级科目 D. 本币科目

2．在应收款系统中不能随时修改的账套参数是（　　）。

A．应收款核销方式　　B．单据审核日期依据

C．坏账处理方式　　D．代垫费用类型

3．关于启用应收款系统，以下说法正确的是（　　）。

A．系统管理员有权在企业门户中进行系统启用设置

B．账套主管有权在企业门户中进行系统启用设置

C．系统管理员可以在应收款系统中进行系统启用设置

D．会计主管有权在应收款系统中进行系统启用设置

4．在应收款系统中，期初数据的准备应不包括（　　）。

A．设置客户档案　　B．设置存货档案

C．设置供应商档案　　D．设置结算方式

5．应收款系统中选择结算单类型为付款单时，被核销单据列表中可以显示的记录有（　　）。

A．蓝字应收单　　B．红字应收单

C．蓝字发票　　D．付款单

6．在应收款系统的日常业务处理中，收款单中的款项类型应不包括（　　）。

A．应收款　　B．预收款　　C．应付款　　D．其他费用

7．在应收款系统中，未审核的应收单中不能修改的内容是（　　）。

A．客户　　B．单据名称　　C．单据日期　　D．金额

8．在应收款系统中，应收单的实质是一张凭证，用于记录（　　）之外所发生的各种其他应收业务。

A．采购业务　　B．销售业务　　C．库存业务　　D．存货业务

9．在应付款系统中，取消核销的操作应该在（　　）前完成。

A．收款单据录入　　B．收款单据审核

C．手工核销　　D．核销制单

10．在应付款系统中，如果要对一张凭证进行删除操作，则该凭证的凭证日期应满足（　　）。

A．总账系统序时要求　　B．凭证未审核

C．日期不能在本系统的已结账月　　D．日期不能大于业务日期

11．在启用应付款系统前，需要整理系统启用前所有供应商的有关初始数据，但不包括（　　）。

A．应付账款　　B．预付账款　　C．应收票据　　D．应付票据

12．应付款系统的启用期间应满足（　　）。

A．启用期间必须等于账套的启用期间

B．启用期间必须大于账套的启用期间

C．启用期间必须小于或等于账套的启用期间

D．启用期间必须大于或等于账套的启用期间

13．在应付款系统中，关于制单日期，以下说法错误的是（　　）。

A．制单日期系统默认为单据日期

B．制单日期系统默认为当前业务日期
C．制单日期应大于或等于所选单据的最大日期
D．制单日期应小于或等于当前系统日期

14．在应付款系统中，保存票据的结果是系统自动增加了一张（　　）。
A．收款单　B．付款单　C．结算单　D．应付单

15．在应付款系统中，不属于选择付款条件的是（　　）。
A．客户条件　B．供应商条件
C．时间条件　D．其他条件

三、多项选择题（每小题 2 分，共 30 分）

1．在应付款系统中，选择付款的条件主要包括（　　）。
A．供应商条件　B．客户条件　C．时间条件　D．收款条件

2．在应付款系统的制单功能中，关于制单日期，以下说法正确的是（　　）。
A．制单日期默认为当前业务日期
B．制单日期应大于或等于所选单据的最大日期
C．制单日期应小于或等于当前系统日期
D．制单日期应小于或等于所选单据的最大日期

3．在应付款系统中，应付款的核销方式主要包括（　　）。
A．按单据　B．按单据日期
C．按产品　D．按供应商

4．在应付款系统中，基本科目的设置内容主要包括（　　）。
A．采购科目　B．销售科目
C．银行承兑科目　D．商业承兑科目

5．在应付款系统中，录入期初余额的单据类别主要包括（　　）。
A．采购专用发票　B．销售专用发票
C．其他应收单　D．其他应付单

6. 初次使用应付款系统时，应将启用应付款系统时未处理完成的所有供应商的（　　）录入应付款系统中。
A．应收账款　B．应付账款　C．预收账款　D．预付账款

7. 在应收款系统中，收款单用来记录企业所收到的客户款项，款项性质包括（　　）等。
A．应收款　B．应付款　C．预收款　D．预付款

8．在应收款系统的单据审核功能中，“单据过滤条件”包括（　　）。
A．已审核　B．未审核　C．客户　D．供应商

9．在应收款系统中，在（　　）情况下票据不能被删除。
A．收到日期在已结账月　B．票据所形成的收款单已经核销
C．已经进行过计息处理　D．已经进行过转出等处理

10．在应收款系统中，以下（　　）账套参数不能随时修改。
A．应收款核销方式　B．单据审核日期依据
C．坏账处理方式　D．应收账款核算模型

11．应收款系统的启用会计期间应（　　）。

A．大于账套的启用期间　　B．小于账套的启用期间

C．等于账套的启用期间　　D．小于或等于账套的启用期间

12．在应付款系统中，应付单是记录非采购业务所形成的应付款情况的单据。关于应付单，以下说法正确的是（　　）。

A．应付单的实质是一张凭证

B．应付单表头的信息相当于凭证中的一条分录

C．应付单表体的内容相当于凭证中的一条分录

D．单据的名称不能修改，但单据的类型可以修改

13．在应收款系统中，业务账表查询的内容主要包括（　　）。

A．业务总账　　B．业务余额表

C．对账单　　D．业务明细账

14．在应收款系统的凭证查询功能中，删除凭证的前提条件是（　　）。

A．未审核　　B．未经出纳签字

C．未记账　　D．未传递到总账

15．在应收款系统的单据查询功能中，可以完成（　　）单据的查询。

A．应收单　　B．应付单　　C．单据报警　　D．信用报警

四、简答题（每小题 5 分，共 40 分）

1．简述应收账系统常规参数设置的内容。

2．应收款系统初始设置主要包括哪些内容？

3．如何确认应收账款？

4．应收款系统制单日期有什么注意事项？

5．逾期账龄区间设置有什么作用？

6．在未启用采购系统的情况下，应付款的现结业务如何处理？

7．简述应付系统红票对冲业务的内容。

8．简述应收款系统的业务流程。

试卷6：总账与其他模块单元考核试卷

专业________ 班级_________ 姓名__________ 学号________ 考试时间为**90**分钟。

一、判断题（每小题1分，共15分。对的在括号中打“√”，错的打“×”）

1．在总账系统中录入科目期初余额时，辅助账的期初余额要求在辅助项中输入，其借贷方累计发生额则可以直接输入。（　　）

2．在总账系统的“项目目录”功能中，标记已核算的项目不能再继续使用。（　　）

3．在已使用过的会计科目下增设明细科目时，系统自动将该科目的数据结转到新增加的第一个明细科目上。（　　）

4．在总账系统中，只有在“会计科目”功能下通过“指定科目”预选指定的现金类科目，才可以通过“现金日记账”功能查询其日记账。（　　）

5．在进行科目成批复制时，原科目与目标科目的级次必须相同，且同为非末级科目。（　　）

6．在总账系统中，期初余额试算不平衡时，可以填制凭证，但不能执行记账功能。（　　）

7．在总账系统中输入会计科目期初余额时，应遵循由下至上的原则，先输入下级科目余额，再输入上级科目余额。（　　）

8．在总账系统中进行银行对账时，凭证不规范输入等情况可能会造成一些特殊的已达账项未能被系统自动勾对出来，这时，为保证对账彻底准确，可以通过手工对账进行调整勾销。（　　）

9．在总账系统中，取消出纳凭证的签字可以由出纳员自己进行，也可以由会计主管进行。（　　）

10．在总账系统中，“银行对账”功能应该与其他财务处理功能同时启用，并在启用时输入企业银行存款“支票登记簿”中，已报销的支票由系统自动写上报销日期作为已报销的标记，该项标记不可取消。（　　）

11．在总账系统中，上月未记账，本月可以先记账；但若上月未结账，则本月不能记账。（　　）

12．在总账系统中录入外币业务记账凭证时，如果使用的是变动汇率，汇率栏中将显示最近一次汇率，该汇率不能修改。（　　）

13．在总账系统中，已作废的凭证不能审核，也不参与记账，在账簿查询时，查不到作废凭证的数据。（　　）

14．在总账系统中定义期间损益结转自动转账分录时，若损益科目与本年利润科目都有辅助核算，则其辅助账类必须相同。（　　）

15．总账系统中已设定并使用的记账类别不能删除，但可以修改其类别字。（　　）

二、单项选择题（每小题1分，共15分。在每小题给出的选项中，只有一项是符合题目要求的。多选不给分）

1．对使用了用友ERP总账系统的老用户来说，建立新年度账后，可以对账套中的相关信息进行调整，但（ ）信息不能修改。

A．期初余额 B．账套启用日期

C．会计科目 D．凭证类别

2．光明公司财务制度规定出纳凭证必须经出纳签字，同时对操作员进行金额权限控制，则可在总账系统中，通过（ ）功能进行相应的参数设置。

A．设置|分类定义 B．账表|我的账表

C．设置|选项 D．凭证|填制凭证

3．总账系统初始设置不包括（ ）。

A．数据权限分配 B．会计科目 C．结算方式 D．单据设置

4．光明公司应收账款通过总账系统核算，并进行分客户管理，则其“应收账款”科目应选择（ ）辅助核算。

A．供应商往来 B．个人往来 C．客户往来 D．部门核算

5．关于总账系统的记账凭证录入功能，下列说法不正确的是（ ）。

A．对于定义了辅助核算的科目，应在输入每笔业务分录时，同时输入辅助核算的内容

B．当前新增分录完成后，按回车键，系统可以将摘要自动复制到下一分录行

C．凭证金额合计栏由计算机自动计算借贷方科目的金额合计数并显示

D．凭证日期应随凭证号的递增而递增，并且大于或等于业务日期

6．以下关于总账系统的凭证日记账功能的说法中不正确的是（ ）。

A．第一次记账时，期初余额试算不平衡不能记账

B．记完账后不能整理凭证断号

C．如果有不平衡凭证不能记账

D．未审核凭证和作废凭证不能记账

7．计算出金额，并将金额先放在借方，如果方向不等，用户可以使用（ ）键调整金额方向。

A．回车 B．Shift C．空格 D．F2

8．在用友ERP管理系统中，以下（ ）模块与总账系统之间不存在凭证传递关系。

A．固定资产管理 B．工资管理 C．UFO报表 D．应收管理

9．在总账系统中，已记账凭证的查询应通过下列（ ）界面进行。

A．凭证|查询凭证 B．账表|科目账

C．凭证|填制凭证 D．凭证|常用凭证

10．用户通过总账系统的“个人往来账”功能对单位内部职工发生的往来进行管理，但必须先在设置会计科目时，将相关科目的辅助核算形式设为“个人往来”，下列科目中适于设置个人往来核算科目的有（ ）。

A．应付账款 B．其他应收款

C. 预收账款　　D. 应收账款

11. 对于总账系统的"审核凭证"功能，下列说法错误的是（　　）。

A. 作废凭证不能被审核，也不能被标错

B. 对于错误的记账凭证，可以通过计算机在凭证上注明"有错"字样

C. 对已审核凭证，可以由审核人自己或会计主管取消审核签字

D. 审核人和制单人不能是同一人

12. 在总账系统中，用户可以通过（　　）功能彻底删除已作废的记账凭证。

A. 冲销凭证　　B. 整理凭证　　C. 删除凭证　　D. 作废凭证

13. 在总账系统中，查询未记账凭证科目汇总表时，屏幕上背景为蓝色的数据具有辅助核算功能，这时单击工具栏上的（　　）按钮，可以查看明细信息。

A. "转换"　　B. "专项"　　C. "详细"　　D. "查询"

14. 在总账系统的"凭证审核"功能中，可以对记账凭证进行对照或审核，所谓对照或审核是指（　　）。

A. 通过将记账凭证与其他系统的记录进行对比，达到系统自动审核凭证的目的

B. 通过与账簿记录进行对比，达到系统自动审核凭证的目的

C. 通过与原始数据进行对比，达到系统自动审核凭证的目的

D. 通过与记账凭证的二次输入，达到系统自动审核凭证的目的

15. 下列自动转账分录中，属于独立自动转账分录的是（　　）。

A. 固定资产计提折旧自动转账分录　　B. 销售成本结转自动转账分录

C. 制造费用结转自动转账分录　　D. 期间损益结转自动转账分录

三、多项选择题（每小题 2 分，共 30 分）

1. 明兴公司财务部于 2016 年 5 月启用总账系统，则其建账时需要输入的各科目期初余额数据有（　　）。

A. 2015 年全年借贷方累计发生额

B. 2016 年 1—4 月借贷方累计发生额

C. 2016 年 5 月月初余额

D. 2016 年年初余额

2. 通过总账系统的"银行存款"功能，可以实现（　　）等各项操作。

A. 输入银行对账单　　B. 引入银行对账单

C. 银行对账单查询　　D. 自动银行对账

3. 总账系统中记账凭证的来源有（　　）。

A. 从其他业务系统自动传递转入

B. 从外部导入，如凭证引入或接口开发

C. 根据审核无误的原始单据人工编制录入

D. 系统根据设定的自动转账分录自动生成

4. 已输入期初余额并制单的现金和银行总账科目，不能直接删除，如要删除，必须先（　　）。

A. 取消现金银行科目指定

B．删除其下级科目

C．删除使用该科目的凭证

D．将该科目与其下级科目余额清零

5．各会计期间的许多转账和期末业务具有较强的规律性，可以通过设定自动转账分录达到快速生成转账凭证的目的。目前总账系统的“转账定义”功能提供了（　　）等多种转账功能的定义。

A．销售成本结转设置　　B．期间损益结转设置

C．自动转账定义　　D．对应转账定义

6．企业在“项目目录”功能中可以进行下列（　　）等多项操作。

A．定义项目分类　　B．定义项目大类

C．定义项目目录　　D．指定项目核算科目

7．在总账系统的“表”功能中查阅部门总账时，系统提供的查询方式有（　　）。

A．按科目和部门查询　　B．按科目查询

C．按发生额查询　　D．按部门查询

8．在总账系统中，只有经过审核的记账凭证才能作为正式凭证进行记账处理，在这里，审核凭证包括（　　）等几个方面的工作。

A．出纳签字　　B．修改标错签字

C．审核员审核签字　　D．主管签字

9．关于总账系统结转功能，下列说法正确的有（　　）。

A．结账前，一般应进行数据备份

B．结账前，操作只能由会计主管进行

C．结账功能每月可根据需要多次进行

D．已结账月份不能再填制记账凭证

10．在总账系统中对记账凭证进行审核可以采用（　　）等方式。

A．联机审核　　B．对照审核　　C．屏幕审核　　D．纵向审核

11．在应收款系统中所使用的应收科目应满足（　　）条件。

A．应付款系统受控科目　　B．应收款系统受控科目

C．本币科目　　D．末级科目

12．在应收款系统的账套参数设置中，只要将坏账处理方式设置为（　　），就应继续进行坏账准备的设置。

A．应收余额百分比法　　B．销售收入百分比法

C．账龄分析法　　D．直接转销法

13．在应收款系统的制单功能中，关于制单日期，以下说法正确的是（　　）。

A．系统默认为当前业务日期

B．制单日期应大于或等于所选单据的最大日期

C．制单日期系统默认为单据日期

D．制单日期应小于或等于所选单据的最大日期

14．关于凭证修改，下列说法正确的有（　　）。

A．凭证修改可分为有痕迹修改和无痕迹修改

B．无痕迹修改包括对未审核凭证和已审核但未记账凭证的修改

C．有痕迹修改是指对已记账凭证的修改

D．外部系统传过来的凭证，不能在总账系统中修改，只能在生成该凭证的系统中进行修改

15．在总账系统中可以对会计科目进行（　　）辅助核算。

A．分部门核算　　B．项目核算

C．内部往来核算　　D．客户往来核算

四、简答题（每小题 10 分，共 40 分）

1．简述总账系统的主要功能模块及总账系统与其他系统的关系。

2．简述在用友总账系统中如何进行反记账。

3．简述在总账系统中采用辅助核算功能的优点。

4．在总账系统中经常使用的辅助核算功能有哪些？

《会计电算化岗位技能训练（用友 ERP-U8.72 版）（第 2 版）》
读者意见反馈表

尊敬的读者：

感谢您购买本书。为了能为您提供更优秀的教材，请您抽出宝贵的时间，将您的意见以下表的方式（可从 http://www.hxedu.com.cn 下载本调查表）及时告知我们，以改进我们的服务。对采用您的意见进行修订的教材，我们将在该书的前言中进行说明并赠送您样书。

姓名：________________　　电话：________________________

职业：________________　　E-mail：______________________

邮编：________________　　通信地址：____________________

1．您对本书的总体看法是：

□很满意　□比较满意　□尚可　□不太满意　□不满意

2．您对本书的结构（章节）：□满意　□不满意　改进意见________________

____

____

3. 您对本书的例题：　□满意　□不满意　改进意见________________

____

____

4．您对本书的习题：　□满意　□不满意　改进意见________________

____

____

5．您对本书的实训：　□满意　□不满意　改进意见________________

____

____

6．您对本书其他的改进意见：

____

____

____

____

7．您感兴趣或希望增加的教材选题是：

____

____

____

请寄：100036　北京市万寿路 173 信箱高职教育分社　收

电话：010–88254019　　E-mail：jrm@phei.com.cn

反侵权盗版声明

举报电话：（010）88254396；（010）88258888
传　　真：（010）88254397
E-mail:　　dbqq@phei.com.cn
通信地址：北京市海淀区万寿路 173 信箱
　　　　　电子工业出版社总编办公室
邮　　编：100036